生态产品价值实现机制与路径研究

——丽水实践探索

张银银 著

中国农业出版社
北 京

图书在版编目（CIP）数据

生态产品价值实现机制与路径研究：丽水实践探索 / 张银银著. —北京：中国农业出版社，2023.4

ISBN 978-7-109-30602-8

Ⅰ.①生… Ⅱ.①张… Ⅲ.①生态经济—研究—丽水 Ⅳ.①F127.553

中国国家版本馆 CIP 数据核字（2023）第 063605 号

中国农业出版社出版

地址：北京市朝阳区麦子店街 18 号楼

邮编：100125

责任编辑：王秀田

责任校对：刘丽香

印刷：三河市国英印务有限公司

版次：2023 年 4 月第 1 版

印次：2023 年 4 月北京第 1 次印刷

发行：新华书店河北发行所

开本：700mm×1000mm 1/16

印张：12.25

字数：213 千字

定价：68.00 元

本书系中国（丽水）两山研究院成果
中国（丽水）两山研究院后期资助项目（编号：LSYJY006）

目 录

第一章　文献回顾与理论基础

第一节　研究综述

我国生态产品价值实现研究可以追溯到生态环境建设和生态文明建设相关研究。从生态环境建设实践，到对生态环境建设反思，再到生态文明建设全方位、多元化推进，生态产品价值实现研究是生态文明建设的重大创新性战略措施，是贯彻落实习近平生态文明思想的重要举措。我国生态环境的严峻性较早引起了国家的重视，1978 年改革开放之初，《中华人民共和国宪法》明确规定“国家保护环境和自然资源”，环境保护首次被写入宪法。1989 年我国正式颁布《中华人民共和国环境保护法》，学者们围绕污染防治、区域环境综合整治、生态环境功能分区、环境承载力评价等[①]多维度展开研究。1992 年联合国环境与发展大会通过《21 世纪议程》后，中共中央、国务院批准了《中国环境与发展十大对策》，其中包括实行持续发展战略；2002 年党的十六大把“可持续发展能力不断增强”作为全面建设小康社会的目标之一[②]。在此阶段，学者们开始反思生态环境建设问题，蔡昉等认为中国目前仍处于高速增长期，环境库兹涅茨曲线（EKC）的“拐点”远未出现，我国环境问题主要是由粗放的经济发展模式引起的，而这种发展模式又源于中国式分权下的政府行为[③]。2012 年党的十八大将“生态文明建设”纳入中国特色社会主义事业总体布局。我国生态文明研究从生态环境建设的点状突破，飞跃至全方位推进阶段，将建设生态文明视为一场涉及价值观念、生产生活方式以及发展格局的全方位变革，是

---

① 王毅．推进生态文明建设的顶层设计［J］．中国科学院院刊，2013，28（2）：150－156.

② 李红梅，刘银喜．中国生态文明政策演进过程中的政策文本分析［J］．领导科学，2021（12）：106.

③ 蔡昉，都阳，王美艳．经济发展方式转变与节能减排内在动力［J］．经济研究，2008（6）：4－11.

一项复杂的系统工程①。生态文明领域的空间开发、产业结构调整、生产方式和消费方式转型、评价体系、制度保障、实现机制等涉及多学科的研究成果丰硕。

2003 年习近平同志在《环境保护要靠自觉自为》一文中首次使用“两山”之喻，回应如何处理经济社会发展与环境保护之间关系这一时代之问②。2015 年坚持绿水青山就是金山银山写入中共中央、国务院《关于加快推进生态文明建设的意见》以及《生态文明体制改革总体方案》。2017 年必须树立和践行绿水青山就是金山银山的理念写入党的十九大报告并作为新时代基本方略之一，党的十九大报告也提出要提供更多优质生态产品以满足人民日益增长的优美生态环境需要，生态产品价值实现研究是践行绿水青山就是金山银山理念的重要举措。

我国生态产品价值实现研究基本遵循了国家政策导向，从 2018 年研究成果开始呈现逐渐上升的趋势。在中国知网以“生态产品”为关键词查找文献数据，截至 2021 年 12 月份，共查找到 696 条文献。从时间维度来看，从 2018 年开始，有关生态产品相关研究逐年增多，2020 年和 2021 年相关研究猛增，分别为 110 篇和 185 篇，如图 1-1 所示。在历年发表的成果中硕博论文 26 篇，主要聚焦生态产品供给、开发、市场化交易、生态补偿、生态产品购买决策等领域。

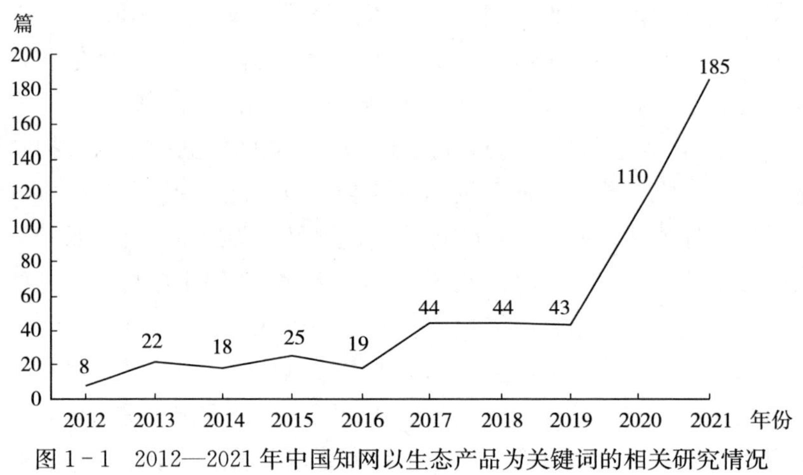

图 1-1　2012—2021 年中国知网以生态产品为关键词的相关研究情况

搜索截至 2021 年 12 月份的卓越亚马逊网上书店、当当网上书店、京东商

① 黄勤，曾元，江琴．中国推进生态文明建设的研究进展［J］．中国人口·资源与环境，2015（2）：113.

② 徐祥民．“两山”理论探源［J］．中州学刊，2019（5）：93.

城等网络资源，与生态产品相关研究直接有关系的出版物共10本，具有代表性的学者及著作有：李忠等（2021）撰写的《践行两山理论建设美丽健康中国——生态产品价值实现问题研究》，张林波、吴丰昌（2021）撰写的《长江经济带生态产品价值实现路径及对策研究》，马建堂（2019）撰写的《生态产品价值实现：路径、机制与模式》。其他学者主要针对生态产品供给能力、生态产品总值（GEP）核算、生态产品生产能力、购买驱动方式、生态产品供给制度、生态产品价值实现的湖州与安吉实践等相关内容进行研究。

从期刊论文、硕博论文、相关出版物等研究成果来看，国内有关生态产品相关研究主要包括以下内容：生态产品概念辨析与价值来源探讨、生态产品价值实现的机制研究、特定生态产品价值实现的差异性研究、典型性区域生态产品价值实现研究、从不同视角分析生态产品价值实现等。针对国内文献将从以下5个方面展开综述。

一、生态产品概念辨析与价值来源探讨

（一）国内政策文件中的生态产品概念

“生态产品”是具有鲜明中国特色的概念，国内学者的研究与政策导向具有较强的一致性，理解国内政策文件对生态产品的表述具有重要意义；2010年的《全国主体功能区规划（国发〔2010〕46号文）》首次提出“生态产品”概念；2012年党的十八大报告进一步提出增强生态产品的生产能力；2015年“十三五”规划中提出“为人民提供更多优质生态产品”的要求。2016年后逐渐步入实践探索阶段，在福建开始生态产品价值实现先行区的试点工作，2018年习近平总书记在深入推动长江经济带发展座谈会上的讲话为生态产品价值实现指明了方向。2019年，推动长江经济带发展领导小组办公室正式出台了《关于支持浙江丽水开展生态产品价值实现机制试点的意见》，标志着地市级政府在中央支持下开始了生态产品价值实现的专项实践探索，推动了生态产品价值实现从政策动议走向政策实践①。2021年3月，“十四五”规划提出“建立生态产品价值实现机制，在长江流域和三江源国家公园等开展试点”；2021年4月，中共中央办公厅、国务院办公厅印发《关于建立健全生态产品价值实现机制的意见》，提出建设生态产品调查监测机制、价值评价机制、经营开发机制、补偿机制、价值

① 俞敏，李维明，高世楫，等．生态产品及其价值实现的理论探析［J］．发展研究，2020（2）：47.

实现保障机制和价值实现推进机制[①]。具体如表 1-1所示。

表 1-1 国内政策文件中的生态产品概念

年份	文件	内容	重要性
2010	全国主体功能区规划	生态功能区提供生态产品的主体功能主要体现在：吸收二氧化碳、制造氧气、涵养水源、保持水土、净化水质、防风固沙、调节气候、清洁空气、减少噪声、吸附粉尘、保护生物多样性、减轻自然灾害等。首次提出“生态产品”概念，生态产品是维系生态安全、保障生态调节功能、提供良好人居环境的自然要素	首次提出“生态产品”概念，生态产品是维系生态安全、保障生态调节功能、提供良好人居环境的自然要素
2012	党的十八大报告	增强生态产品生产能力	—
2015	“十三五”规划	为人民提供更多优质生态产品	—
2016	全国生态保护“十三五”规划纲要	扩大生态产品供给	进一步明确了生态产品的具体内涵
2017	党的十九大报告	提供更多优质生态产品以满足人民日益增长的优美生态环境需要	明确了生态产品供给的国家目标
2018	习近平总书记在深入推动长江经济带发展座谈会上的讲话	选择具备条件的地区开展生态产品价值实现机制试点，探索政府主导、企业和社会各界参与、市场化运作、可持续的生态产品价值实现路径	明确了生态产品价值实现路径的方向和具体要求
2019	关于支持浙江丽水开展生态产品价值实现机制试点的意见	要求实施过程中紧紧围绕探索政府主导、企业和社会各界参与、市场化运作、可持续的生态产品价值实现路径的目标，确保取得实际成效	提出生态产品价值实现机制概念，开始地市级的专项实践
2021	“十四五”规划	建立生态产品价值实现机制，在长江流域和三江源国家公园等开展试点	进一步扩大试点区域
2021	中共中央办公厅、国务院办公厅印发《关于建立健全生态产品价值实现机制的意见》	建立生态产品调查监测机制、评价机制、经营开发机制、保护补偿机制、保障机制	进一步明确生态产品价值实现机制

资料来源：2010—2019 年资料来自俞敏，李维明，高世楫，谷树忠．生态产品及其价值实现的理论探析［J］．发展研究，2020（2）：47；2020 年之后为作者根据文件整理。

① 张丽，周妍．建立健全生态产品价值实现机制的路径探索［J］．生态学报，2021（10）：7894.

(二)国内学者对生态产品概念阐释及价值来源探讨

国内学者对生态产品的概念阐释较多，还未形成统一的界定。生态产品是我国特有的概念，狭义的生态产品概念与生态系统服务中的调节服务类似①②。政府官方文件中将生态产品界定为维系生态安全、保障生态调节功能、提供良好人居环境的自然要素③。学术界许多学者对生态产品进行了概念界定，如曾贤刚等（2014）较早界定生态产品概念，认为“生态产品是指维持生命支持系统、保障生态调节功能、提供环境舒适性的自然要素。物质产品、文化产品和生态产品是支撑现代人类生存和发展的三类产品。生态产品可以具体分为全国性、区域或流域性、社区性公共生态产品和‘私人’生态产品。生态产品的市场化供给方式主要包括直接市场的经济交易、生态资本产业化经营、生态购买等”④。沈辉、李宁（2021）提出：“生态产品是需要通过投入人类劳动及物质资源生产的最终产品或服务，具有整体性、公共性、外部性、时空可变性特征。”生态产品可分为自然要素产品、自然属性产品、生态衍生品、生态标识产品四类，具有公共产品、准公共产品、私人产品等不同的消费属性特征⑤（潘家华，2020）。张林波、虞慧怡、郝超志、王昊（2021）从生态产品使用价值的交换主体、交换载体、交换机制等角度分类总结国内外生态产品价值实现实践案例，归纳形成8大类、22小类生态产品价值实现的模式⑥。

生态产品价值具有虚拟特性，从质上看是剩余劳动，从量上看是生态产品因促进劳动生产率而推动的一个剩余价值量；生态产品的人格化奠定了生态产品价值剥离的基础，生态产品价值通过市场方式和非市场方式外化而得到实现（金兴华、严金强，2021）⑦。蒋凡等（2020）认为：“生态产品的使用价值由生态系统和人类劳动共同创造，其使用价值来源于生态产品多种功能所产生价

① Vallecillo S, La Notte A, Zulian G, et al., Ecosystem services accounts: valuing the actual flow of nature-based recreation from ecosystems to people [J]. Ecological Modelling, 2019 (392): 196-211.

② Wainger L A, Helcoski R, Farge K W, et al., Evidence of a shared value for nature [J]. Ecological Economics, 2018 (154): 107-116.

③ 陈清，张文明．生态产品价值实现路径与对策研究［J］．宏观经济研究，2020（12）：133-141.

④ 曾贤刚，虞慧怡，谢芳．生态产品的概念、分类及其市场化供给机制［J］．中国人口·资源与环境，2014（7）：12-17.

⑤ 潘家华．生态产品的属性及其价值溯源［J］．环境与可持续发展，2020（6）：72-75.

⑥ 张林波，虞慧怡，郝超志，等．国内外生态产品价值实现的实践模式与路径［J］．环境科学研究，2021（6）：1407-1416.

⑦ 金兴华，严金强．生态产品价值：虚拟特性、量化基础与硬化过程［J］．青海社会科学，2021（4）：60-66.

值的叠加；生态产品交换价值是使用价值在交换过程中，买卖双方通过在费用对效用关系上的复杂博弈并达到均衡价格后，通过交易实现的价值。”①

二、生态产品价值实现的机制与路径研究

生态产品价值实现的机制研究主要聚焦评估机制、市场化机制。关于评估机制，学者们主要探讨运用何种方法对生态产品价值进行评估，黄如良（2015）提出“用于评估生态产品价值的框架结构类型方法：单项指标框架、多维支柱框架、间接驱动力—直接驱动力—生态产品—人类福祉变化框架（IDEHC）、目标—指数—联系框架、压力—状态—响应（PSR）框架、驱动力—压力—状态—影响—响应（DPSIR）框架、问题领域框架、分部门框架和空间分维框架。依据市场化程度，可以采用直接市场法、替代市场法和意愿调查法进行评估。”②也有学者运用相应方法对海洋供给类生态产品价值进行核算（郝林华、陈尚、何帅，2021），一些学者也在反思采用方法的不足之处，如曹文等（2017）认为“条件价值评估方法是生态产品价值核算的基本方法，生态产品项目的价值评估既要针对得益者使用支付意愿指标，也要针对受损者使用受偿意愿指标，并且这两个指标的权重应该均等，而不应有所偏颇。”③

关于市场化机制，徐瑞蓉（2020）认为流域生态产品市场化路径探索需要坚持以“资源—产品—资产—资本—资源”的产品市场化循环模式④。“生态产品价格形成机制是生态产品市场化改革的核心所在，其背后所反映的是错综复杂的多元利益保护和冲突关系，而法律规则正是保护利益和解决利益冲突最为有效的规制工具。牛玲（2020）对碳汇生态产品价值的市场化实现路径进行了深入研究，认为：“我国碳汇交易市场尚处于浅层化发育阶段，交易方式单一、交易体系不够完善、市场化需求严重不足等问题突出。建议着力完善碳汇生态产品价值实现的‘政府主导、社会参与、市场化运作’机制，以创造市场需求为目标导向，构建互相连通的履约市场、自愿市场和普

---

① 蒋凡，秦涛，王永富，等．生态产品价值形成及实现途径［J］．林业调查规划，2020（5）：174－177.

② 黄如良．生态产品价值评估问题探讨［J］．中国人口·资源与环境，2015（5）：26－33.

③ 曹文，李德荃，曹原．关于生态产品条件价值评估方法的探讨［J］．山东财经大学学报，2015（2）：58－63.

④ 徐瑞蓉．生命共同体理念下流域生态产品市场化路径探索［J］．学术交流，2020（12）：102－110.

惠市场‘三位一体’多元化碳汇生态产品交易体系，覆盖碳市场履约企业、自愿减排企业、社会公众等多类需求对象，探索‘绿水青山’转化为‘金山银行’的市场化实现路径。”① 一些学者还探索了自然保护地指标交易机制②（杨锐，2020）、“水银行”交易机制③（蒋凡等，2021）、碳汇交易④（王俊，李佐军，2021）等。

生态产品价值实现路径研究主要聚焦多元路径、存在问题以及国内外探索实践。

一是价值实现路径的多元性。丘水林等（2021）认为“基于生态产品的外部性和公共物品两种基本属性，生态产品价值实现存在主体多元性、内容多样性和权力多向性等特征，实质是对利益相关者环境利益及其经济利益关系的再分配。从主导发起者的视角来看，生态产品价值实现模式包括政府主导模式、市场主导模式和社会主导模式，不同模式具有各自的适用范围和局限性，具体实践中应有针对性地配合使用。”⑤ “生态产品价值实现的核心内涵是隐性的生态产品价值的显性化。生态产品价值实现有两种逻辑，一种是‘转化’的逻辑，一种是‘保护’的逻辑。相应地，生态产品价值实现有两种不同的路径：一种是市场化路径，另一种是政府调节路径。”⑥ 石敏俊（2021）、唐潜宁（2017）认为我国需要构建环境税收制度、政府转移支付制度、生态补偿制度和生态物权制度，增强生态产品供给能力⑦。史哲宇、张蓉（2020）认为从文化创意产品、旅游休闲康养、影视动漫艺术、教育科普应用、区域品牌构建、节庆会展活动、隐性潜在价值等维度，探索生态产品文化价值实现的主要路径⑧。周伟等（2021）提出“生产、交易、消费3个关键环节是生态产品价值实现的可选路径。”刘伯恩（2021）提出了产业生态型、生态产业型、产权交

① 牛玲．碳汇生态产品价值的市场化实现路径［J］．宏观经济管理，2020（12）：37-62.

② 杨锐，钟乐，赵智聪．基于消费端的自然保护地指标交易机制：生态产品的价值实现［J］．生态学报，2020（9）：6687-6693.

③ 蒋凡，秦涛，田治威．“水银行”交易机制实现三江源水生态产品价值研究［J］．青海社会科学，2021（2）：54-59.

④ 王俊，李佐军．探索碳汇交易机制 实现生态产品价值［J］．特区实践与理论，2021（1）：51-59.

⑤ 丘水林，靳乐山．生态产品价值实现：理论基础、基本逻辑与主要模式［J］．农业经济，2021（4）：106-108.

⑥ 石敏俊．生态产品价值的实现路径与机制设计［J］．环境经济研究，2021（2）：1-6.

⑦ 唐潜宁．生态产品供给制度研究［D］．重庆：西南政法大学，2017.

⑧ 史哲宇，张蓉．新时代生态产品文化价值实现路径研究［J］．青海社会科学，2020（6）：104-109.

易型、生态溢价型、生态补偿型、生态倡议型、绿色金融型等生态产品价值实现模式①。廖茂林、潘家华、孙博文（2021）从产品供给、产品需求、表现形态以及功能、人类与自然生态系统互动视角辨析了生态产品的内涵，从“4×3”矩阵维度提出价值实现的路径②。

二是建立健全生态产品价值实现机制存在的问题研究。具有代表性的成果有：张丽佳、周妍（2021）提出的“政府主导面临财政资金缺口大、财政资金利用效率不高、‘公地悲剧’愈演愈烈等经济、社会风险；市场主导面临法律法规或强制性政策缺位、市场活跃度不高、市场建立与交易规则不明确或市场监管失灵等问题；社会参与面临法规政策或制度设计不完善、吸引市场主体参与的激励措施不够、政府与市场合力发挥不够或资金使用效率低等问题。”③

三是国内外实践经验研究。发达国家在调适生态利益相关者间的认知差异、目标分歧和利益冲突中，形成了以系统化的制度体系、多元化的激励体系、契约化的公私合作体系以及市场化的交易体系为主体的生态产品价值实现体系，其经验值得借鉴（丘水林、靳乐山，2019）④。赵政（2019）选取美国加利福尼亚州中央山谷栖息地交换项目和美国环保署河口生态恢复计划等典型项目进行分析，对美国生态产品价值实现机制相关经验进行总结⑤。李维明、李博康（2020）总结了重庆通过扩展地票生态功能，加速土地要素的市场化转换，通过交易引导市场要素配置，推动形成城乡统一的建设用地市场，既保证了城乡发展又改善了生态环境⑥。张文明（2020）总结福建森林生态银行运营模式，强化“分散式输入、集中式输出”方式，对碎片化与分散化的林业资源进行收储、整合、优化，打通资源变资产、资产变资本的通道⑦。

---

① 刘伯恩．生态产品价值实现机制的内涵、分类与制度框架［J］．环境保护，2020（7）：49－52.

② 廖茂林，潘家华，孙博文．生态产品的内涵辨析及价值实现路径［J］．经济体制改革，2021（1）：12－18.

③ 张丽佳，周妍．建立健全生态产品价值实现机制的路径探索［J］．生态学报，2021（10）：7893－7899.

④ 丘水林，靳乐山．生态产品价值实现的政策缺陷及国际经验启示［J］．经济体制改革，2019（3）：157－162.

⑤ 赵政．美国生态产品价值实现机制相关经验及借鉴［J］．国土资源情报，2019（9）：3－7.

⑥ 李维明，李博康．重庆拓展地票生态功能实现生态产品价值的探索与实践路径［J］．重庆理工大学学报（社会科学），2020（4）：1－5.

⑦ 张文明．完善生态产品价值实现机制——基于福建森林生态银行的调研［J］．宏观经济管理，2020（3）：73－79.

三、特定生态产品价值实现研究

生态产品的多样性决定了不同类型的生态产品价值实现具有特殊性，学者们主要对森林、海洋生态系统、自然资源、水生态产品、农业生态产品等多种具体类型的生态产品价值实现进行了研究。

一是森林生态产品价值实现研究。学者们主要从生态补偿视角分析森林生态产品价值实现，如袁畅彦（2008）较早对林业生态产品进行经济分析，高建中（2008）提出中国森林生态产品补偿标准发展的5个阶段（现行标准、管护成本标准、简单再生产标准、全额生产经营成本标准、效益补偿标准）①。肖南云（2019）研究了黑龙江省森林生态产品开发问题，认为“森林生态产品是具有特殊生态功能的无形产品，具备自然属性、公共属性、市场属性及社会属性等特殊属性。森林生态产品开发是通过交易平台建设、价格确定以及风险管理等开发途径将其生态功能转化为服务于社会的产品过程”。② 于丽瑶等（2019）认为通过核算森林资源资产价值，建立与经济发展相适应的森林生态产品价格体系，推动建立政府主导、企业和社会各界参与，包含森林生态保护补偿、森林生态损失补偿，以及森林生态产品交易等在内的市场化、多元化、可持续的森林生态产品价值实现机制③。

二是海洋生态产品价值实现研究。邱慧青、肖建红（2017）认为海洋生态系统为人类提供了环境友好型海产品、可持续海洋原材料、可持续基因资源、生态旅游产品、海景观房地产等海洋生态标签生态产品和减缓温室效应产品、净化环境要素产品、灾害控制产品等海洋关键环境要素生态产品。运用海洋渔业生态标签制度（MFELS）、生态系统服务付费（PES）和市场替换法（MRM），以山东省长岛县为案例地，评估了海岛旅游绿色发展经济激励额度。王琰等（2020）认为应充分发挥区域具有独特的可供开发的海洋自然生态资源优势，在海洋生态系统承载力限度内，符合海洋产业发展规律的基础上，通过新技术、新产品、新企业、新模式，实现海洋生态产品价值④。

---

① 高建中．中国森林生态产品补偿标准五阶段论［J］．林业经济问题，2009（4）：173-176.

② 肖南云．黑龙江省森林生态产品开发问题研究［D］．哈尔滨：东北农业大学，2018.

③ 于丽瑶，石田，郭静静．森林生态产品价值实现机制构建［J］．林业资源管理，2019（12）：28-61.

④ 王琰，杨帆，曹艳，等．以生态产业化模式实现海洋生态产品价值的探索与研究［J］．海洋开发与管理，2020（6）：20-24.

三是自然资源生态产品价值实现。余星涤（2021）认为开展生态产品价值调查评价、探索生态产品价值分类分区实现、开展生态产品价值实现政策集成、培育发展生态产品交易市场是自然资源领域生态产品价值实现的路径①。丘水林等（2021）运用机制复合体理论，采用案例分析法、比较分析法和归纳总结法，构建自然资源生态产品价值实现机制的分析形成的机制复合体，研究认为“以政府主导型公—私—社合作伙伴实现机制为核心、多种价值实现机制并存的机制复合体，是中国自然资源生态产品价值实现机制演进的方向②”。

四是水及其他生态产品价值实现研究。学者们对绿洲生态水权③、湿地生态水权④、灌区生态水权⑤、生态水权流域分配⑥、生态水权县团分配⑦等问题进行了研究，例如，沈茂英（2021）研究了长江上游生态水权内涵、特征及其生态产品属性，认为长江上游应该采取依托碧道/蓝道、生态补偿制度、自然公园、水生资源商品化开发的方式实现生态产品价值⑧。王建华等（2020）对水生态产品内涵及其价值进行了解析，建议开展水生态产品普查，加快建立面向实践的水生态产品价值理论与核算方法体系，推进建立水生态产品价值核算、审计、保护补偿与损害赔偿制度体系，创新探索山水林田湖草生命共同体理念下的生态产品综合价值实现体系，以期推动我国水生态产品的生产能力提升及其保值增值⑨。还有一些学者如李铜山等（2020），周一虹等（2021）对农业生态产品供给、甘肃酒泉风电等生态产品价值实现进行了研究。

四、典型性区域生态产品价值实现研究

学者们对我国京津冀（彭文英、尉迟晓娟，2021）、江西的转化通道（郑

---

① 余星涤．自然资源领域生态产品价值的实现［J］．中国土地，2020（7）：28-30.

② 丘水林，庞洁，靳乐山．自然资源生态产品价值实现机制：一个机制复合体的分析框架［J］．2021（1）：10-25.

③ 郑洲，郑旭荣，李玉芳．绿洲生态水权界定及其分配［J］．干旱区资源与环境，2008（8）：71-75.

④ 曹学章，董文君，黄强，等．白洋淀流域湿地生态水权的实证研究［J］．资源科学，2011（8）：1431-1437.

⑤ 孙建光，韩桂兰．塔里木河流域干旱区人工绿洲灌区生态水权及其计量研究［J］．生态经济，2014（6）：183-186.

⑥ 孙建光，韩桂兰．塔里木河流域绿洲生态水权的流域分配研究［J］．节水灌溉，2016（11）：101-110.

⑦ 韩桂兰．塔里木河流域绿洲生态水权县团分配研究［J］．新疆财经，2017（3）：53-61.

⑧ 沈茂英．长江上游生态水权内涵、特征及其生态产品属性研究［J］．中国西部，2021（2）：65-76.

⑨ 王建华，贾玲，刘欢，等．水生态产品内涵及其价值解析研究［J］．环境保护，2020（7）：37-41.

博福、朱锦奇，2020）、贵州（范振林、李维明，2020）、三江源国家公园（刘峥延，2019）、国家公园[①]（臧振华、徐卫华、欧阳志云，2021）、矿山废弃地生态修复与重建（刘向敏，2020；张丽佳，2021；刘明洁、熊广成，2021）、黄河流域兰州白银段（郭爱兰等，2020）、都市区[②]（郭滢蔓等，2020）、流域地区[③]（侯冰等，2021；马建伟，2021）、福建南平的“生态银行”实践（邱少俊、徐淑升、王浩聪，2021）、森林资源富集山区（蒋凡、王永富，2021）、生态脆弱地区[④]（蒋凡、秦涛、田治威，2020）、西部地区[⑤]（薛前平，2021）等国内典型性区域生态产品价值实现进行研究。一些国内学者还对国外典型性区域生态产品价值实现进行研究，如李涛等（2019）以加拿大锡姆科湖流域为例，分析了重要流域内生态产品价值实现机制。

五、从不同视角分析生态产品价值实现

学者们从不同理论视角分析生态产品价值实现的成果丰硕。例如，孙庆刚等（2015）对生态产品供求机理进行了一般性分析。[⑥] 施卓敏、郑婉怡（2017）从“面子文化”视角分析消费者生态产品偏好[⑦]。姜安印、李秀芬（2017）从“互联网＋”区域属性视阈下探析西藏原生态产品产业发展[⑧]。宋猛、薛亚洲（2020）从我国市场经济与生态空间的二元特性视角，采用生态产品价值生成推演和产权—需求矩阵等方法，区分确定基本生态空间和补充生态空间两种基础生态产品价值的实现路径，提出构建覆盖政府、单位、个人等所有市场主体的补充生态空间。利用均衡价格理论、生产要素理论，结

---

① 臧振华、徐卫华、欧阳志云．国家公园体制试点区生态产品价值实现探索［J］．2021（3）：275－277.

② 郭滢蔓，王玉宽，刘新民，等．都市区生态产品价值实现多元化途径［J］．环境生态学，2020（9）：38－44.

③ 侯冰，高振何，沈丽娜．基于国土空间生态修复视角的漓江流域生态产品供给潜力识别［J］．南方国土资源，2021（8）：20－24.

④ 蒋凡，秦涛，田治威．生态脆弱地区生态产品价值实现研究［J］．青海社会科学，2020（2）：99－104.

⑤ 薛前平．西部地区生态产品供给与经济发展耦合协调性研究［D］．西安：长安大学，2021.

⑥ 孙庆刚，郭菊娥，安尼瓦尔・阿木提．生态产品供求机理一般性分析——兼论生态涵养区“富绿”同步的路径［J］．中国人口・资源与环境，2015（3）：19－25.

⑦ 施卓敏，郑婉怡．面子文化中消费者生态产品偏好的眼动研究［J］．管理世界，2017（9）：129－169.

⑧ 姜安印，李秀芬．“互联网＋”区域属性视阈下西藏原生态产品产业发展探析［J］．西藏大学学报（社会科学版），2017（2）：115－121.

合生态空间自然禀赋特点研究实现生态产品价值调控的机理和路径，通过政府参与收储和供应、出让方准入审核权、税费工具等手段，对生态空间的市场价格、供应总量和市场需求进行合理调控①。李晓燕等（2020）基于绿色创新价值链视角分析农业生态产品价值实现路径，认为通过链式系统整体升级来提高农业生态产品市场竞争力，是农业生态产品价值实现的有效路径②。杨杨等（2020）基于测绘地理信息技术对生态产品价值实现机制进行探讨，认为测绘地理信息技术为搭建生态产品价值实现平台、构建生态产品大数据库提供技术支撑③。丘水林（2021）从政府角色定位与行为边界视角，以“丽水模式”分析多元化生态产品价值实现，认为：“未来政府的角色定位应是生态产品市场主体的培育者、自然资源产权界定的执行者和生态产品市场的规制者，政府的行为边界要以不介入市场主体的经营决策权、不侵害自然资源产权和不破坏市场化交易机制为限。”④ 代亚婷等（2021）“基于均衡价值理论，从生产成本、生态效用与供求系数三方面构建生态产品的定价框架，并将其应用于内蒙古锡林郭勒盟禁牧区的生态补偿标准的计算中，进一步分析锡林郭勒盟各旗县自然、社会经济水平因素，构建差异化补偿标准分区方案。”⑤ 金铂皓等（2021）基于完整价值回报与代际价值回报的双重视角，分析生态产品供给的内生动力机制。

六、研究述评

从丰硕的前期研究成果可以看出，生态产品价值实现是一项涉及多学科领域、具有较强产品差异性、区域差异性的复杂工程，还有进一步拓展和深化的空间，具体而言：

一是系统性分析不足。从研究领域来看，学者们从生态产品概念内涵、生态价值核算、市场、社会和政府多元化的价值实现路径，以及生态保护补偿、

---

① 宋猛，薛亚洲．生态产品价值实现机制创新探析——基于我国市场经济与生态空间的二元特性［J］．改革与战略，2020（5）：65-74.

② 李晓燕，王彬彬，黄一粟．基于绿色创新价值链视角的农业生态产品价值实现路径研究［J］．2020（10）：54-61.

③ 杨杨，李东辉，王祖亮．基于测绘地理信息技术的生态产品价值实现机制探讨［J］．测绘技术装备，2020（12）：28-31.

④ 丘水林．多元化生态产品价值实现：政府角色定位与行为边界［J］．理论月刊，2021（8）：77-85.

⑤ 代亚婷，朱道林，张晖，等．基于均衡价值论的生态产品定价与补偿标准研究［J］．中国环境管理，2021（4）：71-77.

生态权益交易、资源产权流转、资源配额交易、生态载体溢价、生态产业开发、区域协同发展、生态指标收益等多条具体路径进行分析。从研究视角和方法来看，从供需视角、均衡价值视角、政府角色等理论进行分析，运用当量因子法、功能价格法、“生态元”等方法进行生态核算研究，但是，以综合性案例呈现某区域如何将生态资源转化为生态资本、再由生态资本转化为生态产品的过程还比较少见。一些学者对某一类型生态产品价值实现进行研究，但是某区域的生态产品具有多样性，能够相互转化、相互实现，因此，对于一个错综复杂的生态系统、人文系统和社会系统而言，系统展示一个区域多种生态产品价值实现的全貌具有重要意义。

二是数字经济背景下生态产品价值实现分析不足。在解决生态产品的“度量难”“交易难”“变现难”“抵押难”等过程中，不同地区也进行了积极探索，例如，针对“度量难”问题，运用多维空间数据，如国土调查数据、遥感数据、地理国情数据等提升核算效率；在“变现难”问题上，通过农村电商拓展销售渠道、进行品牌营销等。但是，文献中鲜有学者对数字经济背景下的生态产品价值实现进行研究。

国家鼓励地方积极进行生态产品价值实现探索，逐渐汇聚形成生态产品价值实现的“中国经验”，再上升至践行“绿水青山就是金山银山”的“中国模式”。本书选取丽水全国首个生态产品价值实现机制试点城市，在其创新性实践基础上进行总结和提升，对全面系统展示探索地区全貌具有重要意义。

第二节 概念界定与辨析

一、生态产品概念界定

在文献综述中我们已梳理了国内政策文件中对生态产品的概念界定，并列举了学术界对生态产品概念的典型观点，本小节将进一步厘清相关概念的脉络及内涵外延。20 世纪 90 年代，任耀武、袁国宝[①]较早界定了生态产品，认为“所谓生态产品，是指通过生态工（农）艺生产出来的没有生态滞竭的安全可靠无公害的高档产品”。此处生态农产品和工业品都属于生态产品。丁宪浩（2010）提出生态生产的概念，认为生态生产的目的是丰富生态资源，增进生

① 任耀武，袁国宝．初论“生态产品”[J]．生态学杂志，1992，11（6）：48-50.

态和谐[①]。生态产品的概念也逐渐明晰。

2010 年 12 月我国发布的《全国主体功能区规划》中指出“生态产品指维系生态安全、保障生态调节功能、提供良好人居环境的自然要素，包括清新的空气、清洁的水源和宜人的气候等”。此处生态产品与国际上提出的生态服务系统的概念相似。2005 年联合国发布了《千年生态系统评估报告》，警示全球自然资源提供的 2/3 以上的各类服务呈下降趋势，生态退化日益严重，且这种趋势可能在未来 50 年内仍然得不到有效扭转[②]。我国在 2010 年的《全国主体功能区规划》中首次提出生态产品概念，也是意识到了生态系统服务的重要性。

曾贤刚等（2014）最早较清晰地在学术界明确了生态产品概念，也主要限定生态系统服务为生态产品，并认为“生态农产品、生态工业品等只是生态友好型产品，不是真正的生态产品。物质产品、文化产品和生态产品是支撑现代人类生存和发展的三类产品。”[③] 孙庆刚等（2015）在生态产品供求机理的一般性分析中也采用了类似的概念，但梳理出了生态产品相关研究的两条主线，一是将生态产品视为“可持续产品”或“环保产品”；二是将生态产品视为人类所必需的自然产品。

黄如良（2015）在研究生态产品价值评估问题时，进一步拓展了生态产品的概念，认为生态产品包括支持服务、供给服务、调节服务、文化服务。支持服务，包括所有的生态系统服务所不可缺的养分循环、土壤形成、初级产品；供给服务是从生态系统获得的产品，如粮食、淡水、木材、生物化学物质等；调节服务是由生态系统过程的调控功能获得的惠益，如调节气候、控制疾病、调节水资源等；文化服务是从生态系统获得的非物质惠益，如消遣与生态旅游、文化遗产等[④]。2019 年之后，俞敏等（2020）、高晓龙、林亦晴、徐卫华、欧阳志云（2020）、张佳丽等（2021）、张林波等（2021）、沈辉、李宁（2021）等总结学者们的概念界定，并逐渐形成一种共识，广义的生态产品概念与生态产品多重价值属性（生态产品价值包括直接利用价值、间接利用价值、选择价值与存在价值）相一致，[⑤] 同时又符合全方位推进生态文明建设、正确处理人与自然关

① 丁宪浩．论生态生产的效益和组织及其生态产品的价值和交换［J］．农业现代化研究，2010（11）：692－696.

② 黄如良．生态产品价值评估问题探讨［J］．中国人口・资源与环境，2015（3）：26－27.

③ 曾贤刚，虞慧怡，谢芳．生态产品的概念、分类及其市场化供给机制［J］．中国人口・资源与环境，2014（7）：13.

④ 黄如良．生态产品价值评估问题探讨［J］．中国人口・资源与环境，2015（3）：26－27.

⑤ 戈峰．现代生态学：第 2 版［M］．北京：科学出版社，2008：571－585.

系的要求①。国内代表性学者对生态产品概念的界定演进具体见表1-2。

表1-2 国内代表性学者对生态产品概念的界定演进

年份	代表性学者	主要观点	特点或区别
1992	任耀武、袁国宝	通过生态工（农）艺生产出来的没有生态滞竭的安全可靠无公害的高档产品	主要指生态农产品和工业品
2010	丁宪浩	提出生态生产与物质生产是互补的新型社会生产	提出生态系统服务的重要性
2014	曾贤刚、虞慧怡、谢芳	生态产品是指维持生命支持系统、保障生态调节功能、提供环境舒适性的自然要素，包括干净的空气、清洁的水源、无污染的土壤、茂盛的森林和适宜的气候等	主要限定于“生态服务系统”
2015	黄如良	将生态产品视为连续统一体	将供给服务、文化服务纳入生态产品范畴
2021	廖茂林、潘家华、孙博文	从产品供给、产品需求、表现形态以及功能、人类与自然生态系统互动视角总结了生态产品内涵	从多维度看生态产品

资料来源：根据历年代表性文献整理。

本书基于学者们的最新研究成果，借鉴广义生态产品概念，认为在不损害生态系统稳定性和完整性的前提下，以良好的生态系统可持续的开发方式，为人类提供最终生态系统产品和服务。

二、生态产品分类及特征

（一）生态产品分类

生态产品分类中蕴含着对生态产品概念的进一步剖析，是系统分析生态产品的基础。笔者认为生态产品主要分为三类，具体见表1-3。一是基于生态产品的公共属性，曾贤刚等（2014）将生态产品分为全国性公共生态产品、区域或流域性公共生态产品、社区性公共生态产品、“私人”生态产品②。二是基于生态产品的消费属性，潘家华（2020）将生态产品分为生态标识产品、生态衍生品、自然属性产品、自然要素产品③。三是基于表现形态与功能属性，

① 高晓龙，林亦晴，徐卫华，等．生态产品价值实现研究进展［J］．生态学报，2020（1）：26.

② 曾贤刚，虞慧怡，谢芳．生态产品的概念、分类及其市场化供给机制［J］．中国人口·资源与环境，2014（7）：12-17.

③ 潘家华．生态产品的属性及其价值溯源［J］．环境与可持续发展，2020（6）：72.

中国科学院生态环境研究中心欧阳志云团队 2018 年在核算丽水市生态产品价值时，将生态产品分为物质产品、调节服务产品和文化服务产品。

这三种生态产品分类各具特色。曾贤刚的分类方法从全国到“私人”，生态产品的公共产品属性逐渐减弱，有利于进行理论研究，但不适合对具体区域的差异性生态产品价值实现进行深入剖析。潘家华的分类方法从人类参与生态产品生产的程度，划分出不同类型产品的界限，但在生态产品价值实现的核算、度量、交易等环节中，自然属性产品与自然要素产品之间又较难区分操作。欧阳志云团队的分类方法从生态产品价值实现的实践出发，便于操作和分析。因此，本书在后续章节设计中，将依据欧阳志云的分类方法，分物质产品、调节服务产品和文化服务产品三章讨论区域生态产品价值实现的机制和路径。

表 1-3　生态产品的分类及特征

分类视角	理论基础	分类内涵	产品类别	经济特征
地域空间范围	公共产品理论	全国性公共生态产品	国家公共资源属性的水、森林、土地资源等	纯公共产品的性质
		区域或流域性公共生态产品	上下游生态环境的保护与治理、气候调节、水土涵养、干净的土壤等	具有区域范围的非排他性、非竞争性
		社区性公共生态产品	社区居民往往对生态产品具有共同的需求	有限排他、有限竞争
		“私人”生态产品	生态旅游、林下经济	排他性、竞争性
产品供给视角	不明确	生态标识产品	完全由人类生产的生态中性认证产品，如生态农产品	排他性、竞争性
		生态衍生品	人类参与生产，但依赖于生态要素衍生的产品，如人放天养的禽畜养殖等	兼有私人物品和准公共物品属性，也具有生态保护功能
		自然属性产品	非人类生产但具有稀缺性的生态系统，如国家森林公园、国家湿地公园、国家风景名胜区等	具有一定的稀缺性、具有文化产品的部分功能
		自然要素产品	非人类生产的生态系统中的自然产物，如无污染的土壤、清洁的水源等	纯公共产品

（续）

分类视角	理论基础	分类内涵	产品类别	经济特征
表现形态与功能属性	不明确	物质产品	人类参与生产或保护的生态农产品、生态林产品、生态畜牧产品、生态渔产品、生态能源和水资源等	排他性、竞争性
		调节服务产品	非人类生产参与的生态系统，或人类参与保护的自然生态，如水源涵养、土壤保持、洪水调蓄、空气净化、水质净化、固碳、释氧、气候调节和病虫害控制等	部分具有纯公共产品属性，部分具有准公共产品属性
		文化服务产品	人类参与且基于自然生态的产品，如风景名胜区、自然保护区、地质公园、森林公园、古村落、古桥等自然文化景观	有限排他性和竞争性

资料来源：根据相关文献整理而得。

（二）生态产品特征

（1）时空差异性

生态产品大部分属于自然生态系统，不同地域在不同的自然环境下享有独特的生态特征。生态产品在空间和时间上的分布具有极强的不均衡性，不同地区生态产品的种类、数量和流动性存在差异，造成了生态产品在地理空间上的分布不均。时间上，生态产品是生态系统长期运行的产物，既要满足当代人需要，也要满足未来的需要。①

（2）经济属性多样

由以上分类及特征可以看出，生态产品包括私人物品特征的生态产品、准公共产品的生态产品、纯公共产品的生态产品，这就决定了在生态产品的转化过程中，政府在不同类型生态产品中所起的作用具有较大差异。政府在纯公共产品类生态产品中起主导性作用，产品具有非竞争性和非排他性；准公共产品类生态产品需要政府和市场共同作用，在不同的时期政府与市场的作用不同；私人产品主要是市场起决定性作用，但是在不同地域，如偏远山区，还需要政府强化基本公共服务和基础设施建设。

① 俞敏，李维明，高世楫，等．生态产品及其价值实现的理论探析［J］．发展经济，2020（2）：51.

（3）价值的多维性

生态产品不仅具有使用价值，还有非使用价值；不仅具有经济价值，还具有社会价值。例如，某些资源可能人类永远不会去开发或使用，或者不知道未来什么时候才能产生价值，但是，它的存在是生态系统的一部分。生物多样性就是较典型的非使用价值，多种生物存在并非为了人类使用，但却丰富了人类生存环境。依附于古村、古堰等建筑或景观的文化，也许会被开发，但不因人类使用或开发而丧失其价值。

（4）不可或缺性

生态产品是人类生存发展的基础，关乎人类未来的福祉，人类不仅仅需要吃饱穿暖的基本物质条件，更需要优美的生态环境、丰富多彩的生态系统和人文环境。

三、概念辨析

生态产品是相对较新的概念，本书选取与生态产品具有较强相关性的三组概念进行比较分析，更加明确生态产品价值实现研究的边界。

（1）生态补偿与生态产品

“十四五”规划将“建立生态产品价值实现机制”纳入“健全生态保护补偿机制”中进行讨论，由此可见，国家最重视的是对生态系统的保护，如果按照生态产品的不同分类，国家非常重视调节服务类生态产品或者自然属性产品和自然要素产品的价值保持。而在学术界2010年之前学者主要进行生态补偿相关研究，2010年之后学者在进行生态产品价值实现研究中，将生态补偿作为生态产品价值实现的重要路径或模式。

（2）生态文明与生态产品

党的十八大报告在“大力推进生态文明建设”章节中的第三小节“加大自然生态系统和环境保护力度”中提到了“增强生态产品生产能力”，从中可以看出，生态产品相关研究只是生态文明建设的内容单元之一。学术界在进行生态文明建设研究中，多从人类社会发展史和现实社会系统等多维度看生态文明，一些学者认为生态文明是相对于原始文明、农业文明、工业文明，迄今为止最高级的文明形态，生态文明建设与经济建设、政治建设、文化建设和社会建设这四大建设一起，共同构成社会主义建设总体事业。由此可以看出，生态文明是一个系统宏大的工程，生态产品只是宏大工程中的其中一个工程单元。但是，生态文明突破领域从反思生态环境建设成效，到生态文明全面融入空间开发格局、产业结构调整、生产方式转变、消费模式转型，再到生态文明建设的制度体系建设、实现机制、评价体系研究[①]，再到如今的“双碳”约束下的绿色发展和生态产品价值实现，又经历了一个点状推进到系统重构，再到重点突破的循环演进的过程。

(3)“两山”理念与生态产品

2003年习近平同志在浙江日报《之江新语》上发表的《环境保护要靠自觉自为》是“两山”理念的研究起点，“两山”理念相继被写入《关于加快推进生态文明建设的意见》《生态文明体制改革总体方案》、党的十九大报告以及《中华人民共和国国民经济和社会发展第十四个五年规划和2035年远景目标纲要》，成为我们党的重要执政理念之一和新时代经济社会发展的行动指南。“两山”理念重新探讨并诠释人类社会与自然生态密不可分的辩证联系，为中国乃至世界经济社会的长期可持续发展寻求崭新道路[②]。

第三节　相关理论基础

探讨生态产品价值实现机制和路径是一个涉及生态学、经济学、管理学等多学科的研究问题，意味着研究这个主题需要运用多学科的理论知识，本章节只列举了关联度较高的基础理论，涉及具体生态产品价值分类依据的理论，将在之后分章节论证中详细论述。

一、基于习近平生态文明思想的生态价值理论

“习近平生态文明思想的理论意蕴主要包括：人与自然和谐共生的科学自然观，绿水青山就是金山银山的重要发展理念，良好生态环境是最普惠的民生福祉的宗旨精神，山水林田湖草沙是生命共同体的系统思想，用最严格制度最严密法治保护生态环境的基本原则，共谋全球生态文明建设的国际视野。”[③]习近平生态文明思想是对马克思主义生态思想的继承和发展，从对生态环境与

---

① 黄勤，曾元，江琴．中国推进生态文明建设研究进展［J］．中国人口·资源与环境，2015(2)：113.

② 方一平，朱冉．“两山”价值转化的经济地理思维：从逻辑框架到西南实证［J］．经济地理，2021(10)：193.

③ 杨发庭．习近平生态文明思想的理论意蕴初探［J］．中国社会科学院研究生院学报，2021(5)：5.

经济发展的最初认知，到“宁要绿水青山不要金山银山”“既要绿水青山也要金山银山”“绿水青山就是金山银山”，重新审视了环境资源与经济资源的关系、环境资本与经济资本的关系、环境生产力与社会生产力的关系，体现了天人合一、人与自然的辩证统一，拓展了马克思主义关于“人类与自然的和解”与“人类本身的和解”的“两个和解”理论，并在“共同体”理论基础上提出了“山水林田湖草是生命共同体”“人与自然是生命共同体”两大理念。建立健全生态产品价值实现机制是践行习近平生态文明思想的重要举措。

二、基于环境经济学的生态产品价值理论

生态产品价值实现的机制和模式中涉及生态保护补偿、生态权益交易、资源产权流转、资源配额交易等重要环节，这些权益交易行为并非完全的市场供求关系，政府在权益交易的不同阶段发挥着不同的作用，交易所得主要用于维护生态生产、恢复和补偿能力等。环境经济学运用经济学与环境学的原理和方法重点分析某一经济主体在未通过市场供求关系的情况下，影响其他经济主体经济利益的问题，解释了经济与环境的主要矛盾，这与生态产品价值有着共通之处①。生态产品具有较强的外部性，外部性理论是重要的理论支撑，生态产品的外部性在一定程度上造成市场调节机制的功能性丧失，依据庇古理论，政府通过适度的命令控制、征税、用途管制、管控标准等，促进生态环境保护和生态产品的高质量供应。生态产品不同于“私人”产品具有较清晰的产权，导致交易困境，依据科斯理论，生态资源产权确定且可以度量，构建交易平台和标准，促进调节类生态产品的交易和补偿。

三、基于产业经济学的生态产品价值理论

基于产业经济学的生态产品价值理论主要包括两个维度：一是运用产业经济学相关理论阐释生态产品价值实现的机制，例如产业链、产业集群、创新链、价值链、空间优化等相关理论，分析生态农业、生态旅游等生态产品的价值提升。二是将生态产品视为第四产业进行研究。具有代表性的研究成果是王金南等人（2021）认为的，随着生态产品供给和价值实现形成的新产业、新业态、新模式不断涌现，形成以生态资源为核心要素与生态产品价值实现相关的

---

① 沈辉，李宁．生态产品的内涵阐释及其价值实现［J］．改革，2021（9）：148.

第四产业，是从事生态产品生产、开发、经营、交易等经济活动的集合[①]。在产业形态、核心产品、服务对象、时空属性、创造价值、主导生产要素、生产属性、主导文明、主导消费观念等维度，与第一、二、三产业存在较大差异。生态资源成为研究的起点，生态“资源—资产—资本”转化是产业形成的基础，生态系统、政府和企业是生态产品的供给方，社会公众和自然生态系统是产品需求方，生态产品交易平台、技术支撑服务单位、绿色金融机构是产业服务方，生态产品具有自身特色的核算和定价方式。

除以上理论体系维度之外，本书在阐释涉及多学科的生态产品价值实现问题时，还会运用到哲学、社会学、经济学等相关学科的其他理论，如创新经济理论、社会治理理论等。

① 王金南，王志凯，刘桂环，等，生态产品第四产业理论与发展框架研究［J］. 中国环境管理，2021（4）：6.

第二章 生态产品价值实现的理论逻辑及机理分析

第一节 生态产品的价值来源

马克思的劳动价值论和新古典学派的价值理论，都认为产品的价值主要来源于生产劳动、边际效用、供求关系等①。本节将从以上理论视角阐释生态产品价值实现的理论逻辑。

一、基于马克思的劳动价值论的生态产品价值来源分析

马克思在资本论第一卷中指出："如果把商品体的使用价值撇开，商品体就只剩下一个属性，即劳动产品这个属性。如果我们把劳动产品的使用价值抽去，也就是把那些使劳动产品成为使用价值的物体的组成部分和形式抽去。各种劳动不再有什么差别，全都化为相同的人类劳动，抽象人类劳动。它们剩下的只是统一的幽灵般的对象性，只是无差别的人类劳动的单纯凝结，即不管以哪种形式进行的人类劳动力耗费的单纯凝结。这些物，作为它们共有的这个社会实体的结晶，就是价值——商品价值。"②"作为价值，一切商品都只是一定量的凝固的劳动时间。"马克思是从市场的最小单元——商品入手，层层剥离差异化属性，抽象出商品中共性的价值——人类劳动。也就意味着该商品已经进入市场或即将进入市场，具有使用价值和交换价值。在生态产品的分类中物质产品和文化服务产品，具有价值已是毫无争议的，价值的抽象来源是人类劳动。

---

① 张林波，虞慧怡，李岱青，等．生态产品内涵与其价值实现途径［J］．农业机械学报，2019（6）：179.

② 卡尔·马克思．资本论：第1卷［M］．北京：人民出版社，2004：50－51，53.

基于马克思的劳动价值论，学术界争议最多的是调节服务产品的价值问题，争议的焦点是调节服务产品具有何种价值。张林波将生态产品的价值分为人类生产和生态生产，认为生态产品的非替代性、经济稀缺性是其价值产生的前提，通过国土生态系统修复和保护，提升环境质量和生态价值。黎元生①将生态产品价值划分为生态服务价值和生态交换及价值。聂宾汗、靳利飞②将生态产品价值分为理论价值和潜在变现价值。运用马克思的劳动价值论来分析，商品要凝结着人类劳动。首先，马克思的劳动价值论讨论的对象是商品，但是生态系统中水源涵养、土壤保持、物种保育等这些服务大部分并未成为商品，一些是待转化为商品，一些甚至为了保护生态系统的平衡属于禁止开发区域，可能永远无法成为商品。这就意味着，马克思的劳动价值论并不适用于解释未转化的生态系统。例如，马克思在《资本论》中指出："瀑布和土地一样，和一切自然力一样，没有价值，因为它本身没有任何物化劳动，因而也就没有价格，价格通常不外是用资本来表现的价值。"③ 此处的"价值"是与"使用价值"对应的概念，是指劳动的物化。其次，生态系统是否凝结着人类劳动也是争论的焦点。笔者认为，人类具有生态环境保护意识，2010 年的《全国主体功能区规划》将国土空间划分为优化开发、重点开发、限制开发和禁止开发四类区域，已经凝结着人类智慧和劳动的结晶，人类懂得有所为有所不为的可持续发展理念。我国从 1979 年在《中华人民共和国宪法》中明确规定"国家保护环境和自然资源"开始，持续性出台了系列文件、政策、法规，以及示范创建实践，在保护生态系统的工作方面作出了突出的贡献。

但是，马克思的《资本论》也表现出了明确的生态观。一是马克思认为人与自然之间的关系是不可分割的。恩格斯在《反杜林论》一书中说："人本身是自然界的产物，是在自己所处的环境中并且和这个环境一起发展起来的。"④ 马克思认为，资本的贪婪逐利导致资源被过度开采、环境恶化、人与自然的关系疏离。二是马克思认为，自然力不是超额利润的源泉，而只是超额利润的一

① 黎元生．生态产业化经营与生态产品价值实现［J］．中国特色社会主义研究，2018（4）：84－90.

② 聂宾汗，靳利飞．关于我国生态产品价值实现路径的思考［J］．中国国土资源经济，2019（7）：34－37.

③ 陈凡，杜秀娟．论马克思《资本论》中的生态观［J］．马克思主义与现实，2008（2）：96.

④ 汪晓莺．从马克思的生态观透视人与自然和谐关系的构建［J］．中国特色社会主义研究，2006（6）：171.

种自然基础，因而它是特别高的劳动生产力的自然基础，这就意味着，劳动和自然界一起是一切财富的源泉，劳动并不是它所生产的使用价值即物质财富的唯一来源。[①] 因此，从马克思的生态观来看，生态系统具有使用价值，而且是人类赖以生存的基础。

由此可见，基于马克思的相关理论，物质产品和文化服务产品既有价值，也有使用价值，调节服务产品中未转化为商品的生态系统也具有使用价值。

二、基于新古典经济学价值理论的生态产品价值来源分析

新古典经济学价值理论主要是指以英国经济学家阿尔弗雷德·马歇尔为代表、以综合边际效用流派和英国古典学派为特点、吸收了生产费用论和边际效用论的均衡价值理论，它也是现代西方经济学的基础与核心内容之一[②]。价值理论探讨的是商品在一定数量比例进行交换的标准，新古典经济学均衡价值理论属于主观价值论。在均衡价值论中，商品的价值是由市场的供需、稀缺性、成本、边际效用等共同决定的。例如，水对人的作用很大，但是当水并不稀缺、数量很多时，其边际效用很小，其价值量就很小；钻石对人的用处并不多，但因其数量稀缺，人们愿意用相应的价格去购买它。

基于新古典经济学价值理论来看，物质产品和文化服务产品的价值或价格由市场供需所决定，具有效用价值。例如，生态产品中的物质产品大都属于农产品，农产品的生产及产品特征决定了其偏向完全竞争市场，市场上有大量的商品供给者，所以农产品对人们非常有用，但价格相对于工业品偏低。但是，从新古典经济学价值论来看调节服务产品的价值，就会发现生态产品价值实现受生态环境质量及人们的消费意愿影响。当某地区整体生态环境良好，人们并未意识到清新空气、清洁水源等的稀缺性，这些生态产品的效用大，但是人们购买的意愿弱；当某地区出现生态环境恶化，人们意识到良好生态是稀缺的且必需时，政府会投入大量人财物进行环境修复或治理，居民也愿意为此支付高昂的费用购买相关生态产品，如矿泉水、空气净化器。由此可见，调节服务产品的效用价值一直存在，并未因人们是否愿意购买而消失，只是在不同的社会和生态环境下，其体现出的价格不同而已。

---

① 陈凡，杜秀娟．论马克思《资本论》中的生态观［J］．马克思主义与现实，2008（2）：96.

② 赵茂林．马克思劳动价值论与新古典经济学价值理论的比较［J］．经济纵横，2011（8）：20.

综上所述，笔者认为，生态产品的价值来源主要分为抽象价值和效用价值两大类，一方面，从马克思的劳动价值论来看，一切凝结着人类劳动的商品都具有抽象的价值，人类为保护环境所做的环境治理、生态修复，以及政府制度规定的限制开发区域等政策措施，这些行为都是有价值的，只不过环境治理这些行为是政府代表人民的利益，通过委托—代理等多种方式，保障人民的生存环境。另一方面，无论从马克思的劳动价值论，还是新古典经济学的效用价值论来看，生态要素都是有作用的，不但是生存发展的基础，而且随着人类环境保护意识的提升，其效用越来越大。所以，生态产品的价值来源主要包括凝结着人类劳动的污染治理、建设恢复、经营管理、限制开发、生态效用五个方面，具体如图 2－1 所示。

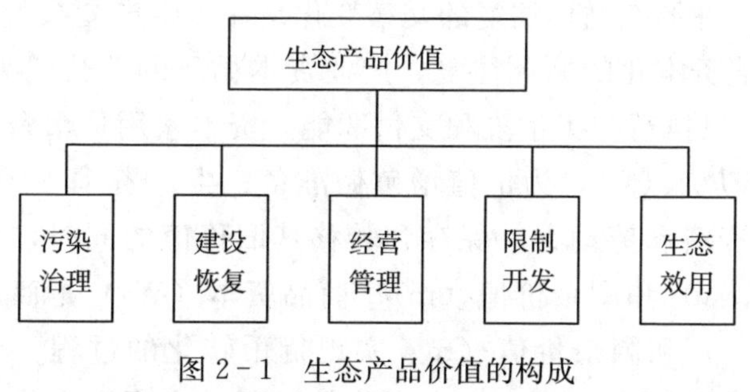

图 2－1　生态产品价值的构成

第二节　基于资本循环理论的生态产品价值实现理论逻辑

生态产品价值实现需要将生态资源转化为生态资本，再将生态资本转化为生态产品，马克思在《资本论》中提出的资本循环理论是生态产品价值实现过程的理论基础，是理解绿水青山转化为金山银山的“钥匙”。生态产品价值实现过程中生态资源的形态变迁与资本循环过程是有机统一的，两者都具有形态变化的阶段性与连续性，在空间上并存、时间上继起。但是，生态资源在向生态资本、生态产品的转化过程中，又因生态资源的多样性和属性差异具有其特殊性和差异性，导致在市场中实现“惊险的一跃”更加艰难。

一、资本循环的形态变化与价值增殖

马克思在《资本论》第二卷中详细论述了单个资本的形态变化及其循环过

程，主要经历购买、生产和销售三个阶段，并相应采取货币资本、生产资本和商品资本三种职能形式完成价值增殖过程。资本循环一方面是物质生产过程，是从要素购买到产品售卖的过程（G—W—G′）；另一方面又是价值增殖与优势转化过程，是收回预付资本并攫取剩余价值的过程①。

1. 资本循环的阶段性与连续性

产业资本循环是一个连续不断的运动过程，依次经过货币资本循环（G…G′）、生产资本循环（P…P′）、商品资本循环（W…W′）三个阶段，体现循环过程的连续性，三个阶段的循环互为前提，一种形式循环的反复，已经包含另外两种形式的循环，最终成为有机统一体［G－W…P…W′－G′·(Gδ＋Δg)］。

2. 资本循环的价值增殖与转化形式

产业资本三种形态循环往复的交替变化是一个生产剩余价值—实现价值增殖—剩余价值资本化的循环往复。产业资本循环的总公式为G－W－G′，货币资本（G）只执行购买手段和支付职能，资本家用货币资本购买生产资料（Pm）和劳动力（A），为价值增殖做准备；生产资本（P）是资本家运用购买的生产资料和劳动力，保存和转移其旧价值的同时，再生产出劳动力商品的价值（v）和剩余价值（m）；商品资本（W′）是商品经济中预付资本价值（c＋v）和剩余价值（m）实现货币转化的过程。产业资本循环过程也是物质产品形态变化和内容变化的过程，实现潜在优势向现实优势的转化。

二、基于资本循环的生态产品价值实现特征

产业资本循环依次经历了货币资本、生产资本和商品资本形态，最后又回到货币资本形态。产业资本所经历的三个循环以价值增殖为目标，剩余价值攫取既是动机，也是新一轮资本循环的逻辑起点。生态资源必须经历产业资本循环过程才能实现其价值。首先，初始货币资本购买的不仅仅是传统的机器、厂房生产资料，还需要不同区域不同形态的生态资源的经营权或开发权等；其次，进入生产或服务环节之后，生态资源的开发与利用可能比传统制造行业面临更多的环境承载力、生态红线等约束；最后，在破解约束之后，生产出相应的产品与服务，得到市场认可，获取超过预付资本价值的附加价值，实现生态

① 龚勤林，陈说．基于资本循环理论的区域优势转化与生态财富形成研究［J］．政治经济学评论，2021（3）：100．

潜在优势向区域现实优势转化的过程。基于产业资本循环的生态产品价值实现过程，符合空间并存与时间继起统一，流通过程与生产过程统一，以及要素市场与产品市场统一的特征。

1. 符合空间并存与时间继起的统一

生态产品价值实现是基于时空维度的动态跃迁，符合资本循环空间并存和时间继起的动态变化特征。资本循环表现为剩余价值的资本化，通过一定比例的生产资料和劳动力，生产出来的产品或服务将预付资本包含其中，在统一的大市场出售并回笼形成超出预付资本的货币资本，新的货币资本又开启下一轮资本循环。生态产品价值实现是将生态资源与其他生产要素有机结合，经历资本循环过程，才能将生态资源的价值在物化劳动产品中得以实现。

从空间并存的视角来看，生态产品价值实现依次经历生态资源条件—生态优势—生产优势—产品优势四个阶段，预付资本形态变化经历货币资本形态、生产资本形态、商品资本形态，都从属于一定的空间范畴，运动过程都依附于一定的空间进行。从时间继起的视角来看，资本循环经历的时间等于生产时间加流通时间。生态产品价值实现过程必将受到时间约束，并经历时间的“催化”，潜在生态优势才能实现“惊险的一跃”。

但是，在空间并存与时间继起的统一过程中，生态产品价值实现对空间和时间的依赖性更高。比如，不同地域的地形地貌景观、空气、水等调节服务、人文环境等具有较强的差异性，初始预付资本在不同地域所购买的生态资源不是标准化的生产资料，需依附于特定的空间属性。生态资源受气候、环境变化影响较大，有其自身的生产循环规律，在资本介入其中时，必须尊重自然规律，并利用自然的“馈赠”进行生产或流通。

2. 符合流通过程与生产过程的统一

生态产品价值实现离不开要素流通条件下的要素组合和市场认可，生态资源必须与人力资本、技术等要素结合，这种结合必须通过初始货币资本的购买，尤其是能够购买到带来“价值增殖”的特殊商品——劳动力，进行创造性的劳动，将劳动力由商品变成资本，进入剩余价值创造的生产领域。生态资源在实现流通与生产过程统一中，与传统生产资料相比又有其特殊性。首先，生态资源必须是可以作为生产资料进行流通，所以就要求生态资源的产权必须清晰；其次，生态资源必须能够与技术、人力资本有机结合，才能顺畅地进入生产过程。

3. 符合要素市场与产品市场的统一

生态产品价值实现过程受市场主体间基于要素和产品价格的信息引导，符合要素市场与产品市场的统一性。生态产品价值实现过程对区域要素市场有较高的要求，因为一些调节服务类和文化服务类产品无法脱离地域，如制造业的选址进行“迁移”，需要吸引相关要素向生态资源富集地区集聚，促进要素的优化配置。生态产品价值实现必须经历生产到销售、从产品形态到货币形态“惊险的一跃”这一制度前提。但是，生产生态产品的区域一般是生态资源富集、经济发展水平相对落后的区域，迫切需要破除市场壁垒、贸易壁垒，为生态产品价值实现提供更广阔的空间。

三、资本循环触发生态产品价值实现

（一）货币资本与生态优势结合

生态产品价值实现离不开货币资本与生态资源的有机结合，如果没有这种结合以及实现这种结合的技术手段与前提条件，生态资源优势只能停留在要素禀赋层面，生态产品价值实现过程就只能停留在初始环节中。从产业资本循环的初始阶段来看，生态产品价值实现的持续发生离不开货币资本的引入，用于购买比例相适的物质生产资料（Pm）与劳动力（A），并进入区域产品生产（…P…），生产出符合市场需求的产品（W′）并获利（G′），实现产品形态跃升以及剩余价值生产与价值增殖的统一。

货币资本在与生态优势结合，触发生态产品价值实现的初始阶段有其特殊性和前提条件。第一，生态资源需要具有可交易性。货币资本购买的生态资源不同于产权绝对清晰、市场价值明确的厂房机器，有其特殊性。一方面，山水林田湖草沙等各类生态资源具有公共属性，一些属于国家所有、一些属于集体所有、一些属于个人所有，产权归属主体具有较强的多样性，性质也具有较大的差异。另一方面，生态资源的价值不同于市场明确的厂房机器设备的价值体系。生态资源的价值核算在还没有得到市场的统一认可的前提下，就很难进入要素市场进行流通买卖。第二，生态优势可看作依附在地域载体之上的“商品资本”，货币资本与生态优势的结合是将资本向生态富集地区集聚，集聚的前提是在生态富集地区可能有更高的资本回报以及更多的成本节约。但是，这种货币资本与生态优势结合所需的集聚与马歇尔所提出的集聚理论又相悖。马歇尔认为企业会寻求成本最低、利益最大区位，专业化集聚有利于劳动分工及专业化生产，促进信息、技术、思想的快速传播与扩散，降低信息等相关资源的获取成本，提高劳动力等要素的生产效率，降低企业运行成本。往往生态富集区都是经济欠发达、基础设施相对落后、人口分布相对分散的地区，并且投资于生态资源的开发过程又受制于自然生产规律，会有相对较长的成本回收周期，因此，货币资本与生态优势的结合受到更多条件约束，实现产业资本循环的第一个循环都比较艰难，迫切需要在厘清生态要素的价值基础上，使生态资源在商品市场上可交易可流通，同时提供软硬件环境降低货币资本投入时的成本，让生态富集区形成较强的对货币资本的吸引力，才有可能触发“生态资源—生态资本—生态产品”持续运转的“启动器”(图 2-2)。

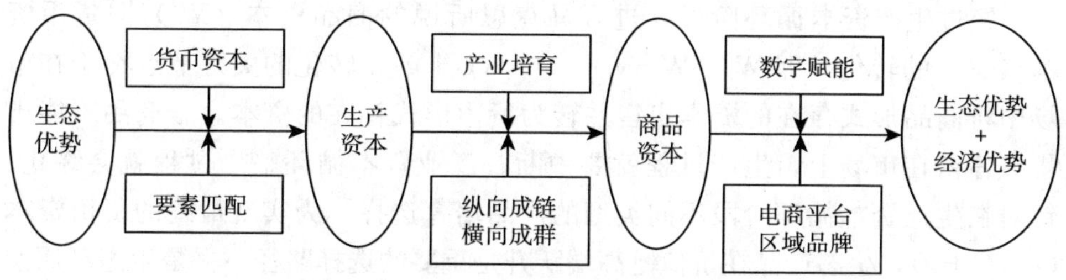

图 2-2 基于资本循环理论的生态产品价值实现理论逻辑

(二) 生产资本与产业培育匹配

产业资本循环的生产阶段是剩余价值的形成过程，也是开启区域潜在优势顺利转化的关键环节。经过货币资本的购买阶段 G—W（A+Pm）之后，生产阶段是货币资本向生产资本（W′）的演变过程［W（A+Pm）…P…W′(W+w)］，是凝结为物化劳动形式的剩余价值被源源不断“创造”出来的过程。“产品不只是商品，而且是包含着剩余价值的商品。它的价值=P+M，等于生产这种商品所耗费的生产资本的价值 P，加上这个生产资本产生的剩余价值 M[①]”。生态产品价值实现过程中自然资源形态向劳动产品形态的转化并非自然而然的，需要生产资本与产业培育相匹配。

生产资本与生态优势结合中的产业类型等具有较强的选择性和差异性，生产资本主要与生态利用型、环境敏感型产业结合才能实现绿水青山转化为金山银山。一是生产资本与生态利用型产业培育结合。依托独特的自然资源禀赋，生产资本投入原生态种养模式、高效农业、生态渔业等产业领域中，在保护生态的基础上利用生态优势。充分利用优质的生态资源，生产资本与康养旅游服

① 马克思．资本论：第 2 卷［M］．北京：人民出版社，2004：45.

务、康养农副产品加工、康养娱乐、康养体育、康养文化艺术、康养产品研发与技术服务等产业培育结合，延伸附着于生态环境之上相关产业的产业链。二是生产资本与环境敏感型产业培育结合。生态资本与洁净医药、电子元器件、精密仪器、数字经济等环境敏感型产业结合，能够为生态资源富集区域培育新的经济增长点。因此，在产业资本循环的生产阶段，生态产品价值实现不能简单套用循环公式，也不会自然而然地经过生产过程的演变，需要甄别、选择、培育相匹配的产业，才能实现“两山”转化。

（三）商品资本与价值链高端融合

经过生产资本循环阶段，进入马克思所说的商品资本（W′）向货币资本（G′）的转化，即 W′（W＋w）－G′（G＋g），转化的关键节点在于在市场中将商品形式存在的资本出售并转为货币形式存在的资本。若商品不能出售或停留在市场上，生产过程就要中断、产业资本循环整个过程就会终止。针对在生产资本循环阶段不同类型的产品培育选择，为实现最终的货币资本 G′（G＋g），生态产品在价值链高端跃升是重要的选择路径。一是生态利用型产业背景下商品资本运作方式。生态利用型产业以生态农产品为主，为实现其价值增殖，强大的品牌效应和便捷高效的营销网络能够破解生态农产品附加值低的“瓶颈”。尤其是在数字经济背景下，互联网平台是节约交易费用、拓展市场空间，加速商品资本循环速度，促进生态农产品实现规模经济的重要依托和动力。二是环境敏感型产业背景下因产业类型的差异，采用多样化的商品资本运作方式。

（四）基于资本循环理论的生态优势动态“嬗变”

生态产品价值实现过程就是资本遵循货币资本、生产资本和商品资本循环的演化过程。但是，生态产品价值实现需要破解资本循环过程中诸多“堵点”，如生态要素的可交易性、区域要素和生态产业的匹配度、生态产品的市场认可度等。技术进步、制度变迁等外部条件会加速资本循环、实现“生态优势—生产优势—产品优势”、最终破解新的区域优势的“难点”和“堵点”。一是技术进步对生态优势动态“嬗变”的影响。例如利用 AIEngine 生态环境数据适配系统，实现生态系统多维精准可视化、动态化分析，破解生态系统“度量难”等问题。又如技术进步使得企业对低品位多杂质金属矿产的开采开发变得有利可图等。技术进步不仅会不断破解调节服务类生态产品价值实现难的问题，同时会衍生出更多生态利用型、环境敏感型的细分行业、产业业态及新产品等，可能导致以往这个区域不具有生产优势或产品优势，但在技术进步的推动下拥有了新的增长动力。二是制度变迁对生态优势动态“嬗变”的影响。例如在碳达峰碳中和背景下，破解碳交易的制度瓶颈，将进一步放大生态富集区的生态优势，使生态要素以更公平、更合理的价格参与市场交易，也将加速生态产品价值实现过程。如农村林地产权制度改革，加速林业资源流转，提升碳汇供给能力，形成可持续的林业开发格局，这些都能够打破生态产品价值实现的制度堵点，实现商品资本循环最后“惊险的一跃”。

第三节 生态产品价值实现的机理分析

自从 2010 年《全国主体功能区规划》中首次提出“生态产品”概念以来，学者们已对生态产品价值的实现路径、政策工具等问题进行了探讨，本小节的研究在此基础上主要从两个维度进一步深入分析：一是强调非线性的生态产品价值实现。已有学者从“生态资源—生态资本—生态产品”“生态系统—生态产品核算—生产—交易—消费”等线性维度展开分析，但是笔者从地方实践中发现，生态产品价值实现中不同类型的生态产品转化互为因果，良好的生态孕育出好的生态农产品，例如茶产业生产既生产出农产品，同时茶林也成为良好生态的一部分。二是应强调系统化的生态产品价值实现。生态产品价值实现是生态系统与人类社会系统的有机转化，实现一种动态的均衡。本小节先从生态产品供需主体、产品类型、供给的难点进行分析，再剖析生态产品价值实现系统的实现机理。

一、生态产品的供需主体

（1）生态产品的供给方

不同于传统工业品和农业品，生态产品不仅依赖生态系统，而且具有较强的公共产品特性，主要指生态系统和政府。

生态系统。生态系统指在一定地域范围内生物及环境通过能流、物流、信息流形成的功能整体，包含各类“山水林田湖草沙”自然生态系统及以自然生态过程为基础的人工复合生态系统，如森林、湿地、荒漠、海洋、农田、城市等[①]。生态系统为生态产品生产提供了基石，为提供初级生态产品及复杂生态

① 王金南，王志凯，刘桂环，等．生态产品第四产业理论与发展框架研究［J］．中国环境管理，2021（4）：9.

产品提供了基础。

政府。尤其在调节服务类产品价值转化中，政府是重要的推动主体之一。一是政府是生态产品价值实现的制度提供者。如实施生态产品确权、权益流转、交易机制构建、标准规范制定等。二是政府是生态资源的主要代表主体，如森林、湿地、河流属于国有或集体所有等。

企业。生态产品市场经营者通过权益流转、特许经营等方式开展生态产品核算、综合开发、检测、金融服务、咨询服务等涉及一、二、三产业所有相关企业。

(2) 生态产品的需求方

生态产品的需求方主要包括生态系统、企业、社会公众。生态系统既是供给方，也是需求方。

生态系统。自然生态系统需要政府、企业、公众等不同主体通过生态系统的修复和保护，维持生态系统的良性循环运转。

企业。生态系统作为初级产品提供者，不仅提供原材料，而且生态系统中清洁的空气、土壤等参与生态农产品、生态工业品生产流程，并作为中间产品，共同形成最终产品提供给消费者。

社会公众。公众是最终受益者，享受优美的生态环境、绿色的生态物质产品、生态旅游等。

二、生态产品的生态生产与人类生产形态

生态产品的生产包括生态生产和人类生产两大类（表 2 - 1），生态生产包括清洁空气、干净水源、安全土壤、清洁海洋、适宜气候、物种保育、减灾降灾、碳汇等，具有空气净化、水源涵养、土壤保持、气候调节等多种功能，经过人类的制度设计等智慧劳动之后，可能形成排污权、碳排放权、取水权、用能权等。

人类生产是依赖生态系统所生产的生态农产品、生态旅游、文化产品、生态修复、生态建设、生态咨询服务等，为了满足人类物质和精神需求的一系列相关产品。人类生产的生态产品中有两类产品不同于传统工业及服务业，一是生态建设与修复类生态产品，为维护生态系统而投入的基础设施、智力劳动与服务等；二是服务生态产品生产的相关产业，如生态产品检测核查、生态产品交易平台等。这些相关服务行业的发展也是打通生态产品价值实现“堵点”“痛点”“难点”的关键。

表 2-1 生态产品生产形态

一级分类	二级分类	产品功能	终端产品①
生态生产	清洁空气	空气净化、释氧	排污权 碳排放权 取水权 用能权 生态资源配额指标 绿化责任指标
	干净水源	水源涵养、水质净化	
	安全土壤	土壤保持	
	清洁海洋	海岸防护	
	适宜气候	气候调节	
	物种保育	为动植物提供生态空间	
	减灾降灾	防风固沙、洪水调蓄等	
	碳汇	固碳	
人类生产	生态休闲农业	为人类提供物质和精神产品	农业观光、展览业等
	生态旅游	为人类提供物质和精神产品	旅游景点、国家公园、自然风景区、风景名胜区等
	生态康养	为人类提供物质和精神产品	健康养老服务等
	生态文化	为人类提供物质和精神产品	文化产品等
	生态园区运营	为企业提供服务	生态农业园区、生态工业园区等
	生态农产品	为人类提供物质产品	生态农业、生态林业、生态畜牧业、生态渔业等
	生态能源	为人类提供物质产品	太阳能、风能、生物质能等
	生态水源	为人类提供物质产品	饮用水、矿泉水等
	生态建设	为生态保护提供相关基础设施	—
	生态修复	为生态环境提供休养生息条件	—
	生态产品综合开发	为人类提供物质和精神产品	基于生态导向的生态产品综合开发，如“生态＋光伏”、田园综合体
	生态金融	为企业或经营主体提供服务	金融服务产品
	生态产品检测核查	为政府、企业或经营主体提供产品或服务	咨询服务

① 此处终端产品为经过人类劳动参与后形成的产品。

（续）

一级分类	二级分类	产品功能	终端产品
人类生产	生态咨询服务	为政府、企业或经营主体提供产品或服务	生态资产（碳资产、排污权等）管理服务、生态产品价值实现项目勘查、设计、技术咨询等
	生态产品认证	政府为企业或经营主体提供产品或服务	生态产品溯源认证、区域公用品牌推广等
	生态产品交易平台	—	生态物质产品及碳排放权、排污权、用能权、水权等生态资源权益交易服务

资料来源：根据王金南，王志凯，刘桂环等发表于《中国环境管理》2021年第8期的《生态产品第四产业理论与发展框架研究》中的表2：生态产品第四产业范围. 中国环境管理，2021（4）：8，重新整理归类分析。

三、生态产品价值实现的难点

生态产品价值实现的难点涉及物质产品、调节服务产品和文化服务等各类产品，但是不同类型的生态产品价值实现的难点存在较大的差异。

“溢价难”是物质产品价值实现的难点。物质产品价值并非能否实现的问题，而是如何促进物质产品价值提升的问题，核心在于“溢价难”。生态物质产品大都是农产品，基础农产品价格定价浮动范围受到政策和产品特性影响，很容易受到天花板限制，因此，一方面，物质产品价值提升可以通过在价值链两端发力，实现传统农产品的整体溢价；另一方面，将物质产品作为原材料，嵌入技术和知识，改变产品形态、性状、功能等，变成生态工业品或生态服务等，运用其他行业领域的定价体系，对产品价值重新定义。

“确权难”“度量难”“设计难”“交易难”是调节服务产品价值实现的难点。山水林田湖草沙等生态系统，在未转化为生态产品之前需要确权、度量，成为调节服务产品的难点。这些自然资源的形态多样，具有较强的外部性、不可分割性等公共产品特性；而且不同地区的生态产品权属关系具有较强的复杂性，导致调节服务产品“确权难”和“度量难”。调节服务产品的“设计难”主要体现在生态资源的不可分割、不可随意转移等特性，无法如“私人产品”有明确的边界和权属，设计思路和模式无法完全借鉴工业品的方法。调节服务产品的“交易难”主要体现在交易标准不统一、制度制约、政府相关配套制度不完善、供需双方交易不活跃等导致无法大规模市场化交易。

“设计难”是文化服务产品价值实现的主要难点。除了传统的生态旅游、休闲养生产业，依托区域特色生态资源、融合现代科技，提供满足人民日益增长的物质和文化需求的新产品设计难。尤其是在数字经济背景下，打造虚拟与现实交融的“元宇宙”等新应用场景是趋势，也是需要突破的难点。

四、生态产品价值的系统性实现机理

生态产品需求的多层次性和产品属性的多样性，决定了系统性的生态产品价值实现过程是跨越绿水青山和金山银山之间“环境卡夫丁峡谷”的必然路径。生态产品价值的系统性实现机理主要体现在三个维度，如图 2－3 所示，包括生态生产与人类生产之间的系统性循环，政府干预与市场推进之间的路径循环，调节服务产品、文化服务产品、物质产品价值实现的内循环和外循环。

（1）生态生产与人类生产之间的系统性循环

生态系统提供的气候调节、清洁的水源、洪水调蓄、物种保育、水源涵养等，为人类维持高质量生活的基本物质需求提供基础，保障人类不受或少受气候变化的影响，起到减灾降灾的作用，提升人类避免遭受可预防疾病侵袭的能力、获得保暖或纳凉所需资源的能力。人类生产会产生两类能量流，一类是正能量流，如生态修复、生态保护，维系生态系统运转，同时人类合理利用自然资源生产出物质产品及服务，满足人类的正常需求，实现能量的正常转化。另一类是负能量流，也是人类的非期望产出，如废水、废气、固废等污染物，二氧化碳排放等，同时人类生产的无序扩张，不断侵袭物种的生存空间，将抵消部分正能量流。因此，人类生产必须在保障生态系统的正常运作之下，实现物质循环、能量流动、信息传递的系统性循环。

（2）政府干预与市场推进之间的路径循环

一是生态产品的公共性特征决定了政府在推进生态产品价值实现中的作用，在“市场失灵”时也必须由政府干预。①政府干预的对象。政府主要对纯公共性生态产品和准公共性生态产品价值实现进行干预，如对水源涵养、森林、土壤、草地、湿地、荒漠等进行干预。但是，由于生态产品具有较强的区域属性，不同地域的自然环境条件（海拔、气候）、经济社会条件具有较大的差异性，尤其是需要将生态产品价值转化出来的区域大部分是欠发达地区，在文化服务产品和物质产品价值实现中依然阶段性需要政府干预，如区域公用品牌创建等。②政府干预的阶段。政府干预行为无法完全实现资源的最优化配

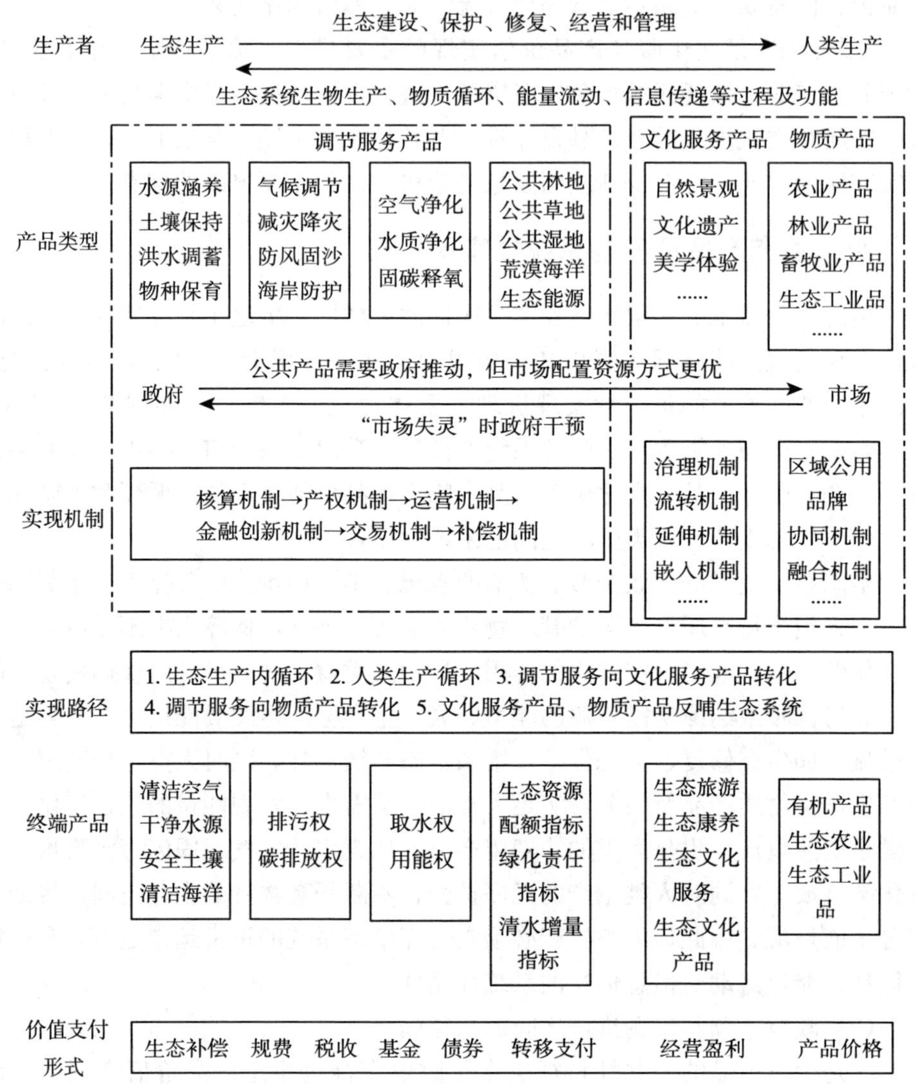

图 2-3 生态产品价值的系统性实现机理

注：根据王金南等发表于《中国环境管理》2021 年第 4 期的《生态产品第四产品理论与发展框架研究》的不同类型生态产品价值实现路径完善改编而成。

置，必须将大部分生态产品价值实现推向市场，所以政府干预也是阶段性的。尤其是在调节服务产品市场化交易路径尚未打通、物质产品价值未实现价值跃升阶段，需要政府有步骤推进。③政府干预的工具。政府干预的政策工具分为非市场化工具和市场化工具，具体如表 2-2 所示。非市场化工具包括规制、共同治理、政府供给、宣传教育；市场化工具包括税收、补贴、许可、技术支持等，政策的干预方式和适用场景也存在较大差异。非市场化工具一般适用于外部性、系统性、急迫性、普适性较强的生态产品；市场化工具主要适用于可监测、可量化的自然资源。通过多种政府工具干预实现特定生态产品价值的部分转化。

二是生态产品的市场化路径促进资源配置的最优化。政府干预具有阶段性和特殊性，只有让市场来配置资源才能实现效率相对更优。物质产品和文化服务产品的市场化程度相对较高，调节服务产品的市场化程度相对较低。物质产品和文化服务产品一般采用直接交易方式，并通过促进产业生态化，实现生产方式转变。调节服务产品一般采用权属交易、绿色金融、生态产业化方式推进市场化进程。市场与政府之间明确彼此边界，在不同阶段相互补充、共同促进。

表 2-2　政策干预与市场推进的工具或途径

分类	工具	干预方式	适用范围
非市场化工具			
政府干预	规则	制定文件、方案、规划并要求落实	适用于管理成本较高、系统性、紧迫性问题，如“三线一单”、保护地划定
政府干预	共同治理	设计由生态产品供给者组织和管理的持久合作机构	资源用户规模在 50～15 000 户，且基本依赖于此资产维持经济福祉如高山草甸和森林、灌溉系统等，不包括不可再生资源、丰富的资源以及具有强外部性的资源
政府干预	政府供给	代表土地所有者身份采取行动	受益者不易识别，且交易成本较高的纯公共物品，如生物多样性保护、气候调节等
政府干预	宣传教育	运用思想政治工作或激励方式，使目标对象得到进一步提高和发展	主要针对人的行为习惯、认知水平，比如节水节电、保护野生动植物等
市场化工具			
	税收	参照生态系统服务供给的成本对价格进行调整	可监测、可量化的点源排放，如碳排放、水资源取用、污染物排放等

（续）

分类	工具	干预方式	适用范围
		市场化工具	
政府干预	补贴	参照生态系统服务供给的成本或效益对价格进行调整	适用可监测、可量化的土地用途变化，比如退耕还林、土地休耕、生态公益林管护等
	权利或许可证交易	制定实现或维持生态系统服务供给的目标，创造稀缺性，完善交易机制	可监测、可量化的活动，碳排放、雨水截留等点源，农业氮、磷等非点源
	消除市场摩擦	认同供给生态系统服务的生产活动，提高市场机制效率	降低交易成本或增加信息供给，比如标准、认证、生态标签、道德投资计划、能力建设
市场推进	直接交易	直接在市场上交易	主要适用物质产品、文化服务产品
	权属交易	碳交易市场、水权交易市场等	主要适用调节服务产品
	绿色金融	湿地银行、森林银行、绿色基金等	打通调节服务产品价值实现的难点
	生态产业化	改变零散生产方式、集约化、高效化生产	适用所有生态产品
	产业生态化	优化产业结构，转变生产方式	适用于所有相关产业

资料来源：根据高晓龙，程会强，郑华等发表于《生态学报》2019年第12期的《生态产品价值实现的政策工具探究》等相关文献归纳总结而得。

（3）生态产品价值实现的内循环与外循环

内循环包括生态生产的内循环和人类生产的内循环。人类生产的内循环包括调节服务产品内循环、文化服务产品内循环和物质产品内循环。外循环主要包括调节服务产品向文化服务产品、物质产品转化，文化服务产品和物质产品价值实现反哺生态系统的闭环。在此小节重点分析与人类生产相关的系统循环。

调节服务产品的内循环。调节服务产品是许多学者探讨的生态产品的主要类型，山水林田湖草沙的生态系统的价值实现，面临“确权难”“度量难”“设计难”“交易难”等问题，破解这些难题，初步形成两条循环路径。一是生态补偿。Cuperus（1996）等将生态补偿定义为对在发展过程中造成生态功能和质量损害的一种补助，国外较早涉及对森林、流域、矿产开发以及对生物多样性保护等多方面的补偿。我国从2000年以后，毛显强（2002）、孙新章

(2006)、李文华(2006)等学者较早对生态补偿的概念及理论进行研究，主要聚焦森林、草地、耕地、矿产等资源的生态补偿，流域、自然保护区、国家公园等区域的生态补偿，以及区域间的横向补偿和纵向补偿。通过生态补偿弥补生态优越区在生态保护的直接投入、机会成本、生态服务功能价值等。二是通过构建“核算机制—产权机制—运营机制—金融创新机制—交易机制”，推进调节服务产品的市场化。核算机制是为了摸清异质性区域的生态产品本底，如类型、数量和质量，形成生态产品清单。产权机制是明确生态产品权责归属，便于生态资源所有权、经营权和收益权分离，推进在政府允许范围内的流转和经营。运营机制是在生态资源权责归属清晰的情况下，推进生态资源变成生态资本。金融创新机制是将部分生态资源变生态资本，使得生态资源可抵押，成为资源拥有者的资产。交易机制是在供需双方认可的规则基础上，构建调节服务产品的交易平台，促进调节服务产品交易的市场化。在调节服务产品的交易中权益及指标交易为主要交易对象，如排污权、碳排放权、用能权、配额指标、绿化责任指标等。

文化服务产品的内循环。主要体现在文化服务产品的提质增效上，在实践中以构建“治理机制—流转机制—延伸机制—嵌入机制”为循环路径。治理机制是破解生态系统尤其是乡村景观环境的脏乱差问题，将乡村改造为景观或景点。流转机制是破解文化服务产品时常需要成片和成链开发问题，将闲置老屋、土地等资源整合利用。延伸机制是依据文化服务产品开发的规律，一、二、三产业融合发展，实现范围经济。嵌入机制是为提升文化服务产品的整体效能，通过科技嵌入、文化嵌入、商业模式创新嵌入，实现价值倍增。

物质产品的内循环。主要是通过供给侧改革，促进物质产品“溢价”。如通过构建区域公用品牌，破解部分地区农产品市场认可度不高的问题；通过科技创新，将传统农产品转变为生物医药产品，改变产品形状和价值；通过发展产业集群，促进一、二、三产业融合，促进了产业间的有机循环。

调节服务产品向文化服务产品和物质产品转化的外循环。生态系统是物质产品的基础，良好的生态孕育优质的农产品，当优质农产品被标上地理标志，生态系统的价值就通过农产品价格得以转化。生态系统的合理适度的开发形成新的文化服务产品。

文化服务产品和物质产品反哺生态系统。实践中我们发现，依托良好生态系统获得收益的农户，具有更强烈的意愿保护生态环境，地方政府获得适当税收，更愿意用于生态修复和治理，绿水青山就是金山银山得到深入践行。

第四节　有为政府与生态产品价值实现

一、政府角色定位与生态产品价值实现的难点突破

丘水林（2021）提出政府在多元化生态产品价值实现中主要有市场主体的培育者、自然资源产权界定的执行者、生态产品市场的规制者三种角色定位[①]。笔者认同丘水林的观点，同时认为由于生态产品的多样性和特殊性，政府的作用还远不止这些。由于生态资源具有公共物品性质，生态产品大多为初级产品，且受自然环境影响较大，价格波动较大，生态建设投资周期相对较长，生态资源待开发区一般处于罗斯托所划分经济增长阶段中的准备起飞及起飞阶段，地区自生能力相对较弱，需要破解资本积累能力弱、基础设施落后、主导产业缺乏等约束，这些区域需要发展型政府承担起公共基础设施提供、区域性制度改革与完善、主导产业和市场主体培育、政府采购引导等多重功能。因生态资源的产权大部分归属于村集体，在促进绿水青山向金山银山转化过程中，村级基层组织的工作在引导农户行为、协调相关利益主体、刺激多元主体参与价值实现、催化区域特色产业体系形成、落实改革举措等方面起到关键性作用，打通生态产品价值实现的“最后一公里”。针对生态产品价值实现的一系列“难点”，政府角色定位主要包括以下几类：

一是要素集聚者。生态优越区大部分是欠发达地区，缺乏将绿水青山转化为金山银山的资本、技术、人才等生产要素，许多地方政府甚至乡镇政府承担起招才引智的职能。乡镇部门通过发动乡贤回乡创业、制定优惠政策线上线下吸引资本和人才集聚，起到发展要素“补缺”的作用。

二是产权界定的执行者。主要破解生态产品价值实现的“确权难”问题。生态产品价值实现过程是对生态资源的占有、使用、收益、处分等权能的交换，如果产权归属不清晰，就不存在生态产品交易，也就没有市场激励。要根据所有权与使用权分离的思想，理顺土地承包经营权、林权、矿权、海域使用权、水域滩涂养殖权等的所有权权能关系及其实现形式。清晰的权责关系是市场化经营和交易的基础。

三是市场规制者。“相对完善的生态产品市场体系可以引导市场主体的投资管理活动，降低交易成本，提高投资效益，实现生态产品资源优化配置。生

---

① 丘水林．多元化生态产品价值实现：政府角色定位与行为边界［J］．理论月刊，2021（8）：77.

态产品市场体系组织化、专业化、标准化建设的核心内容，包括认证标识体系、定价体系和交易体系。”① 这也是政府突破“度量难”“交易难”的关键。

四是产业和市场主体培育者。主要破解生态产品价值实现的“设计难”。丘水林（2021）提出政府是生态产品市场主体的培育者，尤其在生态农产品生产中以小农户为主的家庭经营在我国是农村经济发展的主要经营方式。政府需要破解农业生产的“低、小、散”问题，强化农业生产的组织化程度，提高农业经营者的技术和管理水平。地方政府还是产业的培育者，在欠发达地区很难通过自然集聚形成一定的产业规模，政府在发挥区域生态优势，进行主导产业的选择中起到非常重要的作用。许多乡镇政府还是地区项目的谋划者、推动者和实施者。

五是基础设施提供者。生态环境优越的欠发达地区，在环境治理、环境修复、农业基础设施、乡村基础设施、数字基础设施等领域由于资金短缺、设施技术相对滞后，又制约了绿水青山转化为金山银山。政府必须通过转移支付或生态补偿等方式，给予这些区域一定扶持，使其具备发展的最基本要素。

六是生态产品政府采购者。在调节服务产品的交易还未形成规模之前，政府采购是激活市场的一种重要的途径之一。在区域性特色农产品销售未形成规模之前，政府采购是培育特色农产品的途径之一，例如东部地区政府部门及事业单位发放工会券统一采购中西部地区对口帮扶区域的农产品等。

二、政府行为边界与生态产品价值实现的市场化推进

有为政府有所为、有所不为，在“市场失灵”及一些生态产品较难转化时，政府需要发挥相应的作用，当市场主体已较活跃时，需要充分尊重市场主体和市场规制，促进市场在资源配置中的作用。一是政府干预以不侵害自然资源产权为限。例如，以新一轮集体林权制度改革为例，明晰产权、承包到户的任务完成后，农村集体经济组织成员成为集体林地承包经营的法定主体，林农既可以通过自主经营获得增值收益，也可以通过林地转包、租赁、置换等方式增加财产性收入②。二是政府干预不破坏市场规制。政府促进本地区生态产品价值实现的同时，不得对其他地区相关生态产品设立高门槛准入，不干预市场正常的竞争机制，根据自然资源的产权要素性质、流转范围和交易需要，设立不同类型的交易市场。

① 丘水林．多元化生态产品价值实现：政府角色定位与行为边界［J］．理论月刊，2021（8）：83.

② 丘水林．多元化生态产品价值实现：政府角色定位与行为边界［J］．理论月刊，2021（8）：84.

第三章　丽水市生态产品价值实现机制试点概况

第一节　丽水市生态产品价值实现机制试点历程

丽水既是“两山”理念的重要萌发地，也是“两山”理念的先行实践地。习近平总书记在浙江工作期间，曾 8 次深入丽水大地，每次都强调绿色发展。尤其是 2006 年 7 月 29 日，习近平总书记第 7 次在丽水调研时明确指出，“绿水青山就是金山银山，对丽水来说尤为如此”，叮嘱丽水“一定要正确处理好经济发展与环境保护的关系”，“千万不能搞一些破坏性的开发，把自己的‘金饭碗’丢了”。多年来，丽水市委、市政府矢志不渝地遵循习近平总书记“绿水青山就是金山银山”理念，不断打通“两山”转化通道，先后被列入首批全国生态文明先行示范区、首批国家级生态保护与建设示范区、全省唯一的践行习近平总书记治水理念先行示范区；先后被授予全国首个地级市“中国长寿之乡”、全国唯一的“中国气候养生之乡”等荣誉称号。

2018 年 4 月 26 日，习近平总书记在深入推动长江经济带发展座谈会上提出了 102 字“丽水之赞”，他指出，浙江丽水市多年来坚持走绿色发展道路，坚定不移保护绿水青山这个“金饭碗”，努力把绿水青山蕴含的生态产品价值转化为金山银山，生态环境质量、发展进程指数、农民收入增幅多年位居全省第一，实现了生态文明建设、脱贫攻坚、乡村振兴协同推进。2018 年 11 月 19 日，国务院办公厅正式发文通报表扬了丽水探索生态产品价值转化途径，实现了“点绿成金”。

2019 年 1 月 12 日，推动长江经济带发展领导小组办公室正式发文批复支持丽水成为全国首个生态产品价值实现机制试点城市；2019 年 2 月 25 日，《浙江（丽水）生态产品价值实现机制试点方案》被审议通过，于 3 月 15 日正式印发。

第二节 丽水市生态产品价值实现机制试点主要内容

一、建立了生态产品价值核算评估应用体系

在全国率先建立了科学合理可操作的价值核算评估机制。出台了全国首个山区市生态产品价值核算技术办法，发布了全国首份《生态产品价值核算指南》地方标准，为浙江省《陆地生态系统生态产品价值核算技术规范》标准制订提供了重要支撑。开展了市、县、乡（镇)、村四级 GEP 核算，并发布了核算结果。全面推进 GEP 核算成果应用，印发《关于促进 GEP 核算成果应用的实施意见》，着力构建 GEP“进规划、进决策、进项目、进交易、进监测、进考核”的应用体系。

二、培育了“两山公司”、生态强村公司等市场主体

生态产品的公共属性，以及广大乡村地区生态环境优越，自然资源丰富，是生态产品的主要供给者和保障者。丽水市率先推动乡镇成立了“两山公司”及生态强村公司，主要负责生态环境保护与修复、自然资源管理与开发等，作为公共生态产品的供给主体和市场化交易主体。明确向“两山公司”等市场主体购买调节服务类生态产品，试图解决公共生态产品“谁供给、谁购买、购买多少”等问题。

三、探索以生态信用和生态产品确权为基础的“两山金融”信贷模式

印发《关于金融助推生态产品价值实现的指导意见》，创新推行基于个人生态信用评价的“两山贷”金融惠民产品，将生态信用评定结果作为贷款准入、额度、利率的参考依据，以生态信用评级兑现金融信贷支持。创新推出与生态产品价值核算相挂钩的“生态贷”“GEP 贷”金融产品，通过对生态产品权属的授权登记、价值评估，以及生态产品政府购买和市场交易的未来收益，实现 GEP 可质押、可变现、可融资。

四、形成了一批生态产品价值实现的典型案例

丽水在物质产品、调节服务产品、文化服务产品的价值实现路径探索过程

中形成了一批典型案例，并由丽水市人民政府将典型案例汇集，在全国生态产品价值实现机制试点示范现场会等重要场合分享。主要形成了《生态产品价值实现机制丽水实践典型案例集（一）》（2018）、《生态产品价值实现机制丽水实践典型案例集（二）》（2019）、《生态产品价值实现机制丽水实践典型案例集（三）》（2019）、《生态产品价值实现机制的丽水实践》（2021），笔者有幸参与了2019年和2021年三本案例集的资料收集和整理工作，本书案例素材的挖掘建立在以上案例汇编的基础之上。部分案例汇编目录中代表性案例见表3-1、表3-2、表3-3：

表3-1 生态产品价值实现机制丽水实践典型案例集（一）2018

物质产品	丽水山耕：品牌溢价下的有效机制 青田“稻鱼共生”系统：全球重要农业文化遗产保护试点的典范 遂昌“赶街模式”：改变农村商业环境的新平台 莲都“倪老腌”：长盛的网上爆品辣椒酱
调节服务产品	龙泉国镜药业：小成本大效益念活生态经 遂昌凯恩：特种材料的生态依赖
文化服务产品	莲都古堰画乡：探索开创“尤为如此”新局面 遂昌金矿：从废弃、枯竭的金矿到挖不完的金矿 云和梯田景区：生态价值变现的三大机制 松阳传统古村落：乡村振兴的古村路径 景宁畲乡绿道：一条生态绿道的幸福效应
体制机制创新	丽水林权抵押贷款：绿色金融的“小高地” 生态公益林补偿：让叶子变票子 乡镇交界水质考核的缙云样本

表3-2 生态产品价值实现机制丽水实践典型案例集（二）2019

物质产品	龙泉灵芝：“神仙草”的多元价值倍增 云和雪梨：托起畲民的致富梦 一根竹撑出庆元一片天 青田县侨乡农品城：推动农产品“走出去”
调节服务产品	九龙湿地：“萤火”银河的背后逻辑 鱼跃酿造：百年“老字号”的生态经 好生态引来“金凤凰”：缙云肖特玻管项目 百山祖生物科技：生态与科技的“双重溢价”
文化服务产品	庆元百山祖：避暑名山的低碳世界 “丽水山居”：“废居”变为“金屋”的丽水样板 老竹新陶村：“红+绿”双色驱动乡村华丽转身 岭头画家村：艺术激活古村复兴的松阳样本

（续）

体制机制创新	"拯救老屋"的松阳模式 流域上下游横向生态补偿的丽水实践 山海景岭"飞柜经济"：餐桌上的美食航线 "丽水溯源"：生态农产品价值实现的"溯源链"

表 3-3 生态产品价值实现机制的丽水实践（2021）

GEP 核算：丈量出"绿水青山"新天地
数字赋能确权监测 护航天生丽质向治理提质
生态+科技：产品溢价核动力
厚植"山"系区域公用品牌 溢价绿水青山
气候无价：天上人间尽显生态福利
江南秘境里的古村复兴
两山企业：生态市场微主体
"绿水青山"里滋养大的丽水农村电商
生态资源权益交易的丽水初探
地役权改革：国家公园生态惠民的有益探索
九龙国家湿地公园的"萤火"银河效应
生态产品保护补偿的丽水之效
为生态产品价值转化注入金融力量
瓯江绿道铸就共享美好生活的幸福大道
生态信用——生态文明制度下的生产生活新方式

第三节 丽水市生态产品价值实现机制路径探索历程

一、基于生态保护的"绿水青山"开发历程

无论是物质产品、生态调节服务产品，还是文化服务产品价值实现，开发的前提是生态环境的治理和保护。主要分为以下几种类型：一是环境治理优先。例如，浙闽边界治水故事，将一江酱色水变成一江清水流，上游水质改善使松溪河畔又成为鱼米之乡。二是环境治理后再开发。例如，遂昌金矿先治理历史遗留污染，实施生态修复工程，创新清洁生产工艺，最后开发遂昌金矿国家矿山公园项目，盘活闲置资产。三是开发前的环保约定。例如，缙云肖特玻管项目引入之时，制定"验地""验水""验气"等制度保护生态。该项目对拟选地块的土壤进行检测分析，要求对不同深度的土壤断层，每隔 1 米进行取样，并按照德国的标准进行送检分析，以此评估土地的环境质量。同时保存土

壤样品，并承诺在归还土地时，土壤保持原样归还，若存在污染现象，则进行补偿。丽水在所有项目的开发与运营中，都秉持环境保护优先，只有保证对环境无影响才能开发运营。

二、基于生态本底的“金山银山”挖掘历程

丽水在探索生态产品价值实现机制过程中将生态劣势转化为生态优势，形成生态产业。丽水最大的生态本底特征是“九山半水半分田”，丽水海拔 1 000 米以上的山峰有 3 573 座，龙泉市凤阳山黄茅尖海拔 1 929 米，庆元县百山祖海拔 1 856.7 米，分别为浙江省第一、第二高峰。丽水第一大特征是“多山”的地形地貌，丽水森林覆盖率 81.7%，“多山”的地形地貌使得农业无法进行规模化经营以及“山里货”走出大山难成为两大劣势；丽水通过品牌化、精品化、高端化破解了无法规模化经营的劣势，通过发展农村电商破解“山里货”走出大山难的困境。在物质产品生态产品价值实现机制与路径中深入探讨“丽水山耕”品牌创建历程及农村电商发展案例。在“丽水山耕”品牌打响之后，丽水念好“山”字经，又开发了“丽水山居”“丽水山泉”“丽水山路”品牌，而且即将开发“丽水山药”等更多“山”系品牌（图 3 - 1）。

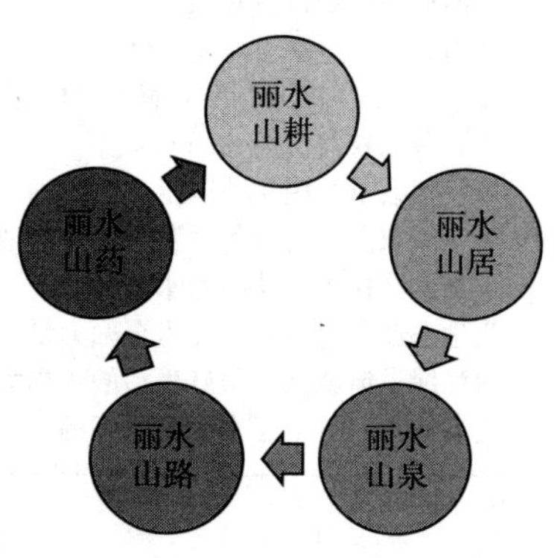

图 3 - 1　丽水念好“山”字经

丽水第二大特征是“水”质好。丽水是六江之源。瓯江、钱塘江、闽江、飞云江、灵江和福安江的六江之源，人均水资源拥有量是全省的 3 倍多。丽水围绕水质、水量、水温、水效等发展一、二、三产业，如第一产业的洁水渔业，第二产业的包装水，第三产业的水上运动、生态康养等，如今丽水已有“丽水山泉”品牌，并利用水温特性开发了紧水滩水冷式绿色数据中心项目。

丽水第三大特征是“田”少。这一特征的劣势是农产品生产低小散、效益低，一方面通过全市域、全品类、全产业链的区域公用品牌“丽水山耕”进行精品化运营，另一方面通过生态旅游等业态多元化经营，例如，云和梯田的运营模式从“摄影＋农家乐/旅游休闲＋稻鱼共生”，逐渐拓展到“＋科普教育”“＋文创产业”“＋云和露营”“＋露营配套产业”等多业态融合的综合体。丽水还在继续挖掘生态资源特色，将其转化为新产业或新业态。

在基于生态保护的“绿水青山”开发历程和基于生态本底的“金山银山”挖掘历程过程中，体制机制创新贯穿于整个生态产品价值实现过程，如遂昌“一张卡”：破解“三大难”；林权抵押贷款的“庆元模式”等，试图破解“难度量、难抵押、难交易、难变现”等问题，进行了大胆尝试，本书在第四章、第五章和第六章中将进行详细论述。

第四章　物质产品价值实现机制与路径[①]

生态产品中的物质产品是满足人类物质需求的产品，主要是生态农产品，如有机农产品、中草药、原材料、生态能源等，也是最常见、市场化程度最高的生态产品。物质产品的价值实现主要探讨的是如何增值和提效的问题。

第一节　物质产品价值实现机制分析

一、协同创新机制

生态优越区一般不是科技创新的核心区，物质产品价值提升需要协同创新。陈劲（2012）提出："协同创新是一项复杂的创新组织方式，其关键是形成以大学、企业、研究机构为核心要素，以政府、金融机构、中介组织、创新平台、非营利性组织等为辅助要素的多元主体协同互动的网络创新模式，通过知识创造主体和技术创新主体间的深入合作和资源整合，产生系统叠加的非线性效用。"[②] 物质产品的协同创新关键是形成以农产品生产和深加工企业、高校、科研机构为核心要素，以政府、创新平台、中介机构等为辅助要素，促进知识创造、资源整合和创新，产业"1＋1＞2"的非线性效用。协同创新的主要模式包括科技创新平台模式、产学研系统一体化模式、服务型推广模式、契约型合作模式和系统型中介模式（图4－1）。丽水物质产品价值实现过程中的协同创新大都属于契约型合作模式，为寻求技术创新突破，通过契约建立联合开发、利益共享、风险共担的合作组织。

① 本章案例资料主要来源于《生态产品价值实现机制丽水实践典型案例集（一）》（2018）、《生态产品价值实现机制丽水实践典型案例集（二）》（2019）和《生态产品价值实现机制的丽水实践》（2021）.

② 陈劲，阳银娟．协同创新的理论基础与内涵［J］. 科学学研究，2012（2）：162.

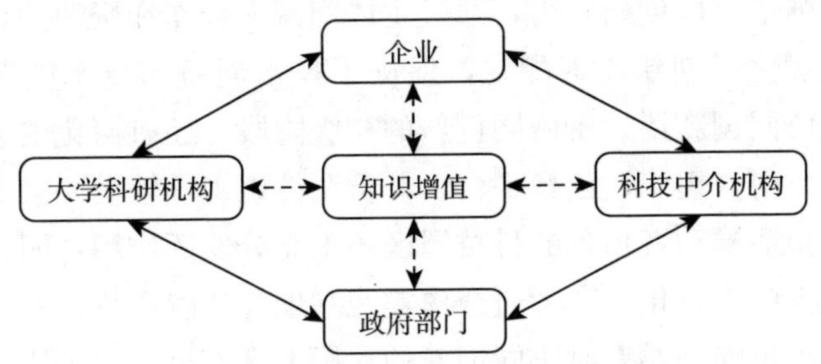

图 4-1 知识增值为核心的协同创新系统结构

资料来源：陈劲，阳银娟．协同创新的理论基础与内涵［J］．科学学研究，2012（2）．

在丽水的实践中，物质产品协同创新的目标主要分为两类：一是通过协同创新提质增效。围绕企业科技发展和生产流程中的关键问题，开展研发合作，整合资源并实现技术突破。例如，丽水千峡湖“洁水渔业”与上海海洋大学、浙江大学、浙江省淡水水产研究所等院校建立长期合作关系，构建科学完善的生态循环体系、专门的千峡湖鱼苗生态增殖放流中心。并通过洁水渔业生态修复系统，控制湖鲢、鳙鱼的数量，保证千峡湖水体的水质长期达到国家Ⅰ类水质标准。还有许多物质产品如多花黄精、猕猴桃等众多农产品都是通过协同创新提质增效。丽水百山祖生物科技有限公司是一家从事食药用菌种植、研发、加工和销售的国家高新技术企业。该公司与中国科学院过程工程技术研究所合作开发膜分离技术，能够有效脱除重金属、农药残留和小分子黏性物质，提高提取物产品纯度和品质；与中山大学合作开发的食药用菌功能食品剂型开发应用了微囊化包埋技术，有效提高了产品稳定性和生物利用度；从南京理工大学引进的低温剪切破壁设备，采用了军工应用的超硬合金材料，同时可以控制破壁温度，有效解决了灵芝孢子粉破壁过程中的二次污染和易氧化的问题。

二是通过协同创新研发新产品。例如，丽水百年“老字号”鱼跃酿造（调味品生产企业），先后与浙江大学、同济大学等高校进行科技合作，用最先进的技术研发了“绿谷琼液白酒”“鱼跃橘醋”“铁强化酱油”等新产品，其中橘醋技术获国家发明专利，填补了国内市场空白，也帮助解决了当地居民卖橘难题。龙泉市为推动灵芝产业发展，先后与浙江大学、上海农科院、浙江省农科院等高校、科研院所开展技术合作，并成立了龙泉市食用菌研究所，突破灵芝高产高效品种选育、优质高效栽培、精深加工等关键环节，10 余项灵芝栽培、孢子粉采集等技术获国家发明专利，成功选育了“龙芝 1 号”和“龙芝 2 号”。

丽水以物质产品价值提升为目的的协同创新，提高了创新主体的创新要素产出效率、增强了整体创新实力，通过主体间深入合作和资源整合，加快了创新要素流动、优化了创新要素配置，促进了技术创新和技术成果产业化。但是，丽水市的协同创新还处于协同创新的初级阶段，还有深化的空间。一是政府、金融机构、中介组织、创新平台、非营利性组织等辅助要素的作用还未充分发挥。政府扮演推动者角色的科技园区还未充分发挥作用，园区的科研成果孵化、新技术推广与转化、产学研合作实践基地等功能有待进一步提升。金融机构、中介组织等辅助要素对协同创新的支撑力度不足。二是协同创新主体和要素之间联动不够紧密。从以上介绍的例子中可以看出，主要是需求拉动型的协同创新、协同创新的紧密网络还未建立，在知识投入和知识共创方面还存在不足。

二、“双链”融合机制

农业产业链和价值链的“双链”融合，能够有效实现农业产业融合发展，推进农业现代化。丽水一些县域依托单个产品，通过“产业链＋价值链”双链融合机制，实现从单品类到多品类，从单一产业到多元产业，从低附加值到高附加值的过程，实现竹产业的“接二连三”发展。“产业链是指在原材料采购、中间产品和最终产品的生产与加工、最终产品配送到消费者等整个过程中所涉及的各个环节所构成的链条。链条中的每个环节都是创造价值的过程，所形成的一系列相互关联的‘增值活动’即是一条完整的价值链。”① 产业链延伸是价值链增值的前提，传统农业价值增值空间相对有限，要实现物质产品多元价值，必须加快产业链延伸和转型升级。物质产品产业链延伸的初级阶段是农产品生产、加工、销售等环节形成一体化；中级阶段是推进初级农产品向工业品转化，或者向旅游等第三产业延伸；高级阶段是新业态、新产业不断涌现，不断模糊产业边界，如休闲农业、创意农业、农村电子商务等快速发展。在产业链不断延伸过程中，农业经营主体重构、农业生产方式改变，若充分运用物联网、大数据等现代信息技术，还能够进一步推动产业链效率提升。在产业链从传统农业向第二产业、第三产业延伸过程中，价值链就从单一的农业产业价值链转向一、二、三产业价值链多元叠加。提供物质产品的企业、农户及村集体等不同主体，农户能够获得初级农产品销售、农家乐及民宿产业等相关收益，

① 匡远配，易梦丹．精细农业理念促进现代农业产业链、价值链和利益链“三链耦合”［J］．农业现代化研究，2020（9）：748．

企业获得从低附加值产业转向高附加值产业的价值增值，村集体获得休闲旅游、产业培育获得的收益。当传统农业发展成一、二、三产业融合发展的产业集群，又促进传统农业的规模化生产，以及带来成本降低、就业扩张、区域知名度提升等多重效应（图 4-2）。

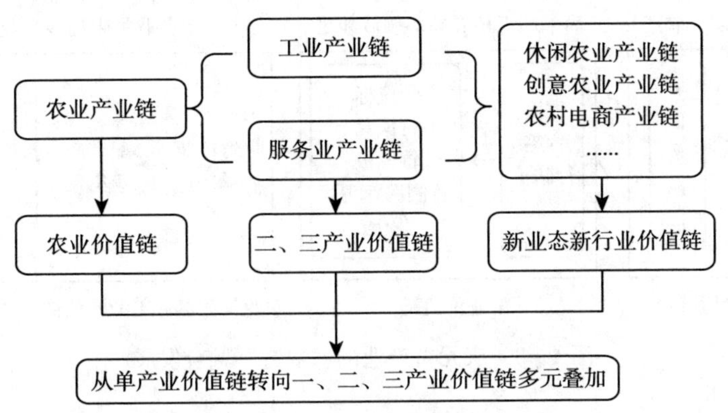

图 4-2　物质产品“产业链+价值链”双链融合机制

例如，庆元作为浙江省重点毛竹产区，有竹林面积 41.9 万亩*，占林业用地面积 252.4 万亩的 16.6%，毛竹立竹量超 6 000 万株，年采伐量 1 350 万株，年加工竹材 3 000 万株，竹材自给率约占 45%。庆元通过“产业链+价值链”双链融合机制，将竹产业发展成为生产总值 20 亿元以上的区域支柱产业。一是深挖传统农业潜力。通过“竹+笋”“竹+菌”“竹+药”“竹+菜”“竹+笋+菌”等多种林下经营模式，从单一农产品变为多元农产品。2018 年笋、竹等原材料产值已达到 1.94 亿元。二是依托原材料进行产品创新，从简单加工的单品类拓展到多领域多品类。庆元的竹产业最早主要做竹原材料的简单加工，如简单的竹筷、竹签、竹砧板等，伴随着企业不断发展壮大产业领域拓展到家具、农用、家用、办公、车船、建筑、医疗卫生保健等系列产品。如浙江九川竹木股份有限公司的竹产品从竹砧板、竹盒子、竹饭勺，拓展到竹鼠标、竹键盘、竹计算器等。伴随着加工层次提高，产品的附加值也不断提高。三是由单产业集中变产业集群。伴随着竹产业的快速发展，加速了相关配套产业的集聚，增加了产品设计、彩印包装、物流运输、电子商务、机械加工、生态旅游、林下经济等与竹产业相关联的业态，快速形成了产业带和集聚区。四是依

* 1 亩=1/15 公顷。

托竹产业发展生态旅游业。庆元依托竹海资源，打造“丽水世界竹海公园”，按照“国家公园＋美丽城市＋美丽乡村＋美丽田园＋美丽通道”五位一体的布局发展全域旅游，带动了生态旅游、乡村旅游、竹林观光游、休闲摄影、文化产业的发展（图 4－3）。

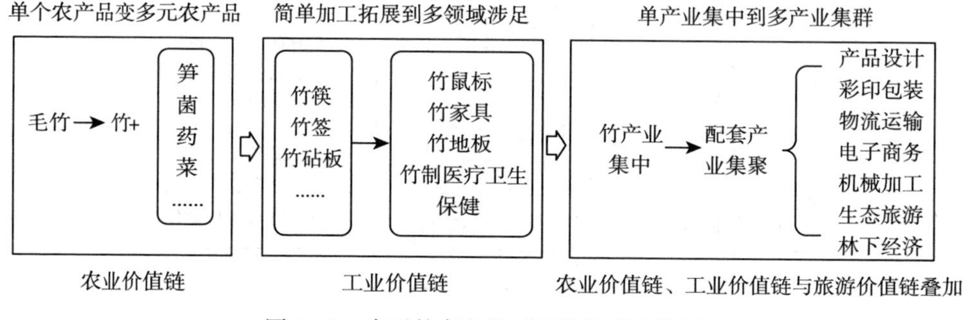

图 4－3　庆元竹产业的“双链”融合发展

庆元竹产业的发展从传统农业发展成支撑区域经济发展的支柱产业，不仅培育了区域新的经济增长点，而且促进了农民增收，竹产业在农村居民人均可支配收入中的占比超过 30%。

三、区域公用品牌创建机制

物质产品大都属于农产品，议价能力相对较弱，因此讨论物质产品的价值实现问题更重要的是满足消费者个性化需求、高端需求的问题，品牌作为价值链的高端是重要的突破口。生态农产品的生产组织化程度相对较低，尤其对于“九山半水半分田”的丽水，农产品虽生长于良好生态环境中，但农业经营主体多为低小散弱农户，消费者的认知度低，迫切需要新的机制整合优质农产品资源。丽水的区域公用品牌是典型的政府主导型品牌创建，从“丽水山耕”区域公用品牌设计、运行、销售等流程中，有为政府的推进在其中起到关键作用，具体细节将在第三节单独案例剖析中充分阐释。

第二节　物质产品价值实现路径

一、生产端发力的价值提升

生产端发力的物质产品价值提升是基于供给视角分析实现路径，主要包括以下类型：

1. 科技助力品质提升和产品创新

在本章第一节中协同创新机制提到的千峡湖“洁水渔业”、丽水百山祖生物科技有限公司、鱼跃酿造等案例就是生产端发力提升物质产品价值的路径。

2. 品牌赋能型

“丽水山耕”区域公用品牌构建及其价值在本章第一节和第三节详细论述，除此之外，各县市区还建立了具有自身特色的品牌。如表 4-1 所示，农产品品牌价值来源既有品牌价值的共性，也有特性。从产品视角来看，农产品品牌价值不仅注重质量安全和高效的生产经营方式，而且注重产品的产地及品质等自然禀赋；从消费者视角来看，品牌价值不仅要得到消费者对品牌的认可，而且需要消费者对原生态高品质这类特定产品的认可；从企业或品牌塑造者来看，不仅需要加强品牌设计、宣传推广，而且需要降低品牌运营中的成本；从外在环境来看，不仅需要注重市场环境，而且需要注重生态环境。

表 4-1 农产品品牌价值来源

视角	品牌价值来源	农产品品牌价值特有来源	“景宁 600”品牌价值来源
产品	质量安全、生产方式、经营方式等	产地、品质等自然禀赋	600 米海拔高度农产品
消费者	品牌感知、品牌认同、信任与依赖等	食品安全敏感度	原生态农产品感知
企业/品牌塑造者	品牌建设、推广投入等	物流成本节约	区域品牌塑造、品牌支撑服务
外在环境	政府、市场等品牌外部环境	生态环境	优质生态环境

丽水景宁畲族自治县拥有著名的“景宁 600”品牌，依托区域农产品生产环境的鲜明特色，展示品牌的多维价值。

一是根据特色农产品特殊产地确定品牌标识。“景宁 600”的灵感源于景宁特别的海拔高度和畲族文化。首先，600 米海拔高度是影响农产品品牌的一条自然地理分界线。600 米海拔以上地区存在光照、降水、昼夜温差等明显的自然环境优势，且在冬季下雪时基本被冬雪覆盖，是亚热带地区冬季名副其实的雪线，病虫害较少，农业生产过程中农药、化肥等投入较少，无论是品质、口感还是安全性上都要比低海拔地区的农产品更好，市场的青睐程度更高。其次，600 米海拔高度是一条独具畲乡特色的人文地理分界线。景宁畲族自治县是全国唯一的畲族自治县，也是华东地区唯一的少数民族自治县。在全县 254 个村庄中有 151 个在海拔 600 米以上地区，占村庄总数的 60%。

二是政府为品牌发展提供支撑体系。构建服务于品牌建设的多元产业主体，如龙头企业、电子商务、市场推广、物流配送等。组建“景宁 600”农业技术服务队，为农业主体提供关键技术培训和现场技术指导，激活农业主体创造力。构建高水准的“景宁 600”质量安全体系：大力推广测土配方施肥、商品有机肥替代化肥、种植绿肥等科学方法促进化肥减量，通过病虫绿色综合防控、高毒禁限用农药自律退市等措施促进化学农药减量，从源头上保障“景宁 600”生态产品质量安全。

三是通过农旅融合强化消费者认知。依托“景宁 600”品牌，在各乡村建设生态茶园、放心菜园、养生菌园、空中花园、开心农场、美丽牧场等基地建设。积极打造精品水果采摘园、农旅产品展销中心、休闲观光基地等农旅融合点，形成“一田一处景、一村一幅画、一线一风光”的美丽生态空间格局。利用“景宁 600”影响力，成功打造“白大”（白鹤至大漈）精品农旅景观带，通过农旅融合发展带动“景宁 600”生态农产品销售，强化消费者对品牌的认可。

3. 农文旅融合型

物质产品的价值只通过农产品销售环节得以实现，就会浪费农业资源的多元价值。农田景观设计可以促进农田观光活动；农事生产活动可以开发成游客农事活动体验；乡村建筑可以开发成乡村民宿。在产业融合视角下，需要重新识别、评价乡村资源，农业生产活动与农村多样化资源单体如山岭、台地、崖壁、瀑布、温泉、河流、日出、云雾等结合，具有休闲娱乐、休闲体验、康体养生等多维功能（图 4-4）。

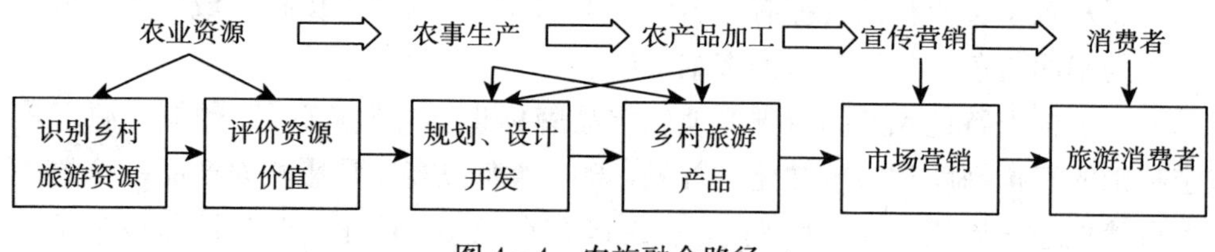

图 4-4　农旅融合路径

例如，苏坑村是盛产云和雪梨的畲族村，2012 年云和县在苏坑村建立示范梨园，在采摘时节邀请丽水市电视台“乡里乡亲栏目”宣传报道，相继举行梨王争霸赛、开采节、畲乡文化节、“云和雪梨节”暨首届“农民丰收节”等节庆活动。节庆活动吸引大量游客赏花、品梨，基础设施不断提升。2018 年苏坑村完成苏坑梨园景区化提升项目，在村里建起了停车场、云和雪梨标志性门楼、观景台、游步道，让苏坑村村容村貌焕然一新。又如，缙云依托仙都风景区、河阳古民居等旅游景区，加大黄茶文化与黄帝文化的有机融合，打响具有缙云特色的茶文化旅游品牌，建设现代山水茶乡。以全域旅游的理念，开发茶业旅游功能，茶旅结合、茶旅互动，鼓励扶持茶叶企业建设集基地生产、集中加工、文化传播、旅游观光、品牌营销、形象展示为一体的茶叶庄园，讲好茶园故事，传递“绿色、健康、和谐”正能量。以“茶＋N”多产融合，积极推行“茶＋生态”“茶＋文化”“茶＋民宿”“茶＋康养”“茶＋美食”等模式，春季踏青、夏季避暑、秋季养生、冬季暖心。

4. 文化传承与挖掘型

稻鱼产业是青田的农业支柱产业，“稻鱼共生”农业生产模式已有 1 300 多年历史，古时候的先民在种植水稻的稻田里养殖鲤鱼，繁育了极具地方特色的“青田田鱼”鱼种，形成了“稻鱼共生”生态循环农业生产技术。2005 年青田“稻鱼共生”系统被联合国粮食及农业组织（FAO）列入首批 GIAHS（全球重要农业文化遗产）保护试点，成为中国第一个全球重要农业文化遗产。2021 年青田“稻鱼共生”系统入选自然资源部和世界自然保护联盟（IUCN）联合发布的《基于自然的解决方案中国实践典型案例》。“稻鱼共生”系统被推广到国内云南、贵州、广西、福建等地，并传播到尼日利亚、塞拉利昂、马里等东南亚、南亚、非洲等多个国家和地区。

青田“稻鱼共生”系统的农业文化遗产传承和挖掘主要是在保护的基础上开发，实现了农产品价值、生态保护价值、观光旅游价值等多维功能，如图 4－5 所示。主要路径有：①设立专门部门抓保护。设立青田县农业文化遗产管理局，在核心区方山乡及龙现村分别设立乡、村两级保护工作机构，具体负责稻鱼共生系统保护与产业发展工作，形成“政府主导、分级管理、多方参与”的保护机制。②强化政策支持。先后编制《青田稻鱼共生系统保护与发展规划（2016—2025 年）》和《稻鱼共生博物园建设总体规划》，重点扶持稻鱼共生生产设施建设、实用技术培训和农业科技研发、“稻鱼米”加工企业的升级改造等工作，推广“百斤鱼、千斤粮、万元钱”种养模式和再生稻技术。③强化品牌建设。先后制定《青田田鱼地理标志证明商标管理办法》《青田田鱼生态原产地产品保护专用标志管理办法》，设计青田稻鱼共生系统统一的标识系统和 LOGO 标识，推动稻鱼共生产品品牌创建、维护和应用推广。“青田田鱼”获评国家地理标志证明商标，“青田田鱼和和田鱼干”被列入国家生态原产地保护产品名单，田鱼和大米获得有机、绿色和无公害认证数达 14 个。④强化标准建设。先后制定《青田田鱼地方标准》《青田稻鱼共生技术操作规程》，探索青田稻鱼米“五统一”模式（统一规划、统一品种、统一种植标准、统一加工、统一包装），推进稻鱼共生示范标准化基地建设。⑤强化产业链延伸。结合稻鱼共生系统保护，推动集稻鱼共生系统保护、稻鱼共生技术示范、农业文化遗产展示、农耕文化体验观光为一体的“稻鱼共生”观光农业发展。通过一系列培育与推广措施，青田稻鱼米成功跻身高端大米市场，每千克加工从以往 6～7 元跃升为 15～25 元。据浙江大学开展的 5 年田间试验研究结果显示，稻田养鱼需要的农药量比水稻单作少 68%，化肥量减少 24%，纹枯病发生率平均降低 54.35%，稻飞虱密度平均降低 44.74%，有效地保护了农田生态环境。

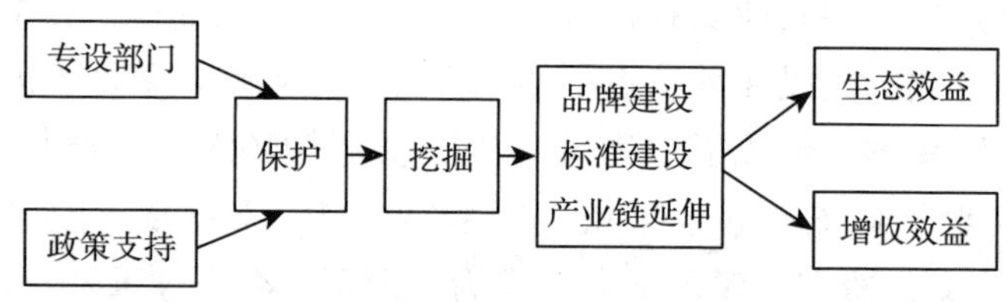

图 4-5　青田“稻鱼共生”系统的保护与价值挖掘路径

5. 立体经营模式推动价值提升

物质产品如中草药市场行业不稳定，通过经营模式创新形成新的经营模式是重要的路径之一。如龙泉的一种传奇药物三叶青，通过建立“合作社＋基地＋企业”经营模式，积极与江西申龙药业公司、华东制药、丽水中医院等单位建立产品产供销合作，确保三叶青有稳定的市场。同时，通过建立中草药材林下立体经营模式，形成竹林下套种三叶青的“竹林套种”“控根控枝”“大田育苗”“低温炼苗”“病虫害生态防治”等技术，开展接近纯野生的规范化种植栽培。这种竹林套种三叶青等中草药模式，可以减少因森林抚育等造成的水土流失，节约森林抚育管理成本，增加林地土壤肥力，提高竹木材和竹笋产量，实现由“一亩山万元钱”变“一亩山三万元”。丽水多花黄精也采用了“锥栗—多花黄精”“杉木—多花黄精”“香榧—多花黄精”“毛竹—多花黄精”“油茶—多花黄精”“厚朴—多花黄精”“青钱柳—多花黄精”“丝瓜—多花黄精”“混交林—多花黄精”等 9 种复合经营模式。多花黄精复合经营模式，不仅提高了林地综合效益，增加了林农增收途径，而且有力地推进了林业生产基地的日常管理，降低日常管理成本，实现了以短养长，促进了林业产业发展。

二、需求端发力的价值提升

（一）“互联网＋”特色农产品

从历史看，中国农产品供需关系交替出现了改革开放前的“买难”到后期的“卖难”，再到当前的“买难”与“卖难”同时频现[①]，生态农产品也面临着双难困境。在丽水的生态产品价值实现中，基于互联网信息技术解决传统农产品供需匹配中的痛点问题，出现了农村电商等线上销售模式，成为生态农产品走出乡村的最主要通道之一。从交易费用视角来看，线上交易主要降低了搜寻费用和配送费用，增加了测度费用。其中，搜寻费用指交易双方在进行匹配时不可避免产生的费用；测度费用源自对交易品质量和数量的度量，交易双方的信息不对称将会显著放大测度费用[②]。首先，线上交易降低了搜寻费用。线上搜寻商品无须交易双方在地理空间上完全匹配，网络具有信息集成和散布的技术属性，以及在大数据时代广告可以精准投放，搜寻活动具有“规模经济”的经济属性，搜寻费用极大地降低。其次，线上交易在特定情境下降低了配送费用。“配送费用源自将农产品从销售地转移到消费者指定地点时所花费的费用，直接配送费用为运输费用，间接配送费用包括用于转移商品的物流设备和物流组织的采买和构建费用。农产品线下交易中产生的费用主要是直接配送费用，多为消费者在所购农产品的运输过程中花费的包括时间在内的机会成本；而线上交易的产品配送往往由销售者来执行，配送费用既包括作为直接费用的运输费用，也包括一系列间接配送费用。”农产品线上配送若是原产地、规模化配送，将节省线下大量中间环节，从而节省配送费用。最后，线上交易需要通过“增信”等方式降低测度费用。不同于线下交易消费者亲自挑选测度费用最小，线上交易使得产品的时空分离，通过第三方等“增信”方式是降低线上测度费用的有效途径之一。如通过区域公用品牌构建、“县长直播带货”、消费者积极评价、政府信用为农产品背书或者消费者反馈削弱信息不对称问题等。

丽水较早探索生态农产品的电商模式。遂昌“赶街模式”最早始于2006年

① 周振．互联网技术背景下农产品供需匹配新模式的理论阐释与现实意义［J］．宏观经济研究，2019（6）：108.

② 齐文浩，齐秀琳，杨兴龙．互联网时代农产品交易模式的选择与演进研究［J］．经济纵横，2021（11）：105-106.

前后，浙江赶街电子商务有限公司是遂昌农村电商的龙头企业，打造网店会员与供应商“信息共享、资源互补”的服务性公共联合平台，建立“七统一”的标准化运营模式，即统一培训、统一采购、统一仓储、统一配送、统一物流、统一包装、统一服务。加入中心的会员只管线上接单，采购、配送、结算等线下运营都可以委托中心全程代办。“赶街模式”开创赶街县、乡、村三级线下服务体系，设立县级运营中心，负责拓展、管理和服务村级服务站；村级服务站点，为村民提供电商（代买、代卖）服务，并通过服务站的物流中转、代收代发，解决物流“最后一公里”问题。遂昌“赶街模式”较早探索农产品线上交易方式，通过打造电商平台降低农产品搜寻费用；构建标准化的三级线下物流配送体系，使得配送规模化，降低了配送费用。

伴随着农业经营主体的成长、地方公用品牌的培育，许多单品和区域公用品牌在淘宝等更大平台打造网上爆款，这些爆款不仅利用了互联网优势，还通过多种方式“增信”，提升产品的影响力。如丽水莲都区“倪老腌”辣椒酱通过线下多渠道“增信”。一是通过线下体验弱化信息不对称。“倪老腌”的产品生产地就坐落于古堰画乡风景区，成为“倪老腌”开拓线下农产品O2O模式的大本营，以客户体验为中心，来这里的游客可以参观“倪老腌”的手工加工制作过程，品尝辣椒酱，并参与到某些制作环节，还可以手机扫码支付完成线下购买自己亲手制作的辣椒酱。该品牌产品坚持无任何防腐剂和添加剂，从原材料到出品环节都严格把控安全保障以及口味众多、色彩鲜艳的美感，销售规模控制在200单/天，夏季时快递还采用冰袋冷链运输，保证每瓶辣椒酱都是最新鲜的。二是针对特定对象的广告“增信”。“倪老腌”通过唯一一个全中国辣椒酱（液体）可以上飞机的品牌广告，吸引了一批特定消费者，并定制了“无辣不欢”“以辣会友”友情圈，确保了用户消费黏性。凭借产品纯天然、“小而美”“小而精”，“倪老腌”辣椒酱网上销售火爆。近年来，伴随着抖音等自媒体平台的崛起，懂得运用数字技术和营销手段的新农人，在社区、在田间展示自家产品，红心猕猴桃、缙云杨梅、大洋“美人茭”等众多农产品销售火爆。

（二）打造特色农产品集散及采购中心

丽水青田县是著名的侨乡，具有300多年的华侨史，有海外华侨30多万人，遍布世界120多个国家和地区，投资与贸易规模达2 000多亿元。青田是亚洲首批全球重要农业文化遗产所在地，拥有稻鱼、油茶、杨梅等五大产业，具有优质生态立地条件。青田发挥华侨资源优势，打造汇集国内优质农产品的生态农产品集散中心、海外侨商中国农产品采购中心，拓宽了生态产品价值转化的通道。颇具特色的做法主要是：①整合优势资源，打造农产品集聚地。吸纳“丽水山耕”精品农产品入驻农品城，打造“丽水山耕”品牌馆，借力推广“青田青”区域公用品牌。整合青田稻鱼米、山茶油等主导产业农产品资源。依托青田侨商从事的餐饮、国际贸易行业，让国内优质农产品“走上洋人餐桌”。②一体化农产品服务体系打通产品走出去通道。丽水海关在青田设立办理窗口，给予农产品出口检验检疫便利化措施，开通农产品出口的“快速通道”。建设农产品展销中心、稻鱼米等特色产业加工仓储中心、监管检测中心，打造农品城“供应平台＋物流链＋海外仓＋专柜”一体化的服务链，助推精品农产品走出去。

三、产业集聚引致价值提升

农产品生产加工难变现的原因之一是“散”，通过产业空间集聚，形成集聚效应，实现传统产业转型升级。对产业集聚现象进行系统性深刻阐释的是新古典经济学的鼻祖马歇尔，他认为集聚的来源是可利用的专业化劳动力市场、中间产品市场和专业化的服务和知识外溢。Krugman 认为集聚现象的原因主要有基本要素、中间投入品和技术的使用。与工业相比，农业及农产品生产加工业有其特殊性。在集聚的初级阶段，农业及农产品生产加工业对资源、区位、地形地貌等自然禀赋因素依赖程度相对较高，一些地区对传统的制作工艺和生产工艺依赖较高，因此，在初级阶段自然禀赋因素对集聚起到至关重要的作用。当集聚发展到中级及高级阶段时，集聚影响因素逐渐与工业趋同，农业产业链前后向关联会带动种植、加工、流通等环节一体化，促进基础设施共享、知识信息外溢等外部效应显现。

农业集聚的外部效应主要体现在以下方面：一是农业土地等资源流转集聚，促进生产经营者与农业资源匹配。家庭联产承包责任制会导致耕地等资源的碎片化和条块化，当流转租金及因放弃耕种从事其他生产活动所获得的收益总和大于耕种的收益，农业生产经营者有意愿将土地等资源流转给从事规模化生产且知识更丰富的农业生产经营者时，农业资源与生产要素进行了重新匹配组合。二是农业相关产业集聚更有利于降低成本。农业生产的附加值相对较低、跨域长途运输更加不便利、不经济，因此与农业相关联的前端投入品和终端加工企业，为降低成本，趋向于在资源富集地集聚。当生产经营扩大产生规模经济效应，企业会在区域资源禀赋、运输成本、规模报酬递增、目标市场区位等多因素影响下，寻找新的区位均衡点。三是示范效应和学习效应。现代农业技术应用及知识扩散逐渐促进农业地理集聚，农业生产经营者通过农业技术研究机构、政府培训、互联网等渠道获得农业技术知识，但集聚依然是农业生产经营者获取知识和信息的重要路径。四是基础设施和信息共享。农业生产经营的基础设施投入大、周期长，集聚生产更有利于资源共享；农业生产经营者可以通过从政府机构、集贸市场价格公告、农户等多渠道获得信息，降低生产运营成本。

丽水松阳县红糖产业集聚之后实现发展质变。一是产业集聚依托独特的自然禀赋。松阳县松古平原樟溪乡兴村有着百年种植甘蔗、熬制红糖的历史。松阳红糖古法制作更多地保留了甘蔗的营养，被誉为“中国的巧克力”。取当天收割的甘蔗，经过切碎碾压，去除其中杂质，留取精华汁液，小火熬煮，经开泡、赶水、过滤、摇瓢、打沙、成型等工序加工而成。松阳红糖产业集聚就是依托区域独特的生产制作工艺。二是集聚促进基础设施共享。由于红糖熬制分散于乡村家庭作坊，加工条件简陋、污水和废弃物处理难以规范化，为改变该村落后的古法红糖加工方式，提升产业文化附加值，政府从产业集聚入手，打造一批“小而特、小而精、小而美”的食品作坊园区，该园区所有权归松阳县樟溪乡兴村村股份经济合作社，在园区内实行统一加工、统一排污、统一管理，分设集中加工区和集中体验区，其中集中加工区设有 6 个灶台 36 口锅，共同加工生产。三是集聚促进产业融合发展。该园区在建设之初，就定位三产融合发展，园区由美国哈佛大学专家设计，将透明玻璃与轻钢结构完美结合，视线全部开放，与田园融为一体；玻璃幕墙上有手工白描的《山水风景》《田园农耕》《甘蔗种植》《甘蔗运输》《古法红糖》五个篇章的画面，展示红糖制作流程；内部设置有文化展示长廊、休闲体验区、生产加工区、产品陈列区、办公区、会议室等，集传统红糖加工技艺、文化体验、建筑艺术、文化公共空间、产品展卖等为一体。其中，特色视频作坊园区衍生带动了“吃：一品红糖、住：红糖特色民宿、游：甘蔗田风景，购：传统红糖产品、娱：体验红糖加工”等旅游相关服务业的兴起，实现了以“甘蔗种植、产品加工、旅游消费”为主的一、二、三产融合发展。2015 年未建食品作坊园区之前，全村产糖只有 30 吨，每斤[*] 18 元，产值 108 万元；2016 年红糖工坊投入使用，2017 年红糖年产量达到 100 吨，每斤 25 元，产值 500 万元，比红糖工坊建成之前提高了 3.6 倍。

---

* 1斤=500克。

第三节 基于有为政府视角的“丽水山耕”农产品区域公用品牌案例研究

浙江丽水地处浙西南山区，境内崇山峻岭，有“浙江绿谷”“华东氧吧”之称。丽水四季分明，气候湿润，水平地域性和垂直差异性的山地立体气候特征显著，为优质农产品生产提供了良好的生态。其中，森林覆盖率达到80.79%，典型的“九山半水半分田”的地形结构，导致丽水在规模化、标准化产品的市场中并不占优势。2014年之前，全市共有7 000多个生产经营主体，2 800多个品牌商标，但是国家级农业龙头企业只有1家，著名商标屈指可数。因资金缺乏、人才不足等因素，“多、小、散”的市场经营主体打响品牌举步维艰。2014年9月，在政府引导推动下，“丽水山耕”正式亮相。2017年6月27日，“丽水山耕”成功注册为全国首个含有地级市名的集体商标，以政府所有、生态农业协会注册、国有农投公司运营的模式，并结合生产合作、供销合作、信用合作“三位一体”改革工作，建立“丽水山耕”区域公用品牌为引领的全产业链一体化公共服务体系。

一、有为政府与欠发达地区农业发展

（一）西方主流经济学对政府作用的定位

有为政府问题源于市场与政府关系问题，这个问题一直是经济学研究领域中的重要主题，可追溯到18世纪的古典经济学。西方主流经济学大体经历了古典经济学、新古典经济学、凯恩斯主义经济学、新古典综合经济学等多个研究范式和阶段更替。古典经济学中倾向于向社会展示资本主义市场经济制度存在意义，也烙下了自由主义的烙印。阿尔弗雷德·马歇尔（Alfred Marshall）为代表的新古典经济学，以针对人的行为的理性假设，认为资本主义市场自带调节功能，可以实现个人利益和社会利益最大化，形成优胜劣汰的竞争秩序，促进社会资源配置的整体最优，政府主要起到一个“守夜人”的功能。但是，新古典经济学也认为，在信息不充分或不对称、经济行为的外部性情况下，以及公共产品或服务提供领域，需要明确政府的角色定位，如提供国防安全、公共基础设施的功能。

1825年英国发生第一次经济危机以来，经济危机就始终伴随着西方社会，直至1929—1933年，发源于美国的资本主义国家大萧条爆发。经济危机在实践逻辑上否定了新古典经济学的自信[①]。以约翰·梅纳德·凯恩斯（John Maynard Keynes）为代表的古典主流经济学派，认为市场机制也具有自发性、盲目性和滞后性，市场运行对于经济资源的配置作用并非畅通无阻，政府需要干预解决失业等问题。许多中国学者也认识到西方古典经济学对政府作用认知的局限性，卢福财等（2021）认为"囿于其基本经济制度的局限，资本主义政府无法合乎逻辑地将经济发展作为其根本职能，无法形成'发展是第一要务'的举国凝聚力，同时也无法具备像我国一样以'五年规划'描绘连贯性的发展目标和蓝图、以政策试点和绩效考核调动地方发展积极性、以国有企业承载关系国计民生的战略性经济发展任务等具有中国特色的经济促进手段。"因此，应该辩证看待西方主流经济学对政府作用的定位，在分析政府作用时要在相对确定的情境中，如社会制度、经济体制、产业特征、区域特点、发展阶段、具体目标等复杂情境中分析政府的角色和定位。

（二）有为政府的三层含意

自从 1978 年改革开放以来，我国保持中高速增长势头跃升为世界第二大经济体，政府发挥着主导和引领作用。中国的发展实践无法用西方古典经济学来阐释，我国从新中国成立初期高度集中的计划经济体制，转向政府调节为主、市场调节为辅的有计划的商品经济体制，如今市场在资源配置中起决定性作用，有为政府在历史进程中发挥着重要作用。在这个过程中政府逐渐在一些领域退出，进一步明确了政府、市场的边界，激发市场主体的活力，优化资源配置效率。

有为政府至少包括"有限""有所为""有所不为"等三个递进层面，"有限"指政府权力和行为方式受到法律的限制，限制的背后体现的是政府与市场、社会的关系中，三者边界相对确定，政府不能"越位"干预应由市场、社会完成的事务。"有限"强调利用后发优势，划分政府和市场、社会的相对边界，当三者的关系发生变化时，适时修改划分边界的法律规则，政府同步根据法律规则调整行政权力的行使领域[②]。"有所为"强调在经济发展的不同阶段，政府作用有所不同。罗斯托（1960）将经济增长阶段分为传统社会阶段、准备起飞阶段、起飞阶段、走向成熟阶段、大众消费阶段、追求生活质量阶段。在

① 卢福财，王守坤．历史脉络与实践视野下的有为政府——中国特色社会主义政治经济学的核心命题［J］．管理世界，2021（9）：79-80.

② 赵守东，高洪贵．地方政府权责清单制度的治理进路——以有为政府为分析框架［J］．行政管理，2021（2）：143.

准备起飞及起飞阶段，有为政府需要充分利用比较优势培育自生能力，建立一种有利于起飞的制度体系和主导产业，破除资本积累、基础设施落后等约束，发展具有比较优势行业，形成相对完备的产业体系；此阶段有为政府必须部分承担市场的功能、制定政策、培育市场、协调市场、助推企业发展，并朝着市场化方向自我变革。在成熟阶段、大众消费阶段、追求生活质量阶段，有为政府需要逐渐转向强调更加公平的市场机制、社会分配公平、基本公共服务公平、高质量基础设施建设等。“有所不为”主要是指在不损害市场主体利益和公共利益的前提下，明确在经济发展阶段的基本情况，正确认知政府与市场的边界。

（三）欠发达地区农业发展需要有为政府

农业产业的特殊性决定了政府的作用不应当被弱化，反而应当增强。“首先，农作物的种植受到文化传统、种植习惯、自然条件、技术条件及信贷、交通等因素影响，很难轻易转产；其次，技术、设备、交通条件及资金是制约当下我国欠发达地区农业产业发展的重要因素，这些固定资产的投资问题仅仅依靠市场资本很难解决，需要政府投资来盘活乡村资本市场；最后，农作物耕作的周期性长，先期投入大，但市场需求瞬息万变，农民很难依据市场需求进行生产并及时调整产业结构。”① 农业的生产方式、生产条件决定了政府在区域性公用品牌建设中发挥着不可或缺的作用，具体包括以下方面：一是政府需要统筹谋划。尤其以小农经营为主的地区，政府需要对区域农业资源特色挖掘、培育、推广、制定标准、控制安全等方面有明确的规划或构想。二是政府需要借助市场机制运作特色资源。品牌建设最终需要得到消费者的认可，区域性公用品牌的价值也需要在市场中实现。三是政府需要构建共享共富机制。品牌构建的目的是实现农产品价值，让农民富起来、农业强起来，必须让农民在区域性公用品牌建设中获益。

二、基于有为政府视角的“丽水山耕”农产品区域公用品牌构建

国外学者较早关注区域品牌，如在2005—2015年期间，美国农业品牌宣传活动如雨后春笋般涌现，地理标志品牌也逐渐脱颖而出。Butoracova和Hoghova（2020）认为区域标签对提升当地产品附加值、产品竞争力和农民收

① 朱天义，黄慧晶．乡村振兴中基层有为政府与有效市场的衔接机制［J］．江西师范大学学报（哲学社会科学版），2022（1）：112.

入具有一定的促进作用①。国内学者关于农产品区域公用品牌建设中相关主体的作用，主要有以下三种观点。一是同时强调政府与市场在农产品区域公用品牌建设中的作用。学者们认为需要尊重市场经济规律，充分发挥政府驱动力、市场拉力、利益推动力和个人参与力，形成“政府＋”多元主体协同共治是我国农产品区域公用品牌可持续发展的主要模式（鲍金伶，罗承炳，2012；陈磊，姜海等，2018；余云珠，2019；曾艳，2020；陆瑶，李巍等，2021）。二是仅强调政府的关键作用。政府在农产品品牌整合中扮演了倡导者、规划者、扶持者、管理者和服务者5种角色②。政府在农产品区域公用品牌建设中占据主导地位，龙头企业和行业协会则是在政府的引领下发挥作用。三是强调市场（龙头企业）的关键作用。做好农产品区域公用品牌必须靠大企业和龙头企业的带动，因为龙头企业的主体作用及以其为核心的品牌簇群效应的发挥能引领中小企业发展，带动产业集群形成，规范生产经营，是农产品区域公用品牌形成与发展的有力支撑和不竭动力③。

在“丽水山耕”农产品区域公用品牌构建中，政府不仅扮演了倡导者、规划者、扶持者、管理者和服务者等多种角色，而且充分尊重市场规律，在当地龙头企业无法统筹构建区域性公用品牌的前提下，采用国有企业运营撬动相关服务行业发展、构建利益共同体的方式，形成农产品区域公用品牌构建模式。不同于“‘五常大米’通过龙头企业与合作社进行品牌运营”④，国有公司不仅有效地利用了政府资源，同时按照市场机制运营品牌，既保证了品牌的公益性，又促进了市场主体联动和农民增收，具体情况如图4-6所示。

（一）政府牵引

（1）区域农产品特色凝练

2014年丽水市政府委托浙江大学卡特中国农业品牌研究中心策划丽水的区域公用品牌，在品牌特色凝练期，品牌的含义及内容可以有多种诠释，如特色单品突围和多品种聚合突围，丽水选择的是多品种聚合突围。浙江大学卡特

---

① Butoracova Sindleryova I，Hoghova K. Brand marketing of regional products—a potential strategic management tool in regional development [J]. Communication today，2020 (11)：164-185.

② 罗高峰．农产品品牌整合中的政府角色研究——以浙江省景宁惠明茶为例 [J]．农业经济问题，2010 (4)：75-79.

③ 李佛关，叶琴，张燚．农产品区域公用品牌建设的政府与市场双驱动机制及效应 [J]．西南大学学报（社会科学版），2022 (3)：84.

④ 曾维炯，徐立成．高端农产品价格的“最后一公里”与产业链的失衡发展——基于黑龙江五常市“五常大米”的实证分析 [J]．中国农村观察，2014 (2)：84-95.

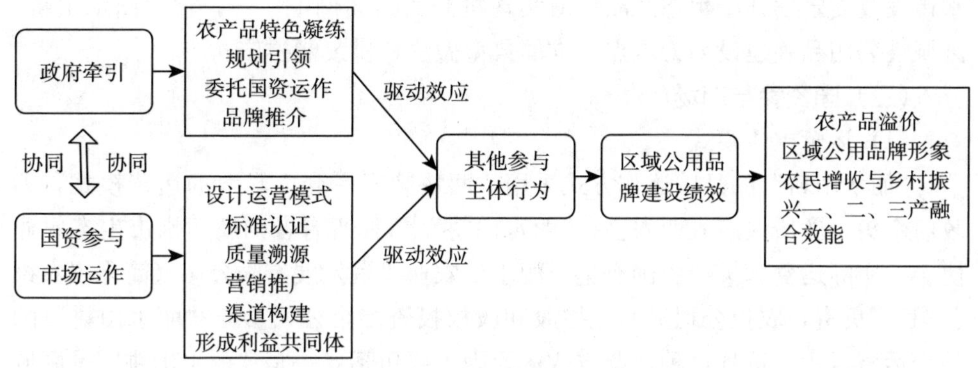

图 4-6 基于有为政府视角的“丽水山耕”农产品区域公用品牌构建机制

中心经过走访莲都、遂昌、龙泉、缙云、景宁等区县后发现，山多地少的丽水农产品无法通过任何一个单品实现大规模种植与销售。不同区县的农产品因海拔、区位、气候、地形地貌、历史人文等差异，生产出独具区域特色的农产品及加工品，从轩辕黄帝时期的缙云烧饼传说，到有历史记载的1100年前惠明和尚开山种茶，880年前吴三公开创世界香菇之源，520年前药圣李时珍访石练尝菊米等，丽水农产品的魅力在于其深厚的历史文脉。基于农产品产业特征、历史文化积淀、独特的地形地貌，在充分尊重丽水农业文脉的基础上，在品牌名称中融合区域名称、区域地貌、农耕文化，形成了“丽水山耕”品牌。“山”是丽水最大的自然特征，“耕”则是传统生产方式的体现，得天独厚的生态优势孕育了独具丽水特色的农耕文明。“丽水山耕”作为覆盖全市域、全品类、全产业链的区域公用品牌是丽水的“金名片”之一。

(2) 出台规划引领

丽水市政府出台了《“丽水山耕”品牌建设实施方案（2016—2020年）》，明确了“十三五”期间品牌建设的总体目标和阶段性目标，从品牌定位、品牌培育方式、品牌推广、农产品质量管控、农产品安全等方面提出具体举措，为深入推进“丽水山耕”区域性公用品牌奠定了坚实基础。

(3) 委托国资运作

“丽水山耕”区域性公用品牌归丽水市生态农业协会，实际运营和推广是丽水市农业投资发展有限公司，公司下属14个子公司，共同运营“丽水山耕”品牌。

(4) 政府购买和品牌推介

政府部门在政务会议用水、用餐等环节，力推“丽水山耕”品牌产品。丽水市发改委定期开展生态产品价值实现机制典型案例推广会，将“丽水山耕”区域性公用品牌建设列为重点主推的典型做法，供复制推广。

（二）国资参与市场运作

（1）运营主体模式

“丽水山耕”的品牌运作方式采用“两块牌子一套人马”的运营模式，即政府牵头，注册生态农业协会，“丽水山耕”品牌所有者归属丽水市生态农业协会，实际运营和推广由国有企业丽水市农业投资发展有限公司（简称“农投公司”）负责，农投公司又通过控股和股权投资多个公司参与“丽水山耕”的整个运营过程。选择这种运营方式的原因主要包括：一是“丽水山耕”是区域公用品牌，品牌由非营利性组织生态农业协会所有，能够保持其公益性。区域内的企业也可以根据发展需要成为丽水生态农业协会的会员，2018 年生态农业协会的会员已经达到 733 家，百兴菇业、鱼跃等区域性龙头企业都加入了协会，“丽水山耕”为区域内 700 多家企业、800 多个品类背书，也体现出品牌的公益性。二是品牌的运营由国有农投公司运作，能够提高品牌的运营效率。无论是企业品牌还是区域公用品牌，都需要得到市场的认可。首先，政府部门事物繁杂、无法作为市场主体参与品牌的整个运营过程。其次，品牌所有者丽水生态农业协会注册会员达到 700 多家，“丽水山耕”旗下有菌、茶、果、蔬、药、畜牧、油茶、笋竹、渔业等九大品类，品牌运营责任无法由任何一家企业承担，容易出现相互扯皮、相互推诿，权责不清，降低企业运营效率等现象，因此，由国有农投公司运营能够体现企业的共同利益。

“丽水山耕”商标作为集体商品，由丽水市生态农业协会注册后，将使用权交付给农投公司运营管理，形成了“协会＋企业”的合作模型。农投公司一方面聘请懂运营、懂品牌、懂营销的专业人才运作，另一方面控股和股权投资多家企业进行专业化运营。如图 4－7 所示，丽水市农投公司控股丽水山耕梦工厂管理有限公司、丽水山耕品牌传播有限公司等 9 家子公司，股权投资丽水市绿盒电子商务有限公司、丽水蓝城农科检测技术有限公司等 7 家公司。这些子公司或控股公司承担了农产品检测、农产品深加工、农产品营销、资产运作等多个品牌运营功能。

（2）标准认证与质量溯源

在国家认监委复函批准实施“丽水山耕”农业品牌认证试点工作的基础上，开展“丽水山耕”品牌标准认证工作，成为全国首个开展认证工作的农业区域公用品牌，以第三方认证的模式推进规范化品牌管理。以基地直供，通过

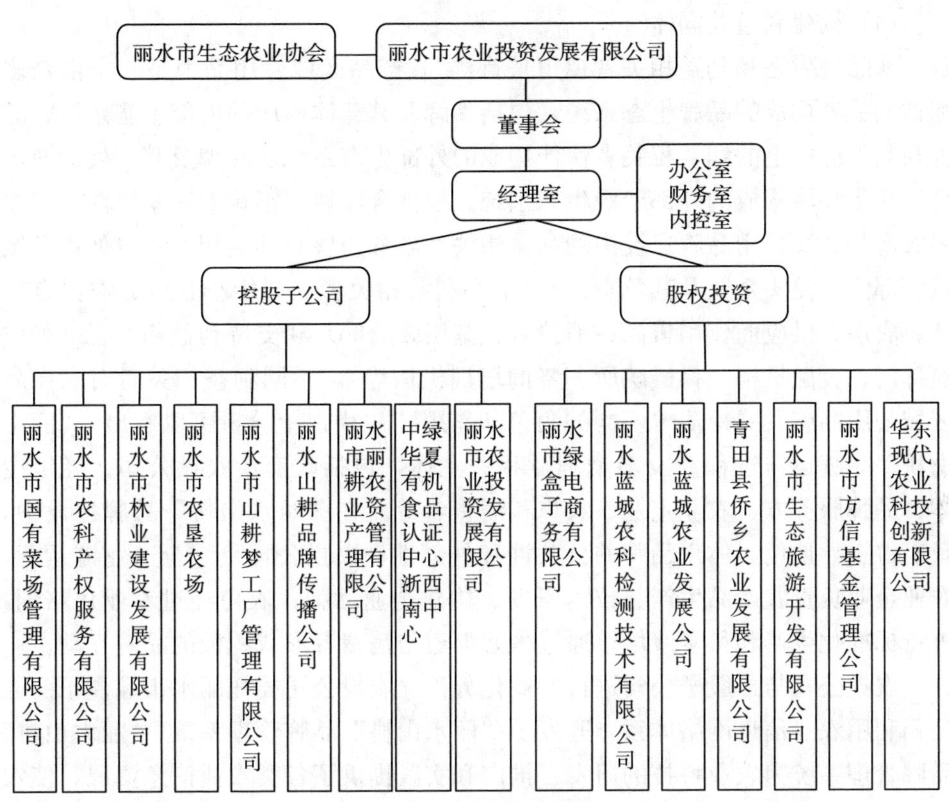

图 4－7　农投公司架构模式

资料来源：宫丽云，李玉萍．农产品区域品牌长效发展研究——以丽水山耕为例［J］．农业与技术，2020（3）：149．

百分之百的检测准入和百分之百的严格优选，引导农产品向精品化、高端化发展。通过建立丽水山耕品牌管理系统，打通全产业链数据流，实现农产品流通生产过程的可视可查可共享，消费者扫一扫二维码就可以了解产品的“前世今生”。

（3）营销推广与渠道构建

“丽水山耕”品牌营销是线上线下齐上阵，网商、店商、微商多“商”融合。线上在淘宝设立丽水山耕旗舰店，打造网红商品；线下开展“丽水山耕”十佳伴手礼评选活动，杨梅、枇杷、茭白等农事节庆活动；组织参加丽水生态精品农博会、浙江省农博会、上海（浙江）名优博览会等系列品牌宣传活动；在丽水各旅游目的地设立丽水山耕线下营销网点，将“丽水山耕”产品做成精巧伴手礼。

（4）构建利益共同体

从品牌生态和利益相关者视角来看，“农产品区域公用品牌是一个由众多利益相关者构成的品牌生态系统，包括品牌及其载体构成的内部生态系统、品牌与其供应链上的利益相关者伙伴构成的外部生态系统、品牌及其所处的政治经济文化环境构成的外部宏观生态系统。根据合法性、影响力和紧迫性，可以将农产品区域公用品牌建设中的利益相关者划分为核心利益相关者（如市县级政府部门、龙头企业及其负责人）、主要利益相关者（如中小企业、农民合作社、农户、供应商、销售商、消费者、基层政府等）和支持利益相关者（如质检部门、金融机构、科研院所、咨询培训机构等）。不同利益相关者对农产品区域公用品牌发展扮演着不同的角色和作用。”① 由以上分析可以看出，“丽水山耕”品牌运作过程涉及多个利益相关主体，包括政府、农投公司、经销主体、品牌服务方、农业企业、农户和消费者等。在“丽水山耕”品牌建设中，政府占主导地位，体现品牌的公共性和外部性；农投公司负责全产业链运营，农业企业负责农产品生产、技术研发、构建企业品牌；农户经过专业化培训，进行标准化生产和科学栽培；通过多元渠道与消费者形成积极的品牌互动。

农投公司与控股子公司进行专业化分工。农投公司委托丽水市绿盒子商务公司利用农业信息网络体系，开发了“丽水山耕”品牌管理系统。“丽水山耕”品牌管理系统为农业科技的研发、推广和实践提供了各类农业信息资源，使农产品更具标准化，提高了产品附加值。“该系统涵盖了八大功能平台，包括：丽水生态精品农产品电子商务平台（实时发布生态精品农产品具体信息）、丽水农村产权交易平台、丽水农产品质量安全溯源平台（消费者可对所购买的农产品进行质量安全追踪）、丽水农业物联网平台、丽水农业数据中心、丽水生态农业企业服务平台、丽水山耕国际认证以及丽水农资质量溯源平台。通过实施电子信息化管理，这八大平台汇集而成的信息，为农业生产全程信息化、农产品可溯源提供了支撑，实现了安全生产和放心消费。”②

农投公司与服务方互动。例如，“丽水山耕”品牌设计方是浙江芒种品牌管理机构，充分结合丽水的传统文脉与消费者需求趋势，确定“法自然·享淳真”的品牌口号，“法自然”是指遵循自然法则、顺应自然法则；“享淳真”是

---

① 张燚，秦银燕，王领飞，等．加强农产品区域公用品牌建设的政府与市场“双强引擎”研究[J]．财经论丛，2022（3）：92.

② 陆宣伊，张月莉．农业区域品牌价值共创模式探析——以“丽水山耕”品牌为例[J]．福建农业科技，2021（8）：68.

为了满足消费者对原生态产品的需求。浙江芒种品牌管理机构还为“丽水山耕”品牌的十类产品（笋、果、粮、油、茶、畜、渔、药、蔬、菇）设计了一系列的各具特色的品牌包装设计，讲述品牌背后的故事。

农投公司与企业及农户互动。首先，丽水市供销社和丽水市农投公司共同组建“农合联”，推进各类为农服务资源嵌入、接入和融入。其次，借助控股的丽水蓝城农科检测技术有限公司对品牌旗下所有产品提供检测服务。最后，为企业和农户提供科技服务。“丽水山耕”品牌成立了4个院士工作站、12个农技创新推广团队以及近150个县（市、区）农业公共服务中心，以推进农业先进技术的研发和推广①。

（三）“丽水山耕”品牌绩效

“丽水山耕”品牌旗下产品已涵盖菌、茶、蔬、药、畜牧、油茶、笋竹和渔业等九大主导产业，产品平均溢价率超过30%。2018年、2019年和2020年连续三年蝉联中国区域农业品牌影响力排行榜区域农业形象品牌类榜首。2020年，因有“丽水山耕”品牌背书，全市323个生态农产品效益大增，年销售额达108亿元，并远销北京、上海、深圳等20多个省、市。

① 王翠竹．从源头抓好农产品质量，提升“丽水山耕”品牌影响力［EB/OL］. http://www.cnfoodsafety.com/2018/1209/35485.html. 2018-12-09.

第五章　调节服务产品价值实现机制与路径①

第一节　调节服务产品的特征

调节服务产品主要包括水源涵养、土壤保持、洪水调蓄、空气净化、水质净化、固碳、释氧、气候调节和病虫害控制等。调节服务产品在生态产品价值核算中所占的比重最大，同时也是最难变现的生态产品。除了具有较强的公共产品特性之外，主要具有以下特征。

（1）较强的地域差异性

山、水、林、田、湖、草、沙等生态系统所产生的固碳释氧、洪水调蓄等调节服务功能主要依赖地域性生态系统，然而生态系统天然存在较大的差异性，只在特定的地域空间发挥作用，且较难运输到异地消费。例如，丽水“九山半水半分田”的地理空间特征，决定了调节服务中固碳释氧、气候调节、空间净化的功能较显著，也是多样性生物的天堂。截至 2021 年 10 月，丽水市已发现了 5 个全球新物种、64 种中国新纪录物种，其中百山祖角蟾、丽水钩瓣叶蜂、丽水刺背三节叶蜂、皱盖油囊蘑和近蓝紫丝膜菌是丽水近年发现的全球新物种，这些新物种生活在特定的地域空间，具有较强的地域选择性。

（2）难以分割、计量和交易

因山、水、林、田、湖、草、沙等生态环境要素自身的系统性，决定了生态要素具有难以分割性。丽水较早以村为单位对生态系统产品（GEP）进行核算，本章将在第二节核算机制中具体介绍，但是，以项目交易为导向，制定更小单元或空间的生态产品价值核算标准更加复杂。因以项目交易为单位的生态

① 本章案例资料主要来源《生态产品价值实现机制丽水实践典型案例集（一）》（2018）、《生态产品价值实现机制丽水实践典型案例集（二）》（2019）、《生态产品价值实现机制的丽水实践》（2021）.

系统的经济价值核算需要考虑更多区域差异性因素：一是多样性生态产品的质量差异。例如，生态系统的经济价值核算类型中的“森林”，分为不同树种的林地，如热带雨林、常绿阔叶林、针叶林、灌丛等，且不同保护程度的森林质量不同，同一生态产品类型需要制定更加详细的分类和质量等级标准。二是生态要素所处区位价值。除了将生态系统要素从数量和质量维度进行细分之外，还需要从经济学角度分析生态优越地域所处的空间区位因素。例如，在一、二线城市的生态微系统有强大客源市场、交通体系、人文配套设施等多要素的支撑，处于一线及二线城市的生态微系统对城市生态的调节功能及其带来的经济价值，远高于地处偏远地区生态景观的价值。

（3）无形性

碳汇交易只是调节服务产品部分价值的体现，调节服务产品价值还可以附着于物质产品、文化服务产品、工业品之上，如清洁空气依附于对空气质量要求较高的产业之上，凉爽的气候依附于对气温敏感的产业之上，低温的水体依附于对水温敏感的产业之上。

第二节　调节服务产品价值实现机制分析

从调节服务产品的特征来看其转化难度最大，自然资源走向市场化的路最长、环节最多。第一，核算机制是基础。山水林田湖草大部分是公共资源，没有详细或明确的可参照价格，且如马克思所言，没有凝结人类劳动的资源是没有价值的。但是，对人类在保护生态环境付出的代价和机会成本，以及资源未来开发利用预期而言，生态资源又是有价的。因此，生态产品价值核算的产品价值来自保护环境的成本和预期收益两部分，核算的结果成为交易的参考价格，可用于产权流转价格、抵押贷款、项目开发等后续转化的多个环节。第二，产权机制是前提。大部分自然资源是公共产品，归国家所有，还有部分归于集体和个人，在保障生态底线和法律基础之上进行转化，需要将所有权、经营权、收益权等权利分离，使其可以集聚并专业化分工运营。第三，运营机制是市场补缺。即使对生态资源的价值进行了估量，但是转化为商品还有很长的距离。因为市场主体所参考的生态产品核算价格中一部分是应该由政府提供的公共产品，一部分来自预期的收益，具有较强的不确定性，若将生态资源转化为商品，还需要投入大量资本、技术等才能取得收益。因此，政府在转化初期适度参与运营是必要的。第四，金融创新机制是关键。从市场经济角度看，作为金融抵押的商品一般是私人产品，有明确的边界和所有权，具有一定保值和增值的价值。生态资源其自身的公共产品特性，导致其还不是普遍认可的抵押品，因此金融创新机制是调节服务产品价值实现的关键。第五，交易机制是重点。当解决了生态产品价值核算、产权界定问题、资本来源与运营机制问题之后，交易市场和平台是突破的重点和难点。第六，补偿机制是保障。因为调节服务产品具有最强的公共产品性质，决定了其无法完全实现市场化，公益林补偿、水源地补偿等奖补机制是保障。

一、核算机制

核算机制主要测算生态系统的经济价值机制，又称为GEP核算。GEP是指一个地区生态系统提供的产品和服务的经济价值总和，包括提供的物质产品以及调节服务和文化服务，是衡量一个地区生态环境质量及其所蕴含的生态产品价值的综合性指标。核算机制主要解决的是调节服务类产品的初始状态山水林田湖草等生态系统无法定价的问题。学术界已有一些学者对生态产品价值核算方法和内容进行了分析，具有代表性的成果如王金南等（2021）认为生态产品价值核算主要集中在两个方面：一是生态系统资产存量变化，导致生态系统和生态系统服务流量的变化；二是生态系统服务流量变化给人与自然系统带来的收益变化[①]。并总结生态产品价值核算方法的具体服务类别、核算指标、实物量核算方法、价值量核算方法如表5-1所示。

表5-1　生态产品价值核算方法

服务类别	核算指标	实物量核算方法	价值量核算方法
供给服务	农业产品 林业产品 畜牧业产品 渔业产品 生态能源 其他	统计调查	市场价值法
调节服务	水源涵养	水量平衡法、水量供给法	替代成本法
	土壤保持	修正通用土壤流失方程	替代成本法

① 王金南，王志凯，刘桂环，等．生态产品第四产业理论与发展框架研究［J］．中国环境管理，2021（8）：10.

（续）

服务类别	核算指标	实物量核算方法	价值量核算方法
调节服务	防风固沙	修正风力侵蚀模型	恢复成本法
	海岸带防护	统计调查	替代成本法
	洪水调蓄	水量储存模型	影子工程法
	空气净化	污染物净化模型	替代成本法
	水质净化	污染物净化模型	替代成本法
	固碳	固碳机理模型	替代成本法
	氧气释放	释氧机理模型	替代成本法
	气候调节	蒸散模型	替代成本法
	物种保育	统计调查	保育价值法
文化服务	休闲旅游	统计调查	旅行费用法
	景观价值		享乐价格法

资料来源：王金南，王志凯，刘桂环，等．生态产品第四产业理论与发展框架研究［J］．中国环境管理，2021（8）：10.

丽水在2018年就开始探索生态产品价值核算方法，遂昌县大田村是全国首个GEP核算的村级样板，也是山区生态价值核算的重要探索试点。2018年，丽水聘请浙江大学、中国科学院生态环境研究中心、中国（丽水）两山研究院共同组建团队，对村级GEP核算进行评估。具体核算方法如同王金南等（2021）所总结的生态产品价值核算方法，在核算过程中生态物质产品根据市场价值法核算出主要的产品品类，生态调节服务产品主要运用替代法核算，生态文化服务主要采用市场价值法和景观评估价值法，具体情况如表5-2所示。

表5-2　生态系统生产总值（GEP）核算指标

一级指标	二级指标	功能量指标	价值量指标
生态物质产品	农业产品	谷物、豆类、蔬菜、水果、油料、茶叶等产量	农业产品产值
	林业产品	木材、毛竹、油茶、笋干等产量	林业产品产值
	畜牧业产品	猪、牛、羊、家禽肉、禽蛋、蜂蜜等产量	畜牧业产品产值
	渔业产品	淡水鱼类、贝类等产量	渔业产品产值
	生态能源	水电发电量	生态能源产值
	其他产品	花卉、苗木、盆栽等产量	其他产品产值

（续）

一级指标	二级指标	功能量指标	价值量指标
生态调节服务	水源涵养	水源涵养量	水源涵养价值
	土壤保持	水土保持量	减少泥沙淤积价值
			减少面源污染价值
	洪水调蓄	洪水调蓄量	调蓄洪水价值
	水质净化	净化化学需氧量	净化化学需氧量价值
		净化总氮量	净化总氮价值
		净化总磷量	净化总磷价值
	空气净化	净化二氧化硫	净化二氧化硫价值
		净化氮氧化物	净化氮氧化物价值
		净化工业粉尘	净化工业粉尘价值
	固碳释氧	固定二氧化碳、生产氧气量	固碳、氧气生产价值
	气候调节	植被蒸腾消耗能量	植被蒸腾降温增湿价值
		水面蒸发消耗能量	水面蒸发降温增湿价值
	病虫害控制	森林病虫害控制面积	森林病虫害控制价值
生态文化服务	休闲旅游	旅游收入	景观游憩价值
	景观价值	生态景观溢价	景观评估价值

具体核算中，生态系统生产总值核算指标包括一级指标、二级指标、功能量指标和价值量指标。一级指标由生态物质产品、生态调节服务、生态文化服务三项构成。生态物质产品包括两类：一是自然形成的野生食品、纤维、淡水、燃料、中草药和各种原材料；二是人们利用生态环境与资源要素人工生产的农业产品、林业产品、渔业产品、畜牧业产品和各类生态能源等。生态调节服务是生态系统为人类提供的维持空气质量、调节气候、控制侵蚀、防治病虫害以及净化水源等调节性物质效益，包括水源涵养、土壤保持、洪水调蓄、空气净化、水质净化、固碳释氧、气候调节、病虫害控制等。生态文化服务主要包括旅游休憩和景观价值等。在核算内容上物质产品一般以商品市场价格作为参照系，文化服务产品价值将旅游销售额等指标作为参照，最难的地方是对生态环境进行核算，充分运用生态学等技术知识，融合不同学科进行核算。

核算的具体方法。首先，团队充分运用了地理信息系统技术，运用卫星遥感和地面验证数据相结合的方法，将区域划分成（2×2）米的网格，用卫星遥感成像，再将网格数据整合成村级卫星图。其次，大田村生态系统生产总值从功能量和价值量两个角度核算，先根据生态环境监测、水文监测和气象监测，以及统计数据，核算各类生态系统物质产品与服务的功能量；然后运用市场价值法、替代市场法、旅行费用法等方法，根据浙江省居民消费价格指数等参照系，确定生态产品与服务的价格。最后在功能量与参照系价格有效转换的基础上，核算出大田村生态系统生产总值。

核算结果及其应用。团队测算结果为：2018 年，遂昌县大田村生态系统生产总值约为 1.603 1 亿元，其中，生态系统调节服务价值为 1.276 2 亿元，物质产品价值为 0.245 5 亿元，文化服务价值为 0.081 2 亿元，分别占生态系统生产总值的 79.61%、15.31%与 5.07%。可以看出，调节服务价值占比偏高，一方面说明大田村生态环境优越，另一方面说明生产资源大部分并没有被市场化。2019 年 5 月底大田村的 GEP 核算报告通过专家评审，吸引来众多前来投资的企业和项目，大田村开办了 38 家农家乐，旅游经营性收入超过 500 万元。浙江盛华酿造有限公司、遂昌蔓果食品开发有限公司等企业入驻，也进一步盘活了当地的生态资源，逐渐将 GEP 转化为 GDP。大田村的 GEP 核算试点逐渐在丽水甚至浙江省多地推广，丽水率先开展市、县、乡、村四级核算，通过在遂昌、开化、天台、仙居等浙江省第一批大花园示范县创建单位和淳安特别生态功能区等 11 个县（市、区）开展核算试点，推动我国首部省级（浙江省）《生态系统生产总值（GEP）核算技术规范陆域生态系统》于 2020 年 10 月发布。

二、产权机制

（一）产权明晰的意义[①]

马克思认为，凝结着一般人类劳动的商品才有价值，土地是经济活动的空间载体，地租是土地所有权在经济上的表现。由于生态资源具有整体性、非排他性、非竞争性等特征，价格机制较难发挥作用，因此，生态资源的产权制度改革，是实现生态资源的可增值性和可流转性的前提。将山、水、林、田、湖、草、闲置房屋、公共区域土地等生态资源的所有权、经营权、收益权等分离并明确，才能通过市场机制进行专业化分工，推进生态资源资本化。

一是产权清晰后，便于引入专业化资本运作盘活资源，实现生态资源的高

① 张银银，胡健梁．践行“两山”理念的“点绿成金”路径［N］．中国社会科学报，2021-4-16.

效利用。例如，2012 年浙江丽水遂昌县将高坪乡茶树坪村、高坪新村、箍桶丘村三个偏僻自然村的好山好水好空气与农家乐服务整体打包成统一“标的物”，将三个村一年的休闲养生承包权拍出 174 万元的价格，高出底价 3.35 倍。2019 年丽水缙云舒洪镇仁岸村通过水域经营管理权承包和景区观光道经营权租赁等产权制度改革，每年为村集体增收 30 余万元。

二是产权清晰后，通过流转等方式整合利用生态资源，促进规模经济形成。例如，浙江丽水市缙云县舒洪镇通过推进土地确权颁证，对 7 000 余亩土地经营权、林权流转，发展杨梅、香榧、板栗、茶叶等产业，其中春光果园流转林地 2 200 余亩用于发展香榧基地；集中流转 580 余亩土地，引入缙云仙都旅游索道有限公司，投资 1.8 亿元建设“创意农业、康养度假”类的旅游项目；积极盘活利用村集体闲置宅基地和闲置农房，发展光伏产业，为仁岸等村每年每村增收 6 万余元。缙云县大洋镇对农村土地承包经营权、宅基地使用权、农房所有权、林权、水权、村集体经济股权等“六权”的确权和赋权，让山有了界，树有了权，地有了证，将 90%以上水田用于种植高山单季茭白，年总产量 1.5 万多吨，总产值 1 亿多元，同时，利用规模化生产发展生态旅游，“大洋茭海”成功入选浙江省最美田园。

三是产权清晰后，发挥生态资源的经济属性，通过金融创新实现生态资源价值形态变化从而实现价值增值。2006 年以来浙江丽水作为全国首个生态产品价值实现机制试点城市，将农村金融创新与农村产权制度改革有机结合，开展林权抵押贷款，现已形成林权确权发证、价值评估、抵押登记、贷款发放、交易流转、司法处置、风险缓释、财政奖励等完善的制度体系，创新出了“林权＋信用”“林权＋担保”、林地流转经营权抵押贷款、生态公益林补偿收益权质押贷款等普惠性金融产品。丽水松阳县上田村将村集体山林、田地、房屋等生态资源的经营权或使用权评估作价入股，采用“保底收益＋按股分红”方式给村民社员分配利润。

（二）区域或流域性公共生态产品产权明晰的运作机制

1. 河权明晰运作机制

山区河道管理确权工作一直以来都是个“盲点”，虽然河道所有权属于国家，但实际上经营权存在比较模糊和混乱的现象，造成河道管理的无序经营，也没有形成最大的效益。青田县章村乡的“河权到户”改革因地制宜采用集体承包、个人承包、股份制承包、合作制承包等多样化承包方式明确河道的边界，逐村通过村民代表大会讨论确定河权承包方式，明确河道承包价格、年限

(一般为 3～5 年)，以及承包人须承担的河道管护职责义务。根据资源、水质将河道分三类制定开发规划：在试点河道，鼓励引导承包人发展渔业养殖；在立地条件较好的河段，重点发展渔家乐、民宿等乡村休闲旅游项目；在章村港流域，筹备成立开发公司，加快推进综合开发，做到点、线、面全覆盖。河道经营权承包到村、到户、到人，激发了群众智慧和创业热情，形成了人人主动参与治水的良好氛围。以往每年光河道保洁就要 20 多万元，现在全乡 12 个行政村、总长 105 千米的 23 条河道实现了“河权到户”全流域全覆盖，每千米河道年均增收 6 000 元，村集体年增收 8 万元，节省保洁经费、渔业管理费 10 多万元，形成了“以河养河”的良性循环。

2. 国家公园产权改革机制

如百山祖国家公园是全国 17 个具有全球意义的生物多样性保护关键区域之一，被誉为“华东古老植物的摇篮”，是我国华东地区重要的生态安全屏障。但百山祖国家公园境内林地权益复杂，既有国有林，又有集体林；既有公益林，又有商品林；既有流转未到期山林，又有造林后进入采伐期山林等。首先，编制专项规划明确改革内容和保护及修复工程。为了明晰林地权属，保证百山祖国家公园自然生态系统的原真性、完整性保护，实现自然资源资产生态效益最大化，丽水市出台《百山祖国家公园集体林地设立地役权改革的实施方案》，规范地役权设立内容、实施范围、补偿标准及年限，明确供需役地人主体和权责，提出地役权改革任务和路径。制定了《百山祖园区生态保护与修复专项规划（2020—2025)》，规划中明确亚热带森林生态系统保护及修复、高山沼泽湿地保护恢复、河流水系保护恢复、珍稀濒危动植物保护恢复、水土流失综合治理等生态保护重要工程，推进国家公园自然生态系统原真性和完整性保护。其次，完善保障和补偿机制。出台了《关于全市政法系统服务和保障百山祖国家公园创建的工作意见》《关于服务保障百山祖国家公园创建工作的意见》等系列司法联合保障机制和措施，为地役权改革提供法治保障。地役权改革涵盖的 3.88 万公顷集体林地，补偿标准为每年 48.2 元/亩，2021 年补偿收入总额达 2 805 万元，农户人均约 868 元、户均约 3 868 元，极大地促进了农民增收；同时，出台《林地地役权补偿收益质押贷款管理办法（试行)》，完成了首批林地地役权补偿收益质押贷款发放，户均可贷 8 万元，可盘活资产近 6 亿元，真正实现了“资源”变“资产”。公园三县（市）还相应出台了《百山祖国家公园惠民政策》，对村级组织、农业产业、民生保障、卫生健康、文化教育等进行扶持和保障。

三、运营机制

（一）生态强村公司：生态市场交易的微主体

调节服务产品价值实现的最大“痛点”之一是运营主体和运营模式选择。丽水探索建立生态强村公司模式，即以所在乡镇（街道）行政区域为服务单元，专门从事乡村生态资源资产保护、修复和经营的集体性质（或以集体为主导的混合所有制）公司，通过将零碎分散的自然资源整合、整治、提升，并进行市场化运作，有效盘活乡村闲置资源，科学培育乡村业态，传承弘扬生态文化，壮大村集体经济。

各县（市、区）强村公司的功能是相同的，但权属经营架构却存在差异。青田县祯埠镇成立了全市首家纯集体性质的生态强村公司，公司立足8个行政村股份经济合作社作为股东的实际情况，创新采用优秀村支部书记轮值担任总经理的管理模式，管理效益与各村分红挂钩。与青田做法不同的是，松阳县生态强村公司的设立采用了混合所有制模式，如四都乡的“国资（县级强村公司）＋村集体”模式，国资占股23.26％，为第一大股东，其他为各村入股，值得注意的是，成立时规定县强村公司拥有“一票否决权”，但一般不干涉公司正常经营；而邻近的三都乡，则采取了“村集体＋合作社＋国资（县级强村公司)”的模式，并建立了较为完善的组织架构体系。云和县石塘镇则率先在全市竞聘生态强村公司职业经理人，经过面试、考察、现场陈述、班子成员（董事长、监事长）投票表决等程序，从7个候选人中强中选强，最终确定由小顺村党支部书记任职业经理人，职业经理人待遇纳入绩效管理。

各县（市、区）强村公司的增收方式或渠道也各具特色。青田县祯埠镇生态强村公司，将独特的水资源开发承包出去，承包商开发竹排漂流、垂钓等体验项目，承包人给祯埠镇岭下村每年5 000元河道承包租金收入作为补偿，增加了岭下村的村集体经济收入。缙云县方溪强村公司立足山区优质农产品资源，不断优化产业结构，注重品牌培育，创新“党支部＋强村公司＋农户”模式，打造“方溪山宝”农特产品自有品牌。通过由强村公司统一收购、科学加工、精细包装等方式，升级了农产品溯源体系，推进了生态产品标准化，同时借助结对企业营销平台优势，成功打通“方溪山宝”销售通道，健全品牌产业链创新服务模式。松阳县三都乡上田村生态强村公司，以激活农村闲置资源为突破口，积极探索“地方政府＋村集体＋村民＋工商资本”共同参与的村集体经济发展新模式，所有项目建设、就业岗位均优先雇用本村村民，村民可根据实际情况参与农业种植、生产加工、餐饮服务等各环节，获得稳定工资性收入。

（二）“两山银行”：保护和开发绿水青山

生态强村公司运营中存在以下短板，一是生态强村公司以乡、镇、村为单位，以小规模运营为主，缺乏对生态资源的规模化收储和运营，尤其是对跨区域的生态资源，生态强村公司的开发难度较大。二是生态强村公司以对本地区生态资源开发为主，缺乏生态占补平衡、生态保护、生态资产评估等功能。

在借鉴美国湿地缓解银行、南平“生态银行”等经验基础上，丽水也在探索“两山银行”的运营，在保护生态环境的前提下，旨在将山、水、林、田、湖、草以及农房、古屋、宅基地等碎片化资源，像银行存款一样分散式输入，达到规模化收储之后再整合成项目包运营，运营收益中其中一部分再用于反哺生态保护。具体做法：一是搭建了农村产权交易平台承担部分“两山银行”功能。丽水搭建了涉及土地承包经营权、水域养殖权、林权、宅基地使用权等7大类型、贯通市、县、乡、村四级的农村产权交易体系。组建农村产权专业队伍，分层分类开展农村产权评估业务，对各类生态资源进行流转收储整合或集中经营开发，规模化发展林下经济、乡村旅游、精品民宿等新业态，有效促进生态资源向资产、资金的转变，实现资源要素优化配置与高效利用。比如，丽水市昊阳农业开发有限公司通过农村产权交易平台拿到了170亩土地10年的经营权，并获得丽水市农村产权交易鉴证书。该公司通过土地流转经营权证抵押，以低利率向银行贷款100多万元用于生态农业开发经营，既稳定了流转经营关系，也解决了发展资金难题。2020年，该公司年销售额300多万元，利润约100万元。二是以项目推进生态资产专业化运营。比如，青田县“两山银行”，以项目为载体，统筹全县生态资源，累计谋划了覆盖生态农业、生态旅游、养老养生等9个领域的项目。三是不断探索生态产权抵押贷款，在全国率先建立了基于农村宅基地“三权”分置的农房使用权抵押贷款融资体系、生态公益林收益权质押融资体系。比如，青田县在祯埠镇探索开展生态产品“所有权、使用权和经营权”三权分置，将生态产品使用权授予祯埠镇生态强村公司开发经营，并颁发了全国首本生态产品所有权证书和使用权证书。同时，出台了《青田县生态产品使用权抵押贷款的指导意见》等政策，县农商行向祯埠镇生态强村公司授信500万元，用于生态产品开发经营。

四、金融创新机制

金融创新是破解调节服务产品价值实现的关键，为生态产品价值转化注入资本要素。传统的金融抵押品一般是有形有价物，然而调节服务产品的价值转化需要资本支持，传统金融产品无法满足转化需要，人民银行丽水市中心支行以及商业银行积极进行金融创新，拓展新业务新产品新模式，为生态产品价值转化注入金融力量。

（1）基于 GEP 核算结果的“生态贷”

2020 年 1 月 19 日，景宁县大均乡获得了景宁农商行的 5 亿元授信。农商行还向大均两山生态发展公司发放了首笔 50 万元贷款。这是中国首次以 GEP（生态产品总值，Gross Ecosystem Product）增量后的预期收益作为还款来源发放的“生态贷”，用于采购生态环境监控专业设备。2020 年 1 月 20 日，遂昌农商行向全国首个完成村级 GEP 核算的遂昌县大田村给予了 6 900 万元的“生态贷”授信额度，已发放贷款 2 700 万元。2020 年 10 月 23 日，青田县政府向祯埠镇发放了全国首本生态产品产权证书，同时县农商行以祯埠镇优质生态产品的价值 GEP 为质押物向青田县祯埠生态强村发展有限公司发放全国首笔 GEP 直接信贷 500 万元。“生态贷”是对 GEP 测算结果的应用，更重要的是，将生态资源转变为“生态资本”，赋予生态资源多重属性。

（2）多种模式开展林权抵押贷款

这也是丽水最早开始探索的金融创新内容。一是为确保林权抵押贷款有序推进，人民银行丽水市中心支行起草并通过提请市委、市政府出台、联合相关部门共同出台或自行出台等多种形式，制定了一系列制度文件。形成了包含林权确权发证、价值评估、抵押登记、贷款发放、交易流转、司法处置、风险缓释、财政奖励等完善的制度体系，如表 5－3 所示。二是着力建立“三中心一机构”[①]。根据林权抵押贷款的特点，丽水设立了市、县两级林权管理中心、森林资源收储中心、林权交易中心和森林资源调查评估机构的“三中心一机构”。三是着力建立风险分担机制，以打包联保的方式由财政出资统一保险、统一理赔，有效防范信用风险、道德风险、自然灾害风险。四是建立财政配套

① “三中心一机构”：一是林权管理中心。主要负责林权确认、林权初始登记、林权变更登记、林权抵押贷款登记备案，办理森林、林木和林地流转招标拍卖挂牌审查及合同备案，做好林权流转法律、法规和政策咨询服务等。二是森林资源资产收储中心。主要负责森林资源资产的收储管理工作，对可以依法流转的森林、林木的所有权或者使用权和林地的使用权非竞争性地进行收购并依法出让；并设立林权担保基金，为林权抵押贷款提供担保，分散林权抵押贷款风险。三是林权交易中心。主要负责及时收集和发布林权流转交易供求情况、林权抵押、市场交易行情等相关信息，组织森林、林木和林地流转招标挂牌拍卖等交易，做好信息系统维护等。四是森林资源资产调查评价机构。主要提供森林流转及相关林业中介有偿服务，实现企业化经营。

机制。明确由地方财政对执行基准利率的小额林权抵押贷款按基准利率的50%给予贴息；按照《浙江省银行业金融机构农业贷款风险补偿暂行办法》的规定（贷款增量5‰）给予风险补偿；对贷款年度余额新增部分，市、县（市、区）按2.6‰和6.3‰的比例对金融机构给予奖励。五是为有效满足不同经营类型、不同资产状况的贷款主体的资金需求进行金融创新。创新以解决千家万户林农小额贷款需求为主的林农小额循环贷款、以解决林业企业和生产经营大户的大额资金需求为主的林权直接抵押贷款和以解决林业龙头企业、专业合作社和林业专业户的融资需求为主的森林资源收储中心担保贷款等多种贷款产品模式。

表5-3　丽水市各部门出台有关林权抵押制度的政策文件

出台时间	发布单位	文件名称	主要内容
2006年	丽水市委、市政府印发	《关于推进森林资源流转工作的意见》（丽委〔2006〕14号）	推进森林资源流转
2007年	丽水市人民银行与市林业局联合印发	《丽水市森林资源资产抵押贷款管理暂行办法》（丽银发〔2007〕21号）	对林权抵押贷款业务进行了系统性制度安排
2008年	丽水市政府印发	《关于加快金融业改革发展的若干意见》（丽政发〔2008〕55号）	对林权抵押贷款的财政贴息和风险补偿金政策给予了制度支持
2009年	丽水市人民银行印发	《关于建立林权抵押贷款专项统计制度的通知》（丽银发〔2009〕120号）	对林权抵押贷款业务统计工作进行了规范
2010年	丽水市委办、市政府办联合印发	《关于全面推广“林权IC卡”进一步深化金融支持集体林权制度改革的若干意见》（丽委办〔2010〕7号）	对林权抵押贷款产权信息登记、价值评估等工作给予了制度安排
2014年	丽水市委、市政府印发	《关于全年深化农村改革加快促进农民增收的若干意见》（丽委发〔2014〕1号）	对林权抵押贷款的财政奖励制度给予了制度支持
2014年	丽水市中院印发	《关于为推进农村“三权”抵押工作提供司法保障的试行意见的通知》（丽中法〔2014〕89号）	对林权不良资产的司法处置给予了制度支持
2017年	丽水市林业局及丽水市人行相继出台	《关于印发丽水市公益林补偿收益权证明管理办法的通知》（丽林〔2017〕27号）、《丽水市公益林补偿收益权质押贷款管理暂行办法》（丽银办〔2017〕64号）等文件	持续推进生态公益林补偿收益权质押贷款工作

(3) 基于生态信用评定的金融创新

首先，丽水市开创性建立“1+3”生态信用体系，即“一份清单”：生态信用行为正负面清单；“三个评价”：个人、企业、村级三主体信用评价管理。生态信用行为正负面清单以企业和个人为适用对象梳理形成，探索建立生态信用守信激励、失信惩戒机制，其中正面清单从生态保护、生态经营、绿色生活、生态文化、社会监督等五个维度共列 18 条；负面清单从生态保护、生态治理、生态经营、环境管理、社会监督五个维度共列 30 条，均有法律依据，为编制针对个人、企业、行政村三大类主体的信用评价管理办法提供遵循。其次，根据信用积分等级，给予相关个人及地区发放贷款。2020 年 1 月，云和农商银行向雾溪畲族乡授信 11 亿元，并向当地一家公司和个人分别发放 50 万元和 10 万元的“两山贷”生态信用贷款。

五、交易机制

调节服务产品的交易机制构建是破解调节服务产品是否能够转化的关键问题，丽水除了构建农村产权交易平台之外，主要在排污权交易领域进行探索。环境污染是经济活动的产物，具有典型的负外部性，美国经济学家罗纳德·科斯首次提出利用市场和产权界定的方法解决外部性问题，排污权作为一种具有经济价值且产权界定清晰的可转移资产，是调节土壤、空气、水质的有效政策工具。20 世纪 60 年代，Thomas Crocker 和 John Dales 认为排污权是在总量控制的前提下建立一个市场交易机制调配排污指标，本质上是一种经济激励政策。丽水先后发布了《丽水市排污权有偿使用和交易管理办法》《实施细则(试行)》《交易规则（试行)》《排污权有偿使用收入征收使用管理办法（试行)》《丽水市排污权抵押贷款暂行规定》《丽水市初始排污权有偿使用费征收标准》等排污权交易制度及支撑文件。规范了排污权交易对象、交易标的、交易形式、排污权回购及排污权租赁、排污权抵押贷款等一系列制度，搭建较为完善的排污权交易制度框架。丽水市境内排污权交易政策统一，交易区域全覆盖、交易污染物指标全覆盖，开展排污权有偿使用和交易各项工作，所有交易信息均及时在浙江省排污权交易平台录入。

丽水各县（市、区）较早就开始探索排污权交易，通过排污权交易保护环境、倒逼改革，具有典型性的案例是缙云的排污权探索。2014 年缙云出台《缙云县主要污染物初始排污权指标核定分配工作方案》，明确工作原则、目标、任务要求、时间节点等，并下发《开展主要污染物初始排污权指标核定分配工作的通知》，确定分批核定企业名单，排污权有偿使用和交易工作全面展开。2017 年 1 月起，缙云县按照《丽水市人民政府关于同意丽水市区（第二轮）初始排污权有偿使用费征收标准的批复》和《关于开展十三五（第二轮）主要污染物初始排污权指标核定和分配工作的通知》文件规定全面启动第二轮主要污染物初始排污权指标申购工作。

自 2019 年 1 月 1 日起，缙云县全县范围内所有新建、改建和扩建项目和排污单位需要新增化学需氧量（COD）、氨氮（NH_3—N）、二氧化硫（SO_2）及氮氧化物（NOx）四类污染物排污权指标的工业企业，必须按照《浙江省储备排污权出让电子竞价程序规定（试行）》（浙环〔2015〕21 号）相关规定，通过全省统一的排污权指标电子竞价平台，实行有底价的电子竞价拍卖方式取得，不再进行定价定向转让。为加快推进排污权交易制度改革工作，充分体现排污权指标资源属性，树立“容量有限，资源有价，使用有偿”的环境保护理念，2019 年 1 月 7 日，缙云县在全市率先开展化学需氧量、氨氮政府储备排污权指标电子竞价交易。该次竞价，共出让化学需氧量 0.105 吨、氨氮 0.011 吨，化学需氧量成交均价为 13 033 元/吨·年，氨氮的成交均价为 16 333 元/吨·年。通过排污权有偿使用和交易这样的市场化运作，用价格杠杆倒逼企业主动减少排污，从过去的“要我减排”变成“我要减排”，推进全社会减排和绿色发展。

缙云排污权竞价尝试构建污染源管理信息系统，并在平台基础功能之上附加排污许可、总量控制等政策功能，积极探索建立用能权、碳排放权等权益的初始配额与生态产品价值核算挂钩机制。一方面引导企业树立“环境有价，使用有偿”的意识，积极健全和活跃排污权交易市场，激发市场活力，充分发挥市场在环境资源配置中的决定性作用，减轻政府环境治理负担和成本；另一方面优化体制机制，充分发挥“看得见的手”的功能，提高环境准入门槛，有效遏制高耗能、高污染、高排放企业入驻，为低能耗、低污染、低排放的战略性新兴产业预留发展空间，形成了“市场机制为主导，政府环境政策调控为辅”的协同助力高质量发展格局，实现了既释放环境红利和经济红利，又促进节能减排和经济增长的双赢结果。

六、补偿机制

（一）省域层面纵向奖补机制

浙江绿色发展奖惩机制是浙江绿色发展的重要创举之一。2015 年浙江省出台了《关于全面推广实施与污染物排放总量挂钩财政收费制度的通知》，2017年起浙江省出台了系列绿色发展奖惩制度，如对部分地域出境水水质、部分地域森林覆盖率、林木蓄积量等实施奖惩制度，提升生态公益林补偿标准，将生态环保财力转移支付与“绿色指数”挂钩，建立省内流域上下游横向生态保护补偿机制等。具体而言：①出境水水质财政奖惩制度。对丽水市及所辖县（市）、衢州市及所辖县（市）（不含开化县）、文成县、泰顺县、磐安县，出境水水质按Ⅰ类、Ⅱ类、Ⅲ类占比，每年每1个百分点分别给予120万元、60万元、30万元奖励，出境水水质按Ⅳ类、Ⅴ类占比，每年每1个百分点分别扣罚30万元、60万元。②森林覆盖率、林木蓄积量实行奖惩制度。对丽水市及所辖县（市）、衢州市及所辖县（市）（不含开化县）、文成县、泰顺县、磐安县，森林覆盖率每高于全省平均水平1个百分点，奖励200万元；林木蓄积量比上年每增加1万立方米，奖励50万元，每比上年减少1万立方米，扣罚50万元。③ 提升生态公益林补偿标准。在省级以上公益林最低补偿标准30元/亩的基础上，从2017年起，提高主要干流和重要支流源头县以及国家级和省级自然保护区公益林的补偿标准至40元/亩。④ 从2018年起，在省内流域上下游县（市、区）探索实施自主协商横向生态保护补偿机制。⑤ 在丽水市试行与生态产品资料和价值相挂钩的财政奖补机制，根据生态系统生产总值（GEP）绝对值、增长率指标（权重分别为40%、60%）计算奖补资金。根据新一轮绿色发展财政奖补机制，2020年丽水市共获得补助32.8亿元。

（二）市域层面奖补机制

1. 瓯江上游流域上下游横向生态补偿探索

①流域上下游交接断面监测。改善“九龙治水”局面，横向联合财政、环保、水利等涉水部门的治水职能，纵向集合莲都、青田、龙泉、云和、遂昌、松阳等县市流域，对瓯江全流域推行统筹管理，全面掌握流域上下游交接断面监测、水环境生态等情况。②县域联动形成补偿方案。针对龙泉—云和、遂昌—松阳、莲都—青田交接断面取水点选址等难题，在市环保、财政、水利等部门的协调与督促下，沟通数次形成合理的最终确定的补偿方案。③确定合适的补偿标准。充分考虑降水径流等自然条件变化因素，分析丽水市山溪性河流丰枯水期分化明显的特性，上游的生态流量影响水质能否达标，采取水质稳定系数取值0.8，确定上下游间统一的生态补偿协议模本。④采取多种补偿方式。根据实际需求和操作成本，除采取资金补偿外，积极探索对口协作、产业转移、人才培训、共建园区等补偿方式。

2. 各县（市、区）公益林补偿机制

各县（市、区）根据《浙江省公益林管理办法》，分别制定了实施意见、管理办法和考核办法等，并将公益林建设管理纳入生态市（县）建设、县（市、区）、乡（镇）政府综合考核的重要内容。各县（市、区）严格按公益林补偿标准10%的比例（2013年后按每亩2.1万元配套），做到地方配套资金及时足额到位。设立公益林基金管理专户，实行“专户管理、专账核算”。

3. 饮用水源地补偿机制

景宁畲族自治县积极探索饮用水水源地生态保护补偿机制，2018年印发了《景宁畲族自治县关于建立龙潭桥水库县城饮用水水源地生态保护补偿机制的实施意见》，在全市率先建立了饮用水水源生态保护补偿机制。县财政每年安排180万元专项资金用于以饮用水水源地龙潭桥水库为核心，包括4个乡镇（街道）12个行政村以及在饮用水水源地保护区范围内的森林、农田和旱地的生态保护补偿。

第三节 调节服务产品价值实现路径分析

一、好生态滋养好产品：向物质产品转化

好生态滋养原生态产品，生态好为产品销售“背书”，这是调节服务产品价值实现的重要路径。一方面，好生态孕育出龙泉灵芝、遂昌青钱柳、云和雪梨、庆元甜橘柚等众多农产品；另一方面，许多农产品又反哺调节好生态。

（一）好生态孕育好产品

1. 遂昌青钱柳是好山好水滋养出的“摇钱树”

青钱柳，果期形似串串铜钱悬挂枝间，故民间俗称“摇钱树”，是冰川纪幸存下来的珍稀树种，仅存于中国，被誉为植物界的大熊猫。《中国中药资源志要》记载：青钱柳叶具清热消渴解毒之效，《全国中草药名鉴》记载：青钱柳树皮、叶、根有杀虫止痒，消炎止痛祛风之功效。中医临床用于治疗糖尿病，因其有药理作用能明显降血糖、降血压、降血脂、抗氧化、防衰老。

（1）遂昌山水滋养青钱柳

2017年南方现代林业协同创新中心刘清亮的团队，基于183个青钱柳地理分布记录和8个气候环境因子数据，采用MaxEnt模型软件对青钱柳潜在适宜分布进行预测发现，浙江南部年均温、季节温度变异系数和平均日温差是高度适宜青钱柳栽培的区域。浙江省遂昌县位于浙江省西南部，钱塘江、瓯江上

游，森林覆盖率达 83.47%，素有“钱瓯之源、江南绿海”“金山林海、仙县遂昌”之美誉，拥有海拔千米以上高山 703 座，是一个“九山半水半分田”的典型山区县。县域水质优良，常年保持在Ⅱ类以上，空气质量优良率达 98%，全县负氧离子浓度达每立方厘米 9 100 多个，高出世界清新空气标准 6 倍以上，属于特别清新类型。遂昌的海拔高度、温度、湿度等得天独厚的生态禀赋为青钱柳提供了绝佳的生长环境。2018 年浙江省林业科学研究院柏明娥团队发现，遂昌青钱柳叶的叶片黄酮、叶片多糖、叶片镁等矿物质元素和有机成分含量较高，好山水滋养着青钱柳产业健康发展。

（2）青钱柳变成健康的“摇钱树”

青钱柳具有极高的药用价值，市场需求量大，每千克零售价格突破 400 元，发展前景广阔。以遂昌县金竹叶村山茶油专业合作社为例，从 2014 年开始至今，该合作社联合 81 户农户（其中低收入农户 18 户）种植青钱柳 400 余亩，增收 500 余万元，真正实现了“一亩山万元钱”。遂昌积极引进浙江远扬农业发展有限公司，营造 2 600 余亩青钱柳种植基地，又积极建设青钱柳茶叶加工厂、固体饮料加工厂、青钱柳工艺品加工厂、液体饮料加工厂等 5 个青钱柳专业加工厂，挖掘青钱柳的功能与价值。

青钱柳属于自然资源禀赋依赖型林产品，依赖特定范围的温度、湿度、海拔、土壤特性，具有区域性、规模性、优势性、高效性等特征。遂昌青钱柳是大自然的馈赠，吸收遂昌天地之精华，多种有机与无机营养成分含量较高，适宜因地制宜规模化种植，具有由规模经济向效益型产业转变的潜质。实现自然资源禀赋依赖型林产品的价值转化关键在于两点，一是培育差异性。青钱柳因受自然环境影响具有了区别于其他产品的独特品质，这种差异性进一步“放大”与强化，才能形成竞争力，如产品质量差异、生产区域差异、定位差异、引导消费者的认知差异都能让产品卖上“好价钱”。二是深入挖潜延长产业链。青钱柳具有多维功能，遂昌积极推进发展青钱柳茶、固体饮料、工艺品等相关产业，促进了自然资源禀赋依赖型林产品的增值。还需进一步集中资源与力量突破价值链高端，快速占领产业高端，由初级林产品华丽蜕变为高端生物医药新兴产业。

2. 坚持古法技艺的“鱼跃酿造”

“鱼跃酿造”是丽水首屈一指的百年“老字号”调味品生产企业，坚持古法酿造技艺，在“鱼跃”公司楼顶，千斤缸里晒制着酱油，没有化学成分和防腐剂，露天晒制 180 天以上，让微生物、阳光、空气、水分与时间充分发挥作用，酿造出纯天然的酱油。"鱼跃酿造"不仅传承了传统手工制曲、木桶蒸料、大缸加曲发酵、人工搅拌、压榨、蒸酒、勾调等工序与技艺，而且深度挖掘鱼跃文化内涵，将文化、旅游、养生、科普有机融合，建设鱼跃 1919 科普馆、鱼跃 1919 文化产业园。鱼跃 1919 文化产业园建有露天晒场、古法发酵池、灌装生产线，以及国内领先的酿造技术研发中心，配套建设老字号博物馆、非遗技艺展览馆、酿造科普馆、丽水旅游产品展示中心等，鱼跃传统非遗技艺和老字号文化在这里得到了更好的传承和发扬。

（二）生态产品反哺好生态

仙渡乡大姆山茶园实现 GDP 和 GEP 双转化、双增长。大姆山茶园位于丽水市仙渡乡海拔 600～900 米的大姆山上，茶树种植面积 680 亩。大姆山茶园从 1992 年起不使用农药、化肥等人工合成的生产资料，遵循大自然相生相克的规律，采用"以虫吃虫、以菌灭菌、以园养茶、以茶养园"的生态科学管理方法，探索回归自然的生态管理模式，有效地消除了化肥、农药等对茶园及环境的污染。茶园先后获丽水市国家有机认证，联合国粮农组织有机茶示范基地认证。大姆山茶园实现年总产值 1 000 余万元，平均亩产值达 1.5 万元。大姆山茶园的鲜叶采摘、茶树重修剪、茶园除草、割蒿铺园等茶园管理，每年用工 2 万余人次，农民收入增加 245 万元以上。

同样，茶园的生态化管理也对生态环境产生积极影响。一是茶园对大气的调节作用。茶树通过光合作用，吸收固定主要的温室气体二氧化碳，释放氧气和负氧离子，对提升空气质量起至关重要的作用。二是茶园对气温的调节作用。大姆山茶树具有喜温、喜湿的特点。茶树种植减少了太阳光直射地面的强度，降低周边气温。三是茶园对水土保持和稳定水文的调节作用。大姆山茶树根系发达，根深度一般可达 60～80 厘米，根幅一般可达 100 厘米以上，有利于土壤的固持。成年茶树树冠面积大，覆盖度能达 90%以上。大姆山茶园采用行间铺草种植模式，可避免雨水的直接冲刷，能将降水部分或全部截留，水土流失量降低 62%左右，土壤水分蒸发减少 45%以上，土壤含水量提高 60%以上，起到拦蓄洪水和延缓洪峰的作用。同时，也起到了涵养水源、稳定水文的作用。四是茶园对改良土壤和防风固沙的调节作用。在茶树连年生长和耕作培肥的综合作用下，土壤主要物理性质得到持续显著的改善。土壤酸碱度下降，交换性铝增加，盐基饱和度降低，盐基绝对数量基本维持平衡，土壤阳离子交换量增加，土壤的有机质、有效氮磷钾大幅度增加，铜、锰、铁等元素有效性增加，土壤三大类群微生物（细菌、放线菌、真菌）数量大幅增加。茶树通过代谢过程及生态功能，改善土壤的不良理化性状，发挥土地生产潜力。同时，茶树种植降低地面的风速，减少风对土壤的侵蚀和风沙危害。经权威机构检测，大姆山茶园的水、土壤、空气环境质量均达到国家一级标准。

茶等生态农产品是生态系统中具有较强调节服务功能与价值的植物，主要具有产品生产、养分循环、改善水质、净化空气、保持土壤、调节小气候、保护生物多样性等多种功能，具有释氧价值、减噪价值、固碳价值、吸收氮氧化物价值和吸收二氧化硫价值等。生物的调节服务价值的提法不完全等同于经济学中所论述的“价值”，马克思将价值定义为一个商品经济范畴，“一切商品价值都是由人的劳动创造的，凝结在商品价值中的社会必要劳动时间。”若生态系统的自然循环，不包含任何人的劳动创造，具有维护生态平衡与运作的自发力量，就不是经济学意义上的“价值”；然而，大姆山茶园的种植、管理与制度创新，是在遵循自然规律的基础上，凝结了种茶者、管理者等利益主体的辛勤耕耘与劳动，是有目的、有计划、有组织的行为，有经济学意义上的“价值”。但是，实现价值或者为“价值”买单的主体或方式是多元的。一方面消费者接受绿色食品，愿意出高价购买商品。在商品价格中不仅包含产品生产链和销售链的全部成本、剩余价值，还包括部分或全部生态调节服务价值，这部分价值通过市场机制实现。另一方面在商品价格中未完全体现的生态调节服务价值，具有公共产品特征，由政府补贴和提供。因此，生态调节服务价值在市场机制与政府机制共同作用下得以实现。

二、享受良好生态：向文化服务产品转化

（一）多元式开发路径：遂昌县高坪乡生态旅游开发

遂昌县高坪乡海拔 870 米，是全县海拔最高的乡镇。高坪有优越的生态自然环境资源和丰富的乡土文化。在 1 400 多米的高山之上，万亩杜鹃连绵起伏，绵延 20 余里*；石姆岩景区属典型丹霞地貌景观，风景秀美，与江山的江郎山景区遥相呼应，有过之而无不及；淡竹古树群郁郁葱葱、恬静幽远。高坪山高、云淡、岩峭、竹绿。年平均气温 13.4℃，夏日平均气温为 24℃，是得天独厚的避暑休闲养生之地。优越的生态环境直至 2012 年才转化出来，主要通过以下方式：①充分利用资源与平台，实现价值转化。2012 年，高坪乡茶树坪村、高坪新村、箍桶丘村三个偏僻的自然村，将好山好水好空气与农家

* 1 里＝500 米。

乐服务整合为统一的“标的物”，举办了一场“空气拍卖会”。这三个山村一年的休闲养生承包权拍出了174万元的“天价”，高出底价3.35倍，通过资本嵌入、管理嵌入激活生态资源。②充分利用生态要素，发展文创产业。遂昌县高坪乡依托石姆岩、万亩杜鹃等景区资源和良好的气候优势，以避暑休闲养生为目标，通过旅游规划，农家乐旅游开发，先后举办高山杜鹃节、“浪漫之乡——送秋牛·狂欢夜”等传统节庆活动，提高了乡村休闲旅游知名度。

高坪乡的生态资源开发，不仅为其获得美誉，更为农民增收和经济转型打开了通道。2013年，高坪乡分别获得“浙江省十佳避暑胜地”“浙江省十大老年养生旅游示范基地”“2013首届浙江省私家车主最喜爱的十佳自驾线路”和“中国最美村镇传承奖”等荣誉称号。高坪乡居民纷纷发展农家乐，仅2017年一年接待游客41万人次，综合收入4 300万元。各类高山蔬菜备受追捧，高山四季豆、小番茄等果蔬种植面积达3 000多亩，年销售收入近2 000万元，直供上海、杭州、宁波、温州超市及农贸市场，并实现“宅配”，带动近2 000人增收。

高坪乡的生态旅游开发充分体现出好生态的价值转化路径主要有以下几类：一是特定区域的“经营权”的转让。生态良好的区域容易陷入“抱着金饭碗却没米吃”的窘境，原因是生态资源的经营管理属于专业化的运作，需要在生态底色上融入新元素、新商业模式等，所以遂昌县高坪乡将生态资源的所有权、承包权和经营权分离，将生态资源交给专业化部门运作，提高了生态资源的转化效率。二是好生态滋养原生态产品，生态好为产品销售“背书”。高坪乡因为高山生态好远近闻名，生态产品也得到消费者的认可，直接锁定特定群体如长三角经济圈核心城市人群，直供好生态的副产品，销量喜人。三是凝练、放大生态要素“光芒”，以单要素辐射带动产业链延伸。高坪乡筛选高山杜鹃这一区域性生态要素，以此为媒带动乡村旅游、农副生产加工业、文创产业等发展。

（二）保护先导式路径：生物多样性的价值开发

九龙湿地是丽水生态系统的重要组成部分，是丽水市乃至浙江省唯一一处连片面积最大、最具代表性的河流湿地，对丽水的水资源提供、气候调节、水源涵养、洪水均化、水质净化和为人类提供生产、生活资源发挥着巨大作用。曾经湿地疏于保护，功能退化严重，生态遭到较大破坏。

九龙湿地公园自2008年11月被国家林业局列为国家湿地公园试点以后，通过设立专门管理机构——丽水九龙国家湿地公园管理处，强力实施湿地资源保护、湿地修复整理、植被恢复提升、环境卫生整治、湿地供水补给等工程，使湿地生态系统得到了快速恢复。丽水九龙国家湿地公园管理处以维护湿地系统生态平衡、保护湿地功能和湿地生物多样性，实现资源的可持续利用为基本出发点，以“生态第一，保护优先，适度利用，科教与建设并重”为指导，遵循“生态优先、科学修复、合理利用、持续发展”的基本原则，按照“保护是为了更好的发展”总体思路，建设融保护、利用、科研、游览、宣传教育为一体的国家级湿地公园。公园在空间布局上，以文化展示、自然保护、科普教育、湿地休闲、生态修复等五个组团构成总体空间布局。根据场地特征，自上而下分建湿地文化展示区、湿地保护保育区、湿地旅游休闲区、科普教育区、管理服务区和生态湿地修复区等六个功能区块。环境生态的持续改善，每到秋冬季节，引来大量的斑嘴鸭、绿翅鸭和白鹭等湿地鸟类集中在九龙浅水滩上觅食、游弋、栖息，2018 年 4 月份上万只萤火虫（生态指示性物种）种群集聚公园内，发现昆虫新种 1 种（三叶虫萤）。截至 2020 年，累计接待入园游客 260 多万人次，实现经营收入1 100多万元，带动周边农民人均收入增长 78%。

湿地是地球上生物多样性较丰富和生产力较高的生态系统，与森林、海洋并称为三大生态系统。湿地、森林、湖泊、海洋等由于具有非排他性和非竞争性的特征，很难完全通过市场机制调配需求，因此，这类资源的价值不能完全通过价格体现，却可促进社会福利的最大化。这类生态资源大多属于公共产品，政府是公共产品的主要提供者、定价者。由于湿地等生态资源具有较强的不可分割性，所以在保护初期以政府生产、政府提供为主，当生态得到充分的保护且步入良性循环，就可以进一步挖掘与整合资源的多种用途，在保护与利用中找到平衡点。此案例中，湿地保护属于一项系统性强、范围广的工程，市、区两级相关部门协同推进丽水九龙国家湿地公园建设，重建与恢复湿地功能、加强多种生物栖息地的改造、健全和创新管理体制机制、防治水源土壤等污染、保护生物多样性、改造公园基础设施建设，严格遵循自然规律，因地制宜推动区域湿地保护良性发展。并且充分挖掘湿地资源可持续利用的途径，将观赏、水资源利用、生态利用、宣传、教育、科研、检测、生态旅游、乡村旅游等融入湿地建设中，逐渐形成“保护+利用”湿地运营的较好模式。

三、好生态引来“金凤凰”：发展环境敏感型产业

缙云作为国家级的生态示范区，2018 年引进德国肖特集团，该企业是全

球最大的光学玻璃制造商、全球领先的特种玻璃生产商，在中国占有70％的高端药用玻璃市场份额。德国肖特集团选择缙云为生产地，主要是因为药品包装需要保证水、空气的纯净，工厂内部环境要求苛刻，缙云的好环境让公司在水的净化和空气的过滤方面都减少了大量成本。浙江国境药业有限公司依托龙泉的良好环境，水净化处理成本每年可以节约158万元，空气净化系统节省近60％的维护费，蒸汽耗用成本下降90％。2018年以来，一大批环境敏感型企业纷纷入驻丽水，如丽恒光微电子、香农通信、中科院半导体研究所、中车交通浙江方正智驱应用技术研究院等企业或研究机构入驻浙西南科创产业园。

丽水在引资中设定“引入门槛”、筛选依赖特殊区位因子“生态环境质量”的行业或企业入驻，与企业共同推进引前、引中与归还后的生态检测与补偿机制，在后续引资中以龙头带动，产业链式招商，形成“筑巢引凤栖，花开蝶自来”的良好发展态势。“生态环境质量”因子成为企业区位选择的关键因素。德国著名学者韦伯认为，区位因子决定生产场所，将企业吸引到生产费用最小、节约费用最大的地点，在肖特的引资项目中特定工业的特殊区位因子却起到关键作用，此案例中的特殊区位因子是“生态环境质量”，尤其是优质的水和空气资源，起到节约成本与运费的作用，生态环境的引资价值得以实现。

第六章　文化服务产品价值实现机制与路径①

第一节　文化服务产品的特征

生态产品中文化服务产品是指自然生态系统及其共生的民族文化遗存，所创造的对人类精神感受、知识获取、休闲娱乐和美学等方面的惠益。它包括各级风景名胜区、自然保护区、地质公园、森林公园等自然景观，古村落、古道、古桥、古堰、梯田等自然文化景观，以及鸟鸣、泉潺等带来的惠益。文化服务产品中的文化主要附着于自然景观和文化景观之上，文化服务产品价值体现为人类在保证生态系统的良性循环和文化的有效延续的前提下，能够直接或间接地从生态系统中获得精神、文化、物质的收益。文化服务产品具有调节服务产品的部分共性特征，如不可分割性和外部性；但也具有特殊性，既融合了文化产业的部分特征，又融合服务业的部分特征。

一、文化维度分析

文化的内核是个体和人群的人生观、价值观、审美观和思维方式等，外延是规制、制度、语言、文字、风俗、习惯、建筑、宗教、礼仪、服饰、伴手礼等表现形式，文化服务产品的内核层是知识产权保护的文化内容价值，外围层主要是文化服务业，还有部分延伸出的文化制造业和农业产品，通常所说的文化服务产品主要是对其外围层的描述。文化服务产品不同于制造业，制造业生产的产品直接改变人们的生活方式，而文化服务产品影响人们的审美观、价值

① 本章案例资料主要来源《生态产品价值实现机制丽水实践典型案例集（一）》（2018）、《生态产品价值实现机制丽水实践典型案例集（二）》（2019）、《生态产品价值实现机制丽水实践典型案例集（三）》（2019）、《生态产品价值实现机制的丽水实践》（2021）.

观，也就是说，文化服务产品主要满足的是人的精神需求，同时具有精神属性和经济属性。

1. 同时具有经济属性和精神属性

文化服务产品的生产消费具有一般商品的经济属性，但是，文化服务产品的消费受到意识形态等社会环境的多种制约，与物质商品相比具有更大的不确定性。文化服务产品的消费对消费者的影响是长久的，潜移默化地影响人的价值观、人生观和生产生活方式。

2. 文化服务产品的核心领域是文化内容和服务，具有很强的创新性

内容创意和设计是文化服务产品整个价值实现的核心，内容的创新本身就是创新的过程，需要大量具有想象力和创造力人才的思想创作，内容的多元化、多维度性直接影响文化服务产品外围层面的展现维度和延伸辐射程度。

3. 较强的融合性

文化服务产品价值实现能够与农业、工业、旅游、教育、体育等多个产业融合发展，拓展其外延，也带动了相关产业发展。例如，文化服务产品价值实现与工业产品融合，成为创意设计伴手礼，提升产品的内容深度、品牌价值、个性特色。文化服务产品价值实现与旅游、体育相融合，通过节庆活动、会展文博推广，增强地区旅游业活力和内涵，营造良好的社会文化氛围。

二、服务维度分析

（一）服务过程

文化服务产品中大部分以旅游业的形态体现，遵循服务过程的基本规律。服务过程是指与服务生产、交易和消费相关的过程。由于服务是无形的、不易存储、差异性大，服务过程很难进行清晰的划分，以服务增值为基础，一般学者们将服务过程分为以下四个阶段：

1. 服务设计阶段

顾客、服务供应商、竞争者、公共部门等可能的多个主体共同参与，识别服务变化趋势、描述消费者服务需求、筛选服务过程的关键技术、设计出能够满足消费者需求的详细控制性方案，将消费者的需求转化为实际可操作的服务。

2. 服务准备阶段

筛选出可行性强的服务设计方案，配置服务资源，具体包括原材料、服务设备及工具，与服务供应商建立供应关系。

3. 服务实施阶段

由于服务具有较强的不可分离性，顾客与服务提供商协同创造价值，服务在此阶段完成交付。

4. 服务评价阶段

顾客、供应商等可能主体共同参与服务的绩效评价，协同监控、测评整个服务过程的效果。

（二）服务过程的发展趋势

1. 从线性作业向差异化服务转向

线性作业是各项作业或活动按照固定的程序进行，主要适用于模块化、标准化的大规模的持续性作业。在服务行业中的部分业务依然以线性作业为主，比如金融行业的柜台服务部分。但是，文化服务产品提供，既要依托天然的生态资源，又需要在现有资源上挖掘服务潜能，吸引消费者眼球，提供差异化、个性化的服务体验。

2. 从传统服务向数字化服务转向

在传统的旅游服务中，满足消费者“吃、住、行、游、购、娱、养、育”相关需求主要运用传统的技术手段，在数字经济时代，文化服务产品的价值体现是数字经济重要的应用场景。如依托全息投影、互动投影、裸眼3D、虚拟现实等诸多尖端技术，实现科技、艺术、文化的完美融合，让消费者浸入式体验。

（三）影响服务过程的主要因素

1. 参与主体

文化服务产品服务过程的主要参与主体是农户、工商企业主、村集体、产业合作社、政府部门等，能否协调各主体利益诉求、是否能够很好调配服务资源、是否能够有效管理，是最终实现服务设计方案既定绩效的关键。在文化服务产品价值实现过程中，地方政府部门在其中发挥重要的作用，承担着规划统筹、服务方案设计、体制机制创新、基础设施建设等多重功能。村集体和产业合作社是链接小农户与现代产业的重要纽带和推动力量。工商企业主参与文化服务产品的提供，为价值实现注入市场活力。因此，参与主体的功能是否能够有效发挥是文化服务产业价值实现的关键之一。

2. 技术环境

服务行业是技术渗透性较强的行业，技术革命对服务业的发展影响深远。例如，新一代信息技术对服务业的发展具有重要的意义，物流业在大数据、物联网的环境下，物流环节更加可控，物流服务更加精准，物流效率显著提高。

电信行业在 2G/3G/4G 的不同技术水平条件下，为顾客提供完全不同的消费体验。金融业只要有网络环境，随时随地可以完成信息查询、转账汇款、个人理财等服务。未来在人工智能、大数据等背景下，将颠覆服务提供方式，助力文化服务产品价值实现。

3. 其他支撑体系

文化服务产品价值实现需要良好的生态大环境，乡村环境治理与美化绿化、乡村道路修建、破旧老屋保护修缮、人才等要素保障、乡村治理提升等。

三、文化服务产品特征决定价值实现的复杂性

文化服务产品价值实现过程的复杂性。首先，文化服务产品具有不可分割性、外部性，意味着产品开发的前提是理顺生态资源的产权关系，将所有权、经营权、收益权等分离或可流转，为生态产品价值实现扫清产权不清的束缚。其次，文化服务产品的依附性和融合性决定了其价值实现必须依附于具体的有形的、可交易的载体，可以是物质商品或者服务；其融合性也意味着文化服务产品的形态可能是第一、二、三产业的任何一种业态。文化服务产品又部分具有服务的特性，但是，区别于金融、保险等行业，其参与主体更加多元，涉及一、二、三产业的不同主体，必须探寻小农户与现代农业有效衔接机制、业态融合机制、利益共享机制等。

文化服务产品价值实现方式的差异性。文化服务产品的设计又依赖于区域自身的区位、地形地貌、自然景观和文化内涵，产品表现形态和产业发展模式又具有差异性。文化服务产品价值实现不仅依赖于产品本身的设计，更依赖于支撑体系的完善性，如基础设施、村庄环境、要素环境、创新创业环境等。

文化服务产品价值实现的经济学分析涉及多个学科。为诠释文化服务产品价值实现过程，需要用到农业经济学、生态经济学、区域经济学、旅游经济学、创新经济学、社会治理等多学科知识，增加了研究的难度和深度。

第二节　文化服务产品价值实现机制分析

文化服务产品的特征决定了其价值实现的机制复杂性，文化服务产品的价值实现本质上是价值显性化的过程。部分文化服务产品具有不可分割性、外部性，不能直接进行市场交易，需要通过一系列的机制设计，使其显性化、被市场识别和认可。被市场识别和认可意味着文化服务产品改善了消费者的福利，

消费者愿意支付相应的价格，补偿实现整体福利改善的正外部性（如环境改善）文化服务产品价值实现是基于纯天然、原生态的自然资源，自然资源需要人类的资本、技术、知识等要素投入，改变其表现形态或属性，才能增进消费者福利。

本小节以破解文化服务产品价值实现的关键环节为导向，探讨价值实现过程的治理机制、流转机制、延伸机制和嵌入机制，最终实现文化服务产品价值。以上四个机制将在本小节内分别阐释，四者之间是紧密联系的有机链条。第一，治理机制是基础。假设区域处于原始未开发的状态，常常是“藏在深闺无人识”，环境优越区可能交通不便，基础设施落后，环境相对恶劣地区环境又需要进一步改善，所以若吸引消费者来到此地享受服务，需要增量治理和存量治理。增量治理指通过持续的投入提升道路交通、信息通信等基础设施状况，存量治理包括河域治理、村风村貌治理等。这些前期投入首先改善的是该区域居民的社会福利，进一步增强了自然资源的正外部性，是文化服务产品价值实现的基础。第二，流转机制是前提。部分文化服务产品还具有较强不可分割性，如国家考古遗址公园、湿地等；还有部分可转化为文化服务产品的自然资源分散于农户、集体，需要产权清晰并且流转之后才能够有效开发。第三，延伸机制是抓手。单靠区域具有的文化和自然资源无法完全实现其价值，必须引入多元化资本参与到生态产品价值实现中，才能逐渐实现生态产品的市场化运作。基于文化服务产品的融合性，必将向产业链上下游，甚至跨界融合创新，实现效益最大化，这也是价值倍增的关键环节。第四，嵌入机制是升华。嵌入品牌推广、科技、创意等，会提升文化服务产品的整体价值。因此，这四种机制有机衔接、统筹运用才能实现文化服务产品价值（图 6－1）。

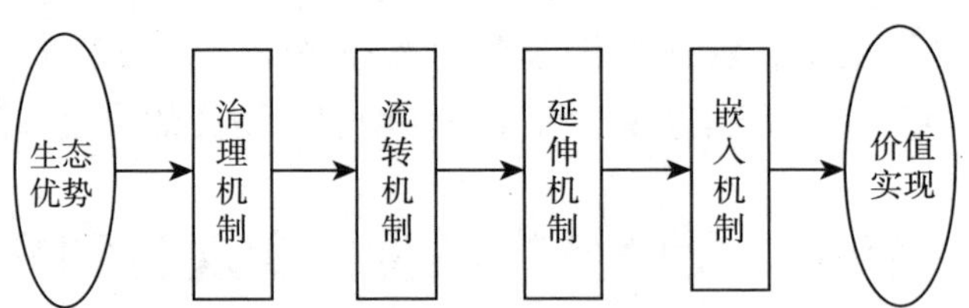

图 6－1　文化服务产品价值实现机制分析

一、治理机制

生态环境治理进一步“擦亮”生态底色，山水林田湖草是有机整体，文化服务产品的体验既是过程也是整体感受，如以旅游形态表现的文化服务产品，给予消费者的是触动五官直达心灵的体验，无法将自然资源有机整体割裂，因此环境治理是最基础的工作。

生态环境治理是有价值的，用经济学的研究方法定量估计人们愿意为生态环境支付的意愿价格，进而得出环境所内含的经济价值以及环境改善对社会福利水平的影响①，就体现出环境改善的价值。白露（2004）的研究表明，环境资源价值是能够通过市场体系中生产者收入的变化和消费者效用的改变以及各种商品和服务的价格表现出来的，美国环境学家迈里克·弗里曼将其所形成的价值定义为间接市场价值②。因此，生态环境治理的价值会附加于文化服务产品价值的实现。

（一）“五水共治”的治理逻辑

1. 理论分析框架

生态环境治理首先需要对存量治理，主要包括对已污染的山水林田湖草等生态资源的治理。本小节借鉴制度分析与发展（IAD）框架对云和“五水共治”（治污水、防洪水、排涝水、保供水、抓节水）进行分析。IAD框架由外部变量、行动舞台和关联结果等关键要件构成，包罗了影响制度安排与参与者行动的诸多因素③（王亚华等，2020）。结合现实背景、外部变量、主体行动逻辑，分析治理为何必要、如何形成和为何有效。

从外部变量来看，首先，兼具开放性与封闭性的公共河流等资源决定了相关利益主体（行动者）的多元性。其次，推行“河（湖）长制工作机制”激活了治水主体的主观性和创造性。最后，以“强政府—弱社会”的政社关系推进“五水共治”。

从行动者与行动情景分析，通过制度变革（明确河长及其责任）、干部引领和民众参与，政府负责统筹协调，县、乡、村三级自主自治和民众的公益服务实现流域资源的善治。这种善治又形成对外部情景和行动舞台（行动者、行动情景）的反馈，形成治理的良性循环。如图6-2所示④。

---

① 邓国营，徐舒，赵绍阳．环境治理的经济价值基于方法的测度［J］．世界经济，2012（9）：143.

② 白露．信息经济条件下环境价值评估的经济模型研究［J］．情报科学，2004（4）：428.

③ 王亚华，臧良震．小农户的集体行动逻辑［J］．农业经济问题，2020（1）：59-67.

④ 胡乃元，苏丫秋，朱玉春．河长制背景下村域河流治理的多中心格局何以形塑——基于汉江流域S村的案例考察［J］．农业经济问题，2022（3）：64.

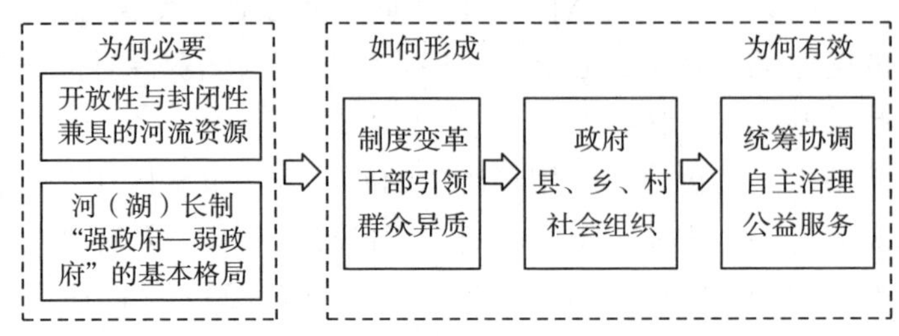

图 6-2 “五水共治”的治理分析框架

资料来源：胡乃元，苏丫秋，朱玉春．河长制背景下村域河流治理的多中心格局何以形塑——基于汉江流域 S 村的案例考察［J］．农业经济问题，2022（3）：64.

2. 云和“五水共治”案例分析

首先，“五水共治”何以必要。丽水区域内有瓯江、飞云江、椒江、闽江、赛江，被称为“六江之源”，全市第一大江瓯江发源于庆元县、龙泉市交界的洞宫山锅帽尖西北麓，自西向东蜿蜒过境，干流长 388 千米，境内长 316 千米，流域面积 12 985.47 平方千米，占全市总面积的 78%。20 世纪 80 年代，庆元县陆续建起了染化厂、造纸厂和水泥厂，均是纳税大户。据 1999 年统计数据显示，10 余年来因污染水给松溪县工农业生产造成损失高达 6 760 多万元，境内 34 千米长溪流里的鱼、虾荡然无存，上游污染，下游更难治理。1998 年 4 月 18 日庆元县染化厂因泄漏事故，连续两次向松溪河排放大量染料废母液等有毒废水，导致松溪、建溪 200 千米河段的水体受到严重污染。之前，治水工作开展了十几年，但效果甚微，2014 年浙江省开展“五水共治”，环境治理开始有所起色。

其次，“五水共治”何以形成、何以有效。①制度变革。抓紧抓实县、乡、村三级河长工作制，积极督促各级河长按要求巡河履职，全面构架了云和县河（湖）长工作体系，实现“一湖一策”“一河一档”。②强化干部考核机制。将“五水共治”工作纳入县委、县政府对乡镇（街道）和县直部门的年度综合考核，以考核得分检验各单位的治水、护水成效，逐步形成全民治水、全民护水大格局。同时，紧紧围绕“污水零直排区”建设和河（湖）长制落实等年度重点工作任务，实行“一月一提醒、一月一督查、一月一通报、一月一考评”工作制度，以持续高压的态势促进治水工作落实，巩固治水工作成效。③群众参与机制。发动乡镇（街道）和村、社区一线治水干部做好“进村入户大走访”这一群众工作，通过上门告知、发放宣传资料和宣传用品等方式提升知晓率。开展云和县“五水共治随手拍”行动，发动全县人民和鼓励外来游客参与到“五水共治”活动中，通过自己手中的摄像机、相机、手机等摄像摄影器材，随时随地把身边存在的水质异常、污水直排、河道河岸垃圾、沿河违建、电鱼网鱼、河长牌污损等治水问题记录下来向县“五水共治”办举报，县“五水共治”办核实举报内容后及时要求相关职能部门限期解决、限期答复，确保问题得到快速、彻底解决。通过志愿者认领治水任务的形式，为全县 9 条主要河道配备由退休志愿者组成的宣讲员、指导员、督查员、警员“四员”队伍，依靠群众、发动群众，汇聚治水正能。④在重点抓“治污水”的基础上，完善“五水”协同推进机制，通过河道综合整治、山塘整治、农村饮用水巩固提升改造、节水型社会创建、水利工程标准化建设等工作统筹推进防洪水、排涝水、保供水、抓节水。

通过持续的全域治水、全民护水，云和县集中式饮用水源地水质持续良好，符合集中式生活饮用水一级保护区Ⅱ类水质要求。地表水Ⅲ类以上水质断面比例达到 100%。2016 年、2017 年、2018 年度出境断面水质考核结果均为优秀，水环境质量一直位居全省前列。2018 年，云和县荣获最受欢迎的浙江十大旅游目的地称号，实现旅游综合收入 42.1 亿元，增长 28.5%。“五水共治”的成效又反馈到多元参与主体，村民在治水中获得良好的生态环境，同时通过生态旅游、精品农业、生态补偿获得显著收益，治水和护水意识更深入人心。

（二）农村人居环境治理

自党的十八大以来，乡村振兴战略和美丽乡村建设均提及农村人居环境治理，并将其列为重要组成部分。此后涉及农村人居环境的政策纷纷涌现，如 2014 年的《国务院办公厅关于改善农村人居环境的指导意见》、2018 年的《农村人居环境整治三年行动方案》等①。农村人居环境治理的价值要素主要包括安全性、保健性、便利性、舒适性和可持续性，通过生态环境、经济发展、居住条件、公共服务和基础设施等不同维度进行价值选择（保海旭等，2019）。农村人居环境改善不仅让农村居民享受更加便捷舒适的生活环境，也为农村可持续发展奠定了基础。

丽水市缙云县舒洪镇通过提升城镇颜值成为国家 3A 级景区，带动农民增收。舒洪镇面对脏乱差的窘境，全面打响垃圾革命、沟渠革命、厕所革命三大“战役”，全面提升城镇颜值。①垃圾整治。清除主次干道、居住小区和绿化带内等区域积存垃圾，消除卫生死角和“牛皮癣”，截至 2019 年底，累计清理农

① 保海旭，李航宇，蒋永鹏，等．我国政府农村人居环境治理政策价值结构研究［J］．兰州大学学报（社会科学版），2019（4）：120.

区生活垃圾 7 万余吨。集中清理、纳管、整修房前屋后洗衣池 600 个，建设垃圾收集站 2 处，发放垃圾箱 10 000 只。②沟渠整治。完善“河长制”责任体系，落实长效机制，全面推进镇区河流、池塘、沟渠等各类水域保洁、清淤疏浚，完成劣Ⅴ类小微水体河长领衔整治的小沟、小渠 23 条，截至 2019 年底，累计整治长度 12.74 千米，清理小池塘 13 个，累计整治面积 2 170 多平方米。③厕所整治。改造镇区公厕 31 处，拆除露天粪缸和旱厕共 256 多处，努力补齐这块影响群众生活品质的短板。将居民房前屋后“臭哄哄”的节点打造成种满鲜花“香喷喷”的亮点。整治后的舒洪镇荣获“浙江省小城镇环境整治样板镇”称号，成功创建省级卫生乡镇、国家 3A 级旅游景区。仅 2019 年“五一”节期间，丽水缙云县舒洪镇仁岸村国家 3A 级景区旅游项目经营收入达 50 多万元，带动附近村民近 3 年每户增收 2 万余元。

乡村基础设施改善不仅提高了乡村居民生活的便捷性，而且为乡村多元产业发展补短板。文化服务产品价值实现中重点强调道路、交通、通信等对外基础设施的改善与提升，因为这些基础设施是让“农产品走出去、游客进得来”的基本保障。在地区实践层面，一般是将乡村环境治理与基础设施建设同步推进，在村容村貌整治过程中，增加对外沟通的基础设施。例如，丽水缙云壶镇岩下村在村庄整治过程中，建设了村口的生态停车场、500 米村主干道石子硬化，改造危旧农房 63 户，铺设污水管道 2 000 米，建成了 600 平方米的特色文体广场，实现了电线、电信、电话、网络、广播“五线”落地。几乎所有生态资源得到有效利用的地区，都提升了道路交通等设施，构建对外沟通的纽带，打通了“断头桥”“断头路”，改善了原有区位劣势。

二、流转机制

文化服务产品价值实现的一些项目需要整体开发，因为分散于农户的土地、林地、闲置房屋等无法产生规模效应。尤其是在城镇化加速之后，一些乡村出现“空心村”现象，土地闲置现象较严重，一些土地甚至抛荒 10 余年，整体开发过程中的流转是生态资源市场化过程中非常重要的环节。

土地、林地、闲置房屋等资源流转的目的是提高资源配置效率，在资源配置效率研究中帕累托的影响最为广泛，效率是指在一个特定的资源配置状态下，至少一个人效用得到增加，其他人的效用水平不会因此下降。在文化服务产品价值实现过程中，资源配置效率改善主要是通过空间布局调整、权属关系的重新配置，整合优化资源配置，实现调整后的资源投入产出超出原来配置方式的产出。基于权属清晰的前提下，对存量土地、林地等资源进行规模化、集约化经营是优化资源配置的有效方式之一，对此学者们已有大量研究。例如在农地流转制度创新领域，学者们认为“三权”分置为农地流转制度创新提供了强大动力。洪银兴等（2019）认为，农地流转制度创新的关键在于将农地承包权变成经济收益权，促进有限的农地资源自发地向农业经营主体配置①。但也有一些学者提出了不同的观点，认为农地资源在中国并非自发地向农业经营主体配置，政府和集体在农地流转中起到关键作用（凌斌，2014）②。在文化服务产品价值实现过程的丽水实践中，农户自发地将权益向农业经营主体配置的情况相对较少，更多的是在政府或村集体的推动下引入工商资本共同促进资源流转和优化资源配置效率。

梁伟（2022）在调研皖南F区的农地流转制度创新时，提出了市场自发的农地流转、行政主导的农地流转和组织化农地流转三类农地流转模式的特征、优势与不足，如表6-1所示。但是，在丽水地区的实践中，并未完全按照以上模式运作，更多地采用了行政推动的市场化资源流转，即“村社集体+市场+村民”的模式，这种模式不同于行政化农地流转的强政府推动形成的“田成方、林成网、路相连、旱能灌、涝能排”现代农田格局，也不同于以村民为主体的组织化农地流转，而是在给予村民合理利益保障和多种补偿途径的基础上，引入工商资本流转、补偿与运营。村社集体既保障了村民的利益，同时又通过市场力量盘活资源，村社集体在其中起到了桥梁和润滑剂的作用。

表6-1　农地流转模式的特征、优势与不足

类型	市场化流转	行政化流转	组织化流转	行政推动的市场化资源流转
特征	市场主体+农户；正式契约/口头协议	政府+市场；正式契约	政府+市场+农户；正式契约	政府推动+市场主体运作+农户
优势	灵活性 简易性	规模化 机械化	规模化 机械化 稳定性	规模化开发 相对稳定
不足	规模困境 成本困境	外部性 风险性	高整合要求	高整合要求

资料来源：其中市场化流转、行政化流转和组织化流转内容来源于梁伟发表于《农业经济问题》2022年第4期的《农地流转制度创新：路径与机制》。

① 洪银兴，王荣．农地“三权分置”背景下的土地流转研究．管理世界，2019（10）：113-119.

② 凌斌．土地流转的中国模式：组织基础与运行机制．法学研究，2014（6）：80-98.

丽水庆元县举水乡的大丘村、地虎坑村、杉源村、黄山村，4 个村有山林面积 8 000 余亩，户籍户数为 295 户，户籍人口 747 人，但现在 4 个村的常住人口仅 90 余人，且以留守老人为主，青壮年劳动力多数已外出务工。4 个村的耕地面积共 1 399 亩，其中梯田耕地面积 1 137 亩。因人口大量外出，耕地常年抛荒，2016 年及之前年份举水梯田耕种面积仅 200 余亩。举水梯田曲线优美、规模宏大、气势磅礴，凭借其突出的自然资源和景观优势，一直吸引着游客、投资开发商前往摄影、参观及考察，但是美丽的梯田资源一直处在隐秘的深山中，并未被充分盘活开发。

丽水庆元县举水乡通过土地流转促进产业开发和农民增收。主要运作机制包括：一是政府推动下的资源整合。举水乡政府积极引进工商资本，2016 年 9 月引进丽水天宸农业公司，公司与村集体沟通协商后，通过统租反包方式，项目一期向大丘、地虎坑、杉源、黄山等 4 个集体经济薄弱村的 101 户农户流转了土地 800 余亩，并对梯田进行了修整、改造，在保留原有生态环境、景观特色的基础上发展休闲观光农业，建立循环式、集约化、无公害、可持续的农业生产发展体系。二是因地制宜采取统租统包的利益分配机制。在土地流转过程中，利益分配机制是核心，一些地区采取明确流转价格按年统租方式；一些地区采用前期支付部分流转费用，鼓励农户参与经营过程或以入股方式分红，形成“公司＋村集体＋农户”的利益分享机制。庆元县举水乡采用的是统一定价支付年租的方式流转，不管水田还是荒田，统一以 300 元/亩价格流转，在 2017 年项目启动仪式上，公司一次性向村集体和村民支付了 2 年的土地流转金共计 45 万元，其中支付给低收入农户土地流转金 8 万多元。三是多渠道促进农民增收。解决留守农民增收就业问题。通过采取土地集中流转模式，以每亩每年 100 千克稻谷价格向各行政村流转土地（农民把土地集中到村里，再由各行政村统一流转给公司），使农民的抛荒农田变为增收资源。项目实施以来，共增加耕地面积 3 000 亩，农民的年收入从过去的不足 2 万元增加到 6 万元。农忙季节优先雇用本地村民，工人日工资可达 150～200 元，项目实施以来，已累计发放工资 90 余万元，解决农村劳动力就业 1 000 人次。针对从村集体承包的部分土地，公司 2017 年支付给 4 个村土地承租费用各 4 万元，同时，公司每年支付各行政村 2 万元作为村集体收入。

三、延伸机制

在文化服务产品价值实现过程中，沿产业链延伸和跨界延伸是价值体现的关键环节，农旅融合、文旅融合、农文旅融合等形式较为常见，打破了产业之间的边界，将生态资源的多维功能发挥至极致，因此延伸机制主要包括两种类型，一是沿产业链延伸，二是以生态资源的多维功能发散式延伸。

（一）文化服务产品产业链延伸辨析

产业链是社会分工造成的一种社会生产组织方式，亚当·斯密的《国富论》中提出“工业生产是一系列基于分工的迂回生产的链条”。产业链主要包含了两层含义，狭义上“链条”指产业在生产产品和提供服务过程中，按内在的技术经济关联要求将有关的经济活动、经济过程、生产阶段或经济业务按次序联结起来的链式结构；广义上作为产业价值系统中的“链接”包含了“价值链—企业链—供需链—空间链”的概念维度群，是一个较为复杂的产业经济现象①。文化服务产品价值实现中所运用的价值链概念，并非完全是旅游产业链。有学者指出旅游产业链是为了满足游客消费需求而形成的一种产业链接关系，以优势企业为核心链，联合其他共同利益的旅行社、饭店、餐饮、交通、景区和旅游商店等企业②。旅游产业链具有 3 个特征：第一，旅游产业链是为了满足游客需求而产生的，最终以旅游产品和服务的形式呈现；第二，旅游产业链涉及范围广，包括满足游客需求的多个产业；第三，产业链中的各个主体之间是相互依赖、相互依存、共享效益和共担风险的③。由此可见，旅游产业链是为满足消费者的需求形成的产业融合体，然而，文化服务产品产业链依托不同生态资源要素、物质产品、文化元素等，以差异性业态和形式将其价值体现出来。两者之间的共通之处是都具有较强的产业融合性。旅游作为产业子系统与农业、工业、文化产业子系统融合；文化服务产品产业链由生态资源或生态农业与旅游、文化、工业子系统融合。

文化服务产品的产业链是以生态资源或某类生态产品的产业链为母体，通过产旅融合为消费者提供产业链的上下游特色产业服务。从价值链视角看，文化服务产品产业链是从生态资源或某类生态产品的产业链出发，围绕产业链不同节点，设计价值增值的旅游、文创等经营活动，价值链与产业链在产品、服务、链接上存在交叉与重合。从空间链上看，文化服务产品产业链延伸的旅游

① 邵昶，李健．产业链“波粒二象性”研究——论产业链的特性、结构及其整合［J］．中国工业经济，2007，25（9）：5－13．

② 杨丽娥．旅游产业链刍议［J］．经济问题探索，2008（6）：122－124．

③ 邹芳芳，陈秋华．“林业—旅游”生态产业链构建研究［J］．林业经济问题，2019（11）：592．

等活动，与物质产品共享资源环境、设施设备、生产流程、产品文化等，从供需链来看，消费者可以满足旅游休闲、商品和服务等多功能组合性需求。

（二）基于多元要素的产业链延伸：莲都区古堰画乡

莲都区古堰画乡位于浙江省丽水市莲都区的西南方，距离丽水市区仅 20 千米。拥有世界级完整的人文遗存和奇绝醉美的江南山水，是国家 4A 级旅游景区、国家水利风景区、世界首批灌溉工程遗产和联合国教科文遗产所在地，是“丽水巴比松油画”的发祥地、“中国摄影之乡”和中国书法家协会的主要创作基地，自然风光旖旎，人文底蕴深厚，生态底色透亮，产业特色鲜明（图 6－3）。

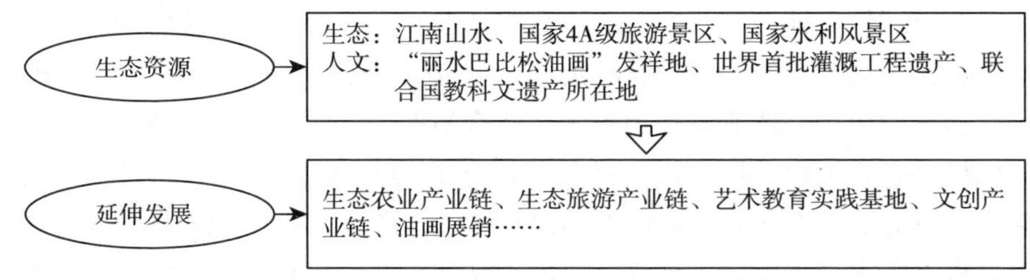

图 6－3　莲都区古堰画乡的产业链延伸

多维的生态和文化底蕴，使得业态多元发展成为可能。2016 年出台的《莲都区关于促进古堰画乡特色小镇经济发展的实施意见》提出“旅游生活化、生活旅游化、生活旅游产业化、旅游＋”的理念。2017 年之后古堰画乡呈现出多种业态融合趋势，其中“生态＋旅游＋油画”方面，实现油画专业展示、油画定销、国乐雅集快闪活动等联动互扶，2018 年油画产值达 1.2 亿元，“平价艺术品＋电子商务”的油画网络销售新模式异军突起，促进了油画产业多渠道发展。“生态＋旅游＋教育”方面，成立了古堰画乡“院校联盟”，全国近 300 家高等院校在此建立艺术教育实践基地，年接待写生创作人员 15 万人次以上。“生态＋农业＋旅游”方面，深入贯彻实施农产品转化为旅游地商品三年行动计划，着力构建有颜值、有体验、有品牌的农旅融合新格局。倪老腌辣椒酱、金盆露酒、瓯江溪鱼干等特色旅游农产品获利丰厚，产业链不断延伸。古堰画乡的油画文化和古堰文化在生态产品价值实现中得到有效传承。

（三）基于单个要素的多功能发散式延伸：绿道经济开发

沿山、沿水、沿景观、沿城郊等谋划修建的美丽公路称为绿道。丽水各县市区修建了依山傍水、形式多样的绿道，如缙云仙都风情绿道、瓯江绿道等，依托得天独厚的生态系统资源，连接城乡、连接景区、连接成经济走廊。丽水的绿道开发主要运用了串联机制和融合机制（图 6－4）。

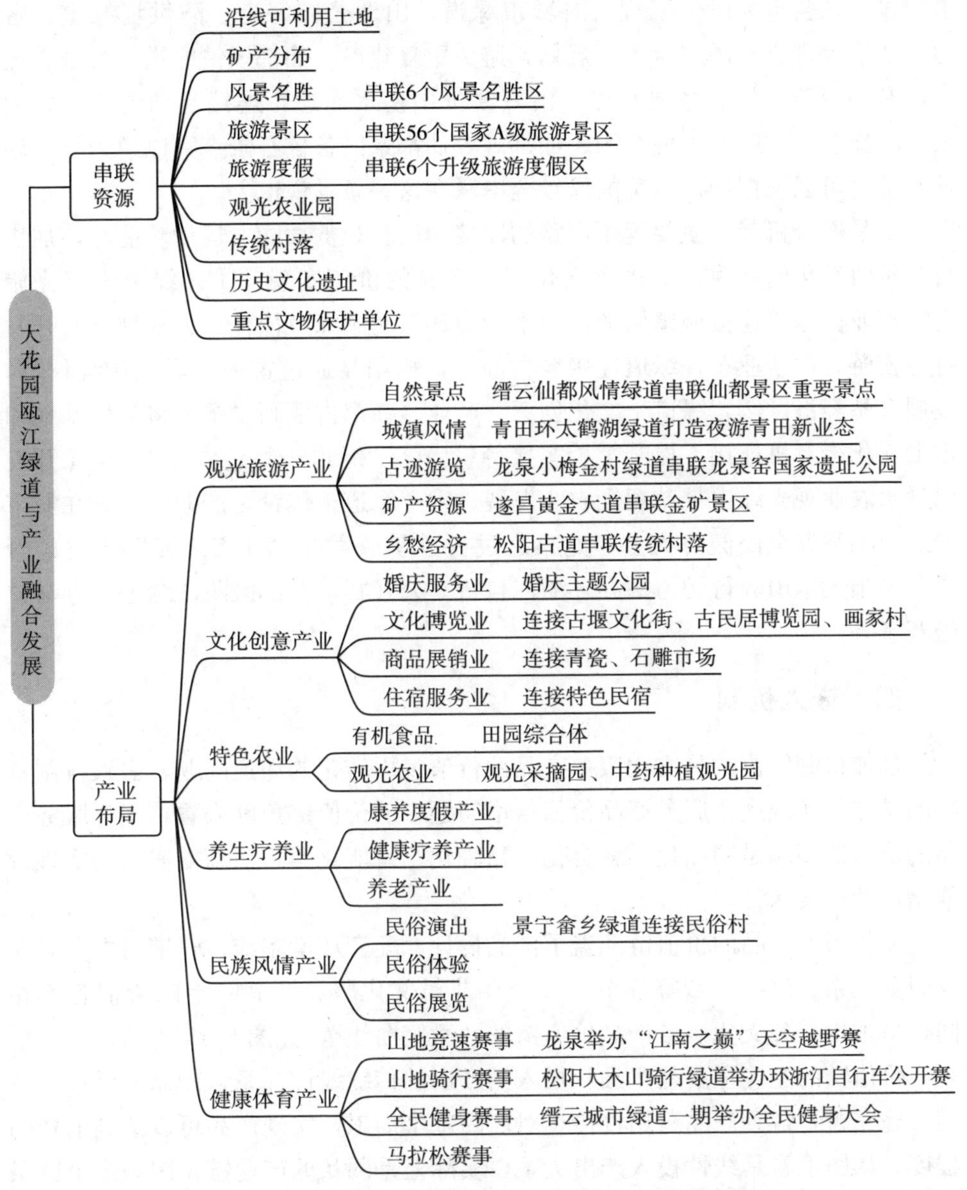

图 6－4　大花园瓯江绿道与产业融合发展思维导图

资料来源：丽水市大花园瓯江绿道建设工作领导小组办公室，引自 2020 年 12 月编写的《丽水大花园瓯江绿道建设样板案例集》.

一是串联机制。将区域内及区域间的重要节点连接，需要统筹谋划、统一部署的联动机制。如缙云仙都绿道的建设，由县委统筹安排，统一部署，把绿道建设列入县重大民生工程，对城市绿道、山地公园绿道、防洪堤绿道、古道、驴道等现有资源进行统一规划，避免重复建设。仙都风情绿道通过精心谋划，利用原防洪堤、乡村小道，沿好溪依山傍水而建，连接起鼎湖峰、朱潭山、小赤壁、大肚岩、倪翁洞、仙都观等仙都景区各核心景点，以道为导、串珠成链，可以说把仙都最美的风景全串联在这一条景观道上。

二是融合机制。主要运用道路的连接功能、观赏功能、运动功能等，加快自身价值转化的同时，促进了文化服务产品的价值实现。①“绿道＋观光旅游”产业。绿道连接城镇风情，丽水青田环太鹤湖绿道依托环太鹤湖旅游开发打造夜游青田新业态；绿道连接乡村经济，松阳县通过古道串联起传统村落，发展乡愁经济。②“绿道＋文化创意”产业。莲都古堰画乡绿道将写生基地和古堰文化街有机连接，提升了游客接待量。③“绿道＋特色农业”。庆元开发出举水农业观光绿道带动观光农业发展。④“绿道＋体育”产业。缙云在城市绿道一期举办全民健身大会，龙泉通过古道驴道举办“江南之巅”天空越野赛，松阳大木山骑行驴道举办环浙江自行车公开赛，莲都区瓯江绿道举办马拉松赛事等。

四、嵌入机制

延伸机制解决的是文化服务产品的价值怎样转化的通道问题，嵌入机制解决的是如何实现文化服务产品价值倍增问题。从价值链角度来看，文化服务产品的价值链高端是精品化、融合化、品牌化、智能化等，从高端嵌入是实现价值增值的重要途径。

文化服务产品的价值链涵盖了产品设计、配套环境制造、营销与中介等支撑服务体系、生产消费等环节，每个环节对文化服务产品赋予的价值各不相同，呈现出一条文化服务产品价值链的“微笑曲线”，如图 6－5 所示。

价值链的左侧主要是产品从投入到产出的传统线性关系，产品从设计到基础设施完善，再到产品营销宣传，对产品基本加工，实现产品可以达到消费的程度。从图上看是线性投入产出关系，实际上是网状的产业链，因为这个链条涉及多个行业的多种类型企业，如咨询规划设计公司、景观设计公司、基础设施提供公司、文化传播办公室、网站服务中介、旅行社、交通运输公司、为游客提供吃、住、行、游、娱等服务的企业群体等，不同类型企业形成相互联

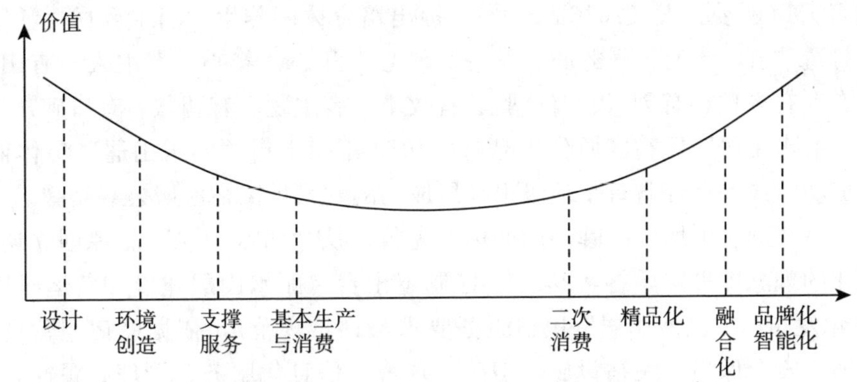

图 6-5 文化服务产品价值链的“微笑曲线”

系、相互依赖的合作关系。

价值链的右侧主要是价值链提升过程，包括基于价值与追加价值的二次消费，产品的精品化、融合化、品牌化和智能化。价值链的右侧意味着需要农业、制造业、服务业融合发展，打造精细化、个性化服务产品；同时，为提高消费者认知和消费体验，采用现代科学技术，对产品进行智能化改造和品牌化打造，不断追加产品的附加值，实现让消费者多次重复体验的目的。

文化服务产品的价值倍增重点需要从价值链右端入手，推进产品精品化、融合化、品牌化和智能化。丽水生态产品价值实现中“丽水山居”品牌嵌入使得“废居”（闲置旧屋）变“金居”（精品民宿），是文化服务产品价值提升较成功的案例。2015 年，中国气象学会授予丽水市“中国气候养生之乡”的称号，丽水 60%的地域海拔高度在 500 米以上，有众多高山台地（乡镇、村），山区气温日较差更大，早晚温度低，非常适合避暑。在一、二、三产业融合发展过程中，民宿经济是拉动村民增收的重要力量，2020 年丽水市农家乐民宿已超4 000 余家，近三年年均营业总收入达 38 亿元，年均增长超 30%。2000 年初，农家乐民宿蓬勃兴起，但依然面临规模小、布局分散、规范缺失、特点缺乏、竞争力弱、知名度低等困境，文化服务产品价值转化率低。丽水通过“明确定位—制定标准—品牌宣传—协同推进”的路径，让“丽水山居”家喻户晓，具体分析如下：

一是政府推动主导。2015 年，丽水市委市政府在全市民宿经济推进会上明确打造“丽水山居”民宿区域公用品牌。2016 年，丽水市印发了《关于大力发展农家乐民宿经济、促进乡村旅游转型升级发展三年行动计划（2016—

2018年)》(丽委办发〔2016〕1号),提出培育休闲养生“丽水乡村生活”模式,打造“五心十有”(舒心、贴心、放心、开心、养心;有主人、有山水、有业态、有乡愁、有创意、有体验、有故事、有主题、有智慧、有口碑)为特色的“丽水山居”民宿区域公用品牌。2019年丽水市“丽水山居”集体商标注册成功,成为浙江省首个地级市注册成功的农家乐民宿区域公共品牌。

二是“丽水山居”品牌初创期标准先行。从“丽水山居”品牌创立初期,标准化的理念即贯穿始终,2016年已制定出台《丽水山居建设和营运导则》,2019年发布《“丽水山居”民宿服务要求与评价规范》,依据民宿经营场地,在交通、安全保障、民宿设施、卫生、环境、信息化服务、管理、餐饮娱乐、“主人式”服务、加分项等10个方面设立标准,这些标准规范了行业的行为,提高了民宿的品质。根据规范和标准,评出“三钻民宿、四钻民宿、五钻民宿”三个等级,评定有效期为三年,并制定严格的退出机制,对于不符合规定的民宿取消星级标志并退出“丽水山居”公共品牌。

三是“丽水山居”品牌建设期聚力宣传。如举办“丽水山居”农家乐民宿LOGO和宣传口号征集大赛、伴手礼大赛等,参加各类博览会推介“丽水山居”,加强与中国台湾地区民宿业主和专家沟通交流,举办“丽水山居·台湾民宿交流合作活动周”,在各大媒体(如中央电视台4套栏目《海峡两岸》)推介,提高了“丽水山居”的品牌知名度。

四是“丽水山居”品牌发展期协同推进。融合“丽水山居”“丽水山耕”和“丽水山景”三个区域特色,“丽水山居”品牌下的民宿经济从“单体民宿”向“乡村小微综合体”转变,推动“产区变景区、产品变商品、民房变客房”,促进一、二、三产融合发展,实现“吃、住、行、游、购、娱、养、育”八要素的和谐统一。

五是“丽水山居”品牌产品正向智能化发展。丽水建成一机游“丽水山居”农家乐民宿智慧综合服务平台,130余家民宿拍摄制作VR上线展示。“丽水山居”将作为数字化重要应用场景,充分运用现代科技发展成果,利用新技术、新材料、移动互联网、物联网、AR、VR等手段,设计开发体验性和互动性强的智慧化乡村民宿产品。

第三节　文化服务产品价值实现路径分析

根据生态资源的初始状态将文化服务产品价值实现路径进行分类,一是自然景观转化型。绝大部分文化服务产品价值实现来源于地区自然景观的功能多元化开发，如山水林田湖草等所形成的原始自然生态系统。丽水60%的地域海拔高度在500米以上，有众多高山台地（乡镇、村），山区气温日较差更大，早晚温度低，非常适合避暑。丽水市河流水系发达、水资源丰富，全市多年平均水资源总量184.6亿立方米，占浙江省水资源量的近1/5，市境内河流主要有瓯江、钱塘江、闽江、椒江、飞云江以及赛江六大水系且水质优越，据监测，全市103个水功能区水质均在Ⅲ类水以上，达标率为100%，并且Ⅰ、Ⅱ类水占比高达94%。浙江省有8处最美梯田，丽水就占3处；浙江还有湿地、考古遗址、多样性植物等多种资源，因此，高山养生成为文化服务产品价值实现的重要路径之一。二是基于物质产品文化延伸型。优良的自然资源不仅滋养出优质的农产品和特色产品，也孕育出源远流长的农耕文化、青瓷文化等，所以基于物质产品文化的前向与后向延伸是重要路径之一。三是民族文化挖掘型。丽水拥有景宁畲族自治县，畲族具有自己的民族语言、民族服饰、民族习俗，是转化为文化服务产品的天然资源。四是遗址修复改造型。为了保障良好的生态，一些资源密集型产业转型升级，为生态文化服务产品的转化提供了契机。

一、自然景观转化型

丽水的秀美景观、适宜的气候为自然景观转化成文化服务产品提供了天然的基础，自然景观的开发主要采用功能多元开发式路径。本小节主要利用百山祖国家公园创建案例阐释自然景观转化型文化服务产品价值实现路径。

百山祖景区是以浙江凤阳山——百山祖国家级自然保护区为核心，范围涉及龙泉、庆元、景宁3县（市）10个乡镇，面积505平方千米，是全国17个具有全球意义的生物多样性保护关键区域之一，乃孑遗植物百山祖冷杉的全球唯一分布区，被誉为“华东古老植物的摇篮”，为我国华东地区重要的生态安全屏障。

百山祖景区的文化服务产品价值实现遵循了“立标准—促改革—有序开发”的路径。首先，基于尊重自然、保护优先的原则制定制度。第一，丽水将百山祖景区作为国家公园设立标准试验区。在全国首次形成了《百山祖国家公园科学考察及国家公园符合性认定报告》《百山祖国家公园设立方案》《设立百山祖国家公园社会影响评估报告》三项技术研究报告。同时，开展候选区科学考察和评估，制定了摸清国家公园自然生态本底和社会影响因素的调查技术方法；基于考察和资料整理结果，开展国家代表性、生态系统完整性、自然原真性、管理可行性等指标评价。第二，在全国率先探索建立国家公园司法保障制度。制定出台《关于全市政法系统服务和保障百山祖国家公园创建的工作意见》《关于服务保障百山祖国家公园创建工作的意见》等系列司法联合保障机制和措施，充分发挥“一中心、四平台、一网格”（县级社会矛盾纠纷调处化解中心，综治工作、市场监管、综合执法、便民服务四个功能性工作平台，全科网格）基础作用，在执法监督、普法宣传、案件办理、矛盾纠纷调解、自然资源保护等方面形成了以司法保障国家公园建设管理的强大合力、顺畅机制与完整体系。

其次，林权改革为前提。在全省乃至全国率先颁发地役权证，实行集体林地地役权管理机制。2020年集体林地权籍调查完成率达到100%，地役权改革“两决议三委托”（行政村和村民小组“两决议”，村民小组、承包经营户、集体经济组织“三委托书”）协议签订率达到98.1%，地役权证发证率达到97.6%，园区地役权补偿收益可达2 858万元/年。

第三，精品精致开发。充分利用百山祖植物种类多样的优势，精心打造百山祖自然博物馆，游览线路沿途不同树种上分挂标识和知识宣传牌，建设生态走廊、生态之路、动物通道、生态鸟巢等，普及科学知识，引导游客保护生态环境，爱护地球家园。百山祖景区作为庆元生态的示范地、香菇鼻祖吴三公的故居地和廊桥文化的展示地，正被打造成为承载庆元乡土文化的聚集地（图6-6）。

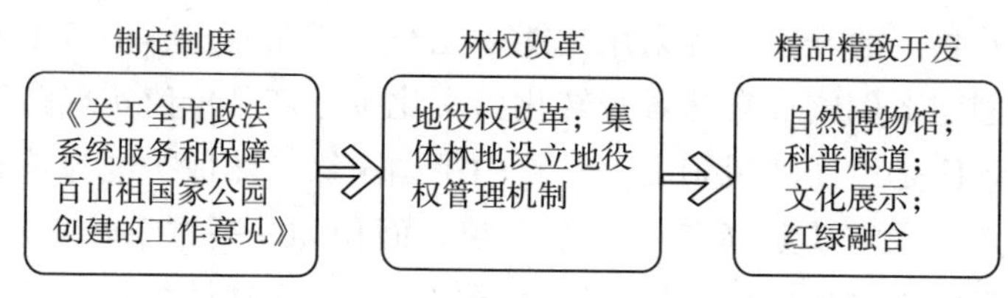

图6-6　百山祖国家公园创建与开发

二、物质产品产业链延伸型

丽水具有丰富的物质产品文化，如茶文化、香菇文化、青瓷文化等，主要采用延伸机制实现文化服务产品价值，农产品类的物质产品文化主要采用前向延伸机制，青瓷文化等主要采用多元延伸机制。

1. 茶旅融合案例

如松阳大木山茶园，传承松阳千年的茶文化历史，有龙井、白茶、黄金芽、乌牛早等 11 个茶树品种，已成为国家级绿色茶叶示范基地、农业部标准茶园示范区、中科院茶科所试点基地、浙江省高效生态农业示范园区。如图 6-7 所示，在茶产业链的种植、采摘环节，松阳大木山茶园整合农业、水利等资源，对茶园进行美化绿化，开展茶园立体种植，实施茶园彩化工程，形成层次丰富的景观序列，打造茶园景区。在茶叶采摘、加工环节等，发展农家乐民宿经营户、旅游产品加工经营户。在茶叶深加工环节，指导碧云天、茗阳等茶企发展集工业生产、体验、观摩、旅游为一体的工业茶旅游。在茶文化开发环节，建设茶文化体验中心、大木山茶室、茶博物馆，并与中央十套味道栏目合作开展茶叶宴研发，打造松阳美食品牌。在茶叶展销环节，建设上安茶青市场、茶产业综合体、茶主题特色小镇，举办相关赛事等，不断延展茶产业链。茶产业链延伸之后，2017 年大木山茶园当年接待游客 57.83 万人次，实现旅游收入 416.49 万元。

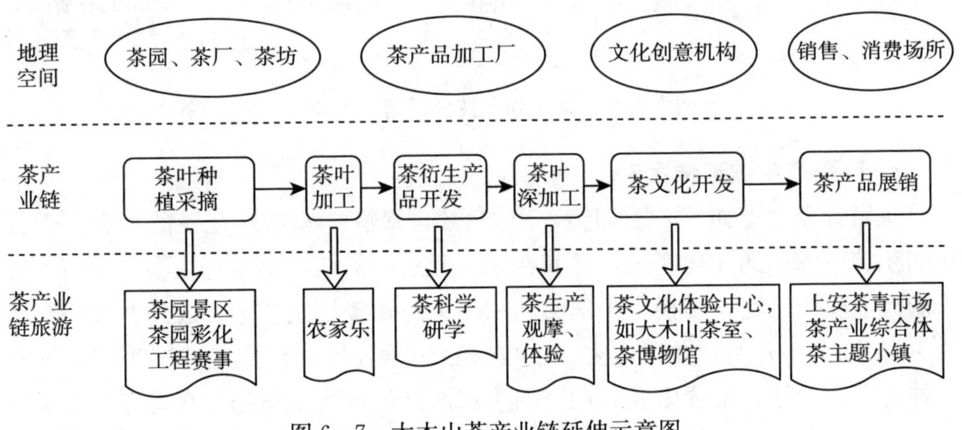

图 6-7 大木山茶产业链延伸示意图

2. 菌菇产业链延伸案例

菌类产品是丽水的特色产品之一，丽水百兴真菌生物科技是一家利用生物科技工厂化生产杏鲍菇的企业，将生态农业产品与旅游相结合，探索出了一条食用菌循环产业链发展的模式。如图 6-8 所示，将菌菇产业链分解，将链条上的节点可延伸的相关业态融于一个综合体之中，实现集约高效开发。2016 年，该公司投入了 1 000 多万元打造丽水市第一家以“菇文化”为主题的现代农业、旅游融合的食用菌观光工厂景区“蘑幻菇林”，对现有工厂进行整体休闲化提升、旅游化改造、品牌化升级，配套杏鲍菇工厂化栽培及废菌料循环加工区、菇菇文化科普区、菇菇旅游接待中心、菇菇 DIY 体验区、蘑锅主题餐厅、会议中心等附属设施，从单一的生产升级为集生产、科普、观光、休闲、购物、餐饮为一体的菌类特色主题体验园的现代农业，日均接待达600多人，实现年均接待规模25万多人次。观光工厂“蘑幻菇林”将种植、加工、销售等原来处于不同空间的产业链环节，集中于观光工厂景区同一空间之中，将可延展的休闲体验、科普教育、旅游餐饮、会议接待等业态融化于同一观光工厂景区，实现多业态融合的综合体。

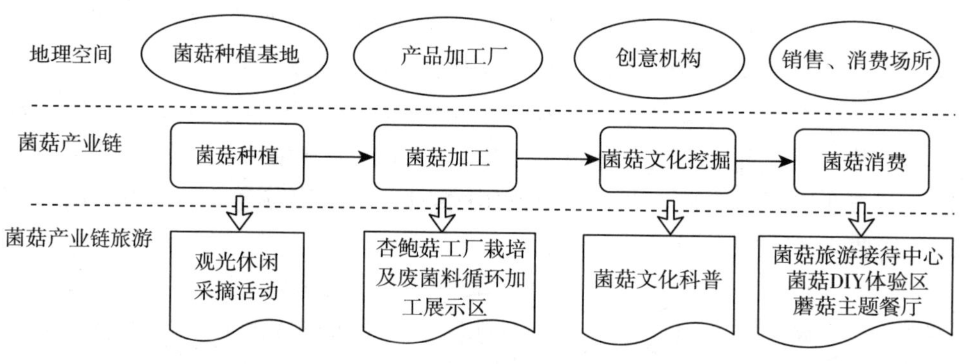

图6-8　丽水百兴真菌生物科技公司菌菇产业链延伸示意图

3. 青瓷产业链延伸案例

龙泉青瓷“青如玉，明如镜，声如磬”，素有“瓷器之花”的美誉。千百年间积淀下深厚的文化底蕴，尤其在宋、元及明前期，龙泉青瓷参与开拓了漫长的海上丝绸之路，传播了中华文明和先进的陶瓷烧制技艺，成为龙泉的金名片。自2009年开始，龙泉市委、市政府在国营瓷厂旧址实施改造工程，不断延伸青瓷产业链，形成多业态融合的生态产品价值实现路径。在青瓷产业链设计和研发环节，吸引国家级、省级工艺美术大师和青年“创客”集聚龙泉，开设设计工坊，培育青瓷创意设计业。在青瓷烧制环节，布局青瓷手工坊、青瓷传统技艺展示中心，主动对接浙江省内外各大高校，加强与各高等院校的合作，现已成为清华大学、浙江大学、中国美院、浙江理工大学、景德镇陶瓷大学等高校教学实习基地，以及浙江省中小学研学实践教育基地。在青瓷文化挖掘环节，建设青瓷寻踪大型历史文化剧场，国营龙泉瓷厂遗址展示厅；在青瓷销售和消费环节，拓展青瓷主题酒店、酒吧、餐厅、购物一条街，培育青瓷艺术会展业。通过青瓷产业“＋旅游”“＋科普”“＋创意产业”等业态融合，引来省内外投资，成为省级示范特色小镇之一。小镇接待旅游人数从2013年的3.54万人次增加到2018年的91.3万人次，增加了24.79倍；旅游总收入从

2013年的0.13亿元增加到6.5亿元，增加了49倍。龙泉青瓷产业链条延伸具体情况如图6-9所示。

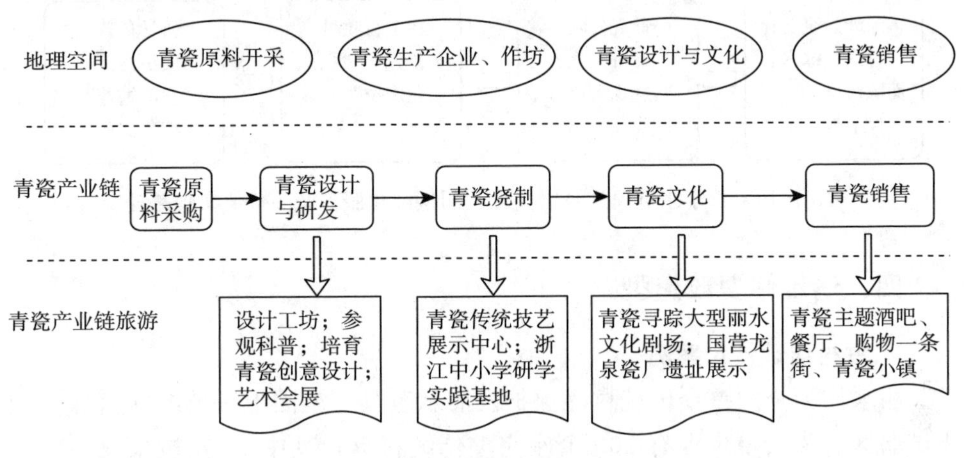

图6-9 龙泉青瓷产业链延伸示意图

三、民族文化利用型

景宁东坑畲乡花园小镇建设案例。景宁东坑是典型的少数民族乡镇、生态乡镇和后发偏远乡镇，曾经是工业小镇，村庄环境满目疮痍、破烂不堪。2015年通过环境治理、景观设计与布局、民族文化嵌入和业态延伸实现文化服务产品价值实现。首先，进行环境治理。景宁东坑是工业小镇，刺鼻的废气、刺耳的噪声、刺眼的垃圾曾是东坑村民的噩梦。2015年开始拆除涉污企业，提出打造“爱情小镇”目标，打响“青山、绿水、面源污染”三大保卫战。其次，进行景观设计与布局。根据不同村庄的主题特色，实施绿化美化，建成入镇景观公园、廊桥文化带、景观大道、紫藤长廊等景观节点，形成“月月有花开，季季有花赏”的多彩东坑新盛景。第三，民族文化嵌入。根据全镇“爱情小镇”总体定位，依托各村人文、产业、习俗等资源禀赋和特色优势，全镇18个行政村均拥有独有的“主题定位”，如“多肉石寨”深洋村、“廊桥驿梦”东坑村、“花海耕织”白鹤村等差异化、特色化定位，并通过全省最美公路示范线、乡村精品线等串珠成链，形成“畲乡小花园”互促生长的有机群落，与景宁大漈景区“遥相呼应”、互溢客源。第四，延伸业态。推进农旅、花旅、文旅等多元融合，积极发展研学基地、高档民宿等新业态，开展咸菜宴、多肉庭院、水果采摘园等平台建设，打造“畲族婚嫁”“畲家喜宴”“暮浴山水”“太布娘”等一批旅游特色产品（图 6－10）。

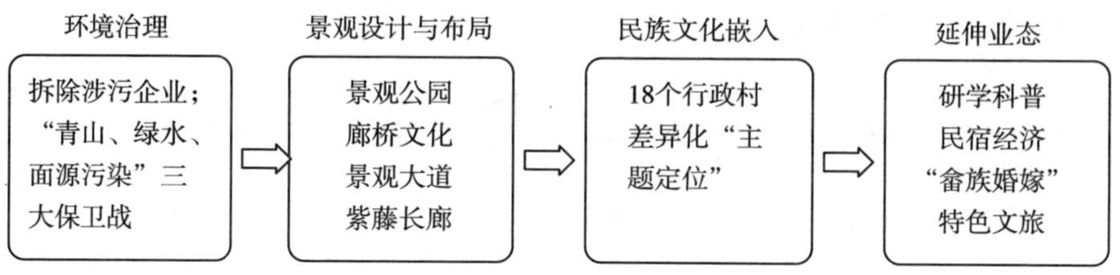

图 6－10　景宁东坑民族乡镇文化利用型文化服务产品价值实现路径

四、遗址修复改造型

1. 古村遗址转化案例

丽水作为全国首个传统村落保护发展示范县，全国唯一传统村落保护利用试验区，该县境内保有 100 余座完整传统村落，其中 71 座被录入“中国传统古村落”名录，总量位居华东地区第一、全国第四。松阳是全国古村落数量最多的县域之一，被称为最为厚重的江南秘境，通过保护和培育措施实现古村落振兴。首先，明确重点保护、修缮、整治提升对象。松阳县成立传统村落保护利用专家委员会，编制《历史文化村落建筑修缮修复技术导则》等手册，县财政设立 1 000 万元旅游发展专项资金和 200 万元专项资金对传统民居改造户给予奖励补助，对松阳全域传统村落和 1 200 多幢传统建筑实现挂牌保护，对 140 多座宗祠、20 多座古廊桥、60 多千米古道进行科学修缮保护。同时，编辑出版《松阳古村落》等图书，并建立传统村落数据库和传统建筑工匠名录，对松阳古村落相关文化实施保护。其次，培育产业新业态。松阳县依托全县百余个古村落资源优势，挖掘三都乡杨家堂村的耕读文化、竹源乡小竹溪村的摆祭文化、板桥乡的畲族文化、大东坝镇的客家文化等发展一批特色主题民宿，在线上打造“游多多客栈”“移动掌上农家乐”等 App，促进线上线下资源整合。积极搭建游学讲学平台，在“茑舍”开设“独山讲堂”，“云上平田”合作开办隐墅学院，邀请知名专家学者讲学，吸引了大批游学团队。开发文创产品，在“云上平田”设立云缬坊，推出扎染、蜡染等体验活动；“醴泉农家乐”推出制茶、茶酒、茶饼挂件等体验活动，并举办茶艺师、评茶师等培训；建设完成契约博物馆、红糖工坊等一批示范性全县域生态博物馆。通过多举措培育休闲度假、运动健身、养生养老、艺术创作等相关业态（图 6－11）。

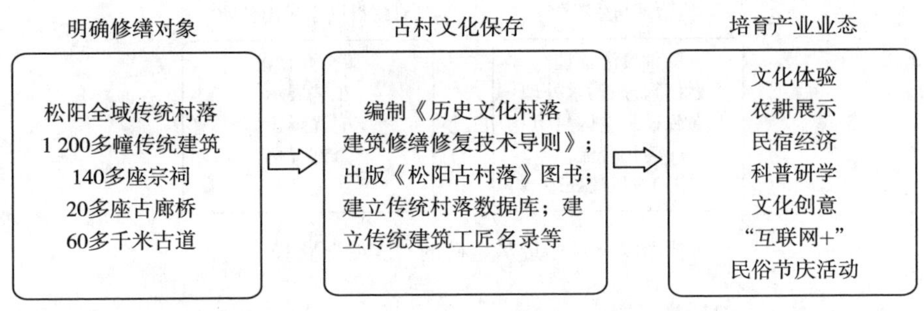

图 6-11　松阳古村落文化服务产品价值实现路径

2. 遂昌金矿改造利用案例

据《浙江通志》记载，遂昌县治岭头矿区从初唐至民国一直有开采矿业的活动。历代开采形成的众多坑道和近百万立方米废石渣场遍布矿区南部和北部山坡。坑道酸性重金属废水和含硫废石渣场污染问题，一直未能得到有效的治理。1954—1976 年，巨化公司龙游黄铁矿在该县开采硫铁矿，在矿区上部留下了大面积采空区和近百万吨含硫废石，经雨水淋滤产生了大量酸性重金属废水，是矿区最主要的污染源。

首先，矿山环境治理。从 2007 年开始，通过酸性废渣治理、酸性重金属污水处理、黄铁矿采空区封闭、清污分流、中和渣压滤处理等系列治理工程，矿区生态环境质量显著提升。对废弃的渣场、尾矿库、生活区、部分厂房等进行了土地复垦，新增可耕地 7.8 公顷。实施覆土造绿，建成园林景观，把昔日的废弃荒杂地变成了如今的休闲度假区。

其次，矿山功能转变。2006 年 7 月“遂昌金矿矿山公园”工程项目正式开工建设，项目包括黄金博物馆、黄金博物馆配套服务区、金色池塘、工艺展示、时光隧道、金都寻忆、古硐探秘、明代金窟、宋代金窟、唐代金窟、汤公遗梦等，并于 2008 年建成 4A 级旅游景区，彻底完成矿山景区化转型。近年来景区内连续出现桃花水母，见证了矿山的蝶变。桃花水母是产生于 6.5 亿年前、现已濒临灭绝的独特、珍稀物种，有着“水中大熊猫”的美称。桃花水母对其生存的水体和周围环境要求极为苛刻，适宜其生存的水必须是无毒、无害，不能有任何污染，周边环境的稍微变化都会导致其消失不见。遂昌金矿矿山公园自 2007 年开园以来，经过 10 余年的运营，日接待能力已从 1 500 人提升至 13 000 人，特别是出现桃花水母以来，游客接待量与经营指标快速增长，2017 年接待游客 24.76 万人，实现旅游营业收入 4 113.78 万元（图 6-12）。

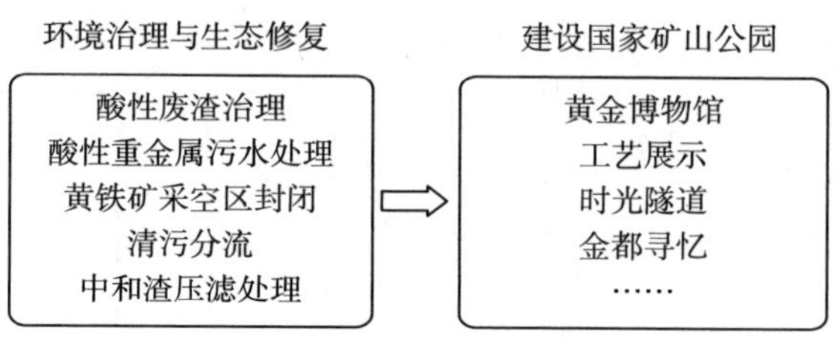

图 6－12 遂昌金矿的“蝶变”路径

第四节 基于创新行为视角的文化服务产品价值实现个案研究

乡镇干部的创新行为能够提高政府的运转效率，加速推进生态产品价值实现。本小节融合创新行为的“制度—组织—个人”三维分析框架，以及“创新要素的逻辑整合—创新思维建构—创新思维实践”的创新思维过程理论，构建了“创新情境—创新思维—创新过程—影响因素”的逻辑框架，分析创新行为在文化服务产品开发过程中的作用机理。采用质性研究方法，基于丽水 W 村的个例研究，在特定情境下深入分析了乡镇干部在推动生态资源转化为生态产品创新过程中的作用。

一、理论基础

国内外有关政府部门公务员创新行为的研究主要聚焦于三方面内容：一是与私营部门成员相比，政府部门人员的创新情境（制度与组织环境）存在的差异性；二是创新行为的内容与类型研究；三是创新行为的作用机制及理论基础。本小节在充分运用适用于乡镇领导干部创新行为的理论研究成果，试图更贴近现实地抽象出基层干部在面临具体问题解决问题时的创新行为。

一是公私部门因组织结构、组织控制、组织激励和组织环境差异，带来公私部门成员创新差异。公共部门组织一般是正规化、集中化、自上而下的结构和控制（Klein et al.，2013；Kruyen and Van Genugten，2017）①②，使得公

① Klein，P. G.，Mahoney，J. T.，Mcgahan，A. M. et al.，Capabilities and Strategic Entrepreneurship in Public Organizations [J]. Strategic Entrepreneurship Journal，2013. 7 (1)：70－91.

② Kruyen，P. M.，Van Genugten，M. Creativity in Local Government：Definition and Determinants [J]. Public Administration，2017. 95 (3)：825－841.

共部门人员很难具有自主性和创新发展（Bysted and Jespersen，2014）[①]。公共部门的高控制性、低灵活性、繁文缛节也会抑制公务员的创新行为（Bysted and Hansen，2015）[②]，晋升激励比薪酬制度更能够激励公务员创新（Wu et al.，2013）[③]。但是，在变革的情境中，公务员的创新丝毫不亚于私营部门成员[④]（谭新雨，2021）。

二是从创新行为的界定和内容来看公务员的创新行为。许多学者对公务员创新行为的概念进行了界定，主要有两种导向，一方面是问题导向的创新行为。如 Fernandez 和 Wise（2010）[⑤] 认为创新行为是对工作问题的识别、创新想法的产生；Kruyen 和 Van Genugten（2017）[⑥] 认为创新行为是在现有业务知识储备的基础上，进行工作问题识别、创新方案检验、创新方案推广的过程，等等。另一方面是效率导向的创新行为。如 Miao 等（2018）[⑦] 认为创新行为是提出新想法、应用新想法、新手段、新流程等；Fernandez and Moldogaziev（2013）[⑧] 认为创新行为是以更加有效的方式开展工作。学者们一般将公务员创新分为概念创新、流程创新、服务创新、技术创新等（Torugsa and Arundel，2016）[⑨]。按照创新过程，可将创新行为分为想法类创新、行动类创

① Bysted，R.，Jespersen，K. R. Exploring Managerial Mechanisms that Influence Innovative Work Behavior：Comparing Private and Public Employees [J]. Public Management Review，2014. 16 (2)：217－241.

② Bysted，R.，Hansen，J. R. Comparing Public and Private Sector Employees' Innovative Behavior：Understanding the Role of Job and Organizational Characteristics，Job Types，and Subsectors [J]. Public Management Review，2015. 17 (5)：698－717.

③ Wu，J. N.，Ma，L.，Yang，Y. Innovation in the Chinese Public Sector Typology and Distribution [J]. Public Administration，2013. 91 (2)：347－365.

④ 谭新雨．公务员创新行为：文献述评与研究展望 [J]．公共行政评论，2021 (2)：199.

⑤ Fernandez，Wise，L. R. An Exploration of Why Public Organizations 'Ingest' Innovations [J]. Public Administration，2010. 88 (4)：979－998.

⑥ Kruyen，P. M.，Van Genugten，M. Creativity in Local Government：Definition and Determinants [J]. Public Administration，2017. 95 (3)：825－841.

⑦ Miao，Q.，Newman，A.，Schwarz，G. Cooper，B. How Leadership and Public Service Motivation Enhance Innovative Behavior [J]. Public Administration Review，2018. 78 (1)：71－81.

⑧ Fernandez，S.，Moldogaziev，T. Using Employee Empowerment to Encourage Innovative Behavior in the Public Sector [J]. Journal of Public Administration Research and Theory，2013. 23 (1)：155－187.

⑨ Torugsa，N.，Arundel，A. The Nature and Incidence of Workgroup Innovation in the Australian Public Sector：Evidence from the Australian 2011 State of the Service Survey [J]. Australian Journal of Public Administration，2015，75 (2)：202－221.

新、促进类创新、综合类创新；基于创新程度来划分，包括打破规则的突破式创新（Brockmann，2017）①、变通规则的渐进式创新（Hassan，2015）② 和政策变通执行（张翔，2019）③ 等。公务员以想法创新、过程创新居多（Kruyen and Van Genugten，2017）④，创新行为多被嵌入到多源流（项目流、过程流）的政策执行中。公务员一般会为了维护公共利益或组织的整体利益打破组织规则，或变通执行规则（张翔，2019），都可以视为创新。

三是影响公务员创新行为的因素。影响因素主要包括科层制组织特征（层级化、集中化、形式化）（Fleming，2020）、制度约束、领导风格等。首先，科层制组织结构影响创新行为。科层制的高度集中化和跨部门界限可能会阻碍组织间信息的流动与共享，跨部门的组织形式有利于信息的沟通与新想法的迸发。科层制的标准化服务供给、繁文缛节也会压缩公务员创新的空间。其次，制度约束影响创新行为。追求公共价值的公共部门属性强调公务员对公众诉求的回应、具有较强的政治压力，公务员会在问责与创新之间权衡风险，影响公务员的创新行为。公务员的晋升和薪酬制度也是重要的影响因素。最后，不同的领导风格影响创新行为。变革型领导会通过描绘愿景、智力激励、弱化官僚约束、营造创新氛围、鼓励同事参与决策等方式刺激创新，学者们还分析了交易型领导、企业家型领导、授权型领导、服务型领导等多种领导方式对创新行为的影响。

但是，仅仅从创新行为的现有理论分析还不够，毛泽东在《实践论》中探讨了认识和实践的关系——知和行的关系，提出："只有在社会实践过程中，人们达到了思想中所预想的结果时，人们的认识才被证实了。"因此，研究乡镇干部的创新行为，不能仅仅局限于对创新行为的外部环境、影响因素、创新的分类和内容进行分析，创新行为也是不断认识、实践、再认识、再实践的螺旋式上升过程，认识过程中包括创新过程中重要的创新思维。创新思维过程主

① Brockmann，J. Unbureaucratic Behavior among Street - level Bureaucrats：The Case of the German State Police [J]. Review of Public Personnel Administration，2017，37 (4)：430 - 451.

② Hassan，S. The Importance of Ethical Leadership and Personal Control in Promoting Improvement - centered Voice among Government Employees [J]. Journal of Public Administration Research and Theory，2015，25 (3)：697 - 719.

③ 张翔. 基层政策执行的"共识式变通"：一个组织学解释——基于市场监管系统上下级互动过程的观察 [J]. 公共管理学报，2019 (4)：1 - 11.

④ Kruyen，P. M.，Van Genugten. M. Creativity in Local Government：Definition and Determinants [J]. Public Administration，2017，95 (3)：825 - 841.

要包括三个步骤：

一是创新要素的逻辑整合。“从目的、问题、定义、推理到结论的生成，这些思维要素从最一般角度看可以分为两个主要来源，即管理者所秉持的组织行为的哲学（模型），由一套其对事物的规律、活动的目的、人应有的本性的整合假设和信念构成；它由‘事实前提和价值前提’构成并为组织行为系统注入了‘三个要素的重要责任——理想、使命和目标’。”① 事实前提和价值前提是在整体与部分、内部与外部、要素与系统、微观与宏观的差异性环境下，形成的对不同事物或相同事物相似或不同的看法。意味着，创新要素的逻辑整合实际上就是将外化的环境与问题，与内化的理想、使命、推理相连接。

二是创新思维建构。主要分为直接建构和间接建构，直接建构路径是根据问题和所处外在条件，依据现有知识、技术等力量，直接解决问题。间接建构是当“有时从条件或结论的形式直接看不出构造的出发点，但通过施以变换，就可以很清晰地看出构造的信息，这时就可构造出新的对象或关系，从而达到解决问题的目的。”② 间接建构需要更加复杂的观察、分析、联想、综合、类比、推广等思维活动。

三是创新思维实践。在实践阶段，创新思维逐渐转化为创新行为，但经常发现思维很活跃，梦想很美好，但是能够转化为创新行为的部分却屈指可数，并且创新实践的成功率并不确定，需要一个认识、实践、再认识、再实践的过程。

二、理论分析框架

融合创新行为的“制度—组织—个人”三维分析框架，以及“创新要素的逻辑整合—创新思维建构—创新思维实践”的创新思维过程相关理论，将外在创新行为与内在创新心理有机统一，采用“创新情境—创新思维—创新过程—影响因素”的逻辑框架，分析创新行为在文化服务产品开发过程中的整个作用机制。本小节的研究对象是乡镇干部，首先需明确研究范围及对象特点，以及选择乡镇干部进行研究的重要意义。乡镇干部属于基层干部，有多种编制体系干部，此书中不予特意区分，但是无论是公务员编制，还是事业编制，乡镇干部主要是解决基层经济社会发展问题。与私营部门相比，乡镇干部处在自上而

---

① 教军章．治理时代组织领导思维型构的“综合创新”理路［J］．中国行政管理，2017（5）：49.

② 孙兆刚，邓明然．基于构造思维方法的技术创新分析［J］．科学学与科学技术管理，2007（7）：71.

下的科层制之中，既要面对繁文缛节，又要懂得变通执行规则；既需面对锦标赛式的考核，又只具有相对有限的职权；既要面对政治压力和政策执行，又要处理差异化的区情和多元化的人民诉求，研究乡镇干部的创新行为能够更加深入、更加贴近基层实践地了解基层治理过程。

一是创新情境。乡镇干部面对的创新情境主要包括制度情境、组织情境和个体情境反应三类。制度情境主要是科层制组织特征和结构下，制度激励与约束对乡镇干部的创新行为产生影响，如乡镇部门的政治要求、任务指令以及复杂且全面的考核指标体系，也包括将乡镇干部的创新行为与绩效奖励和晋升紧密相连。组织情境是指差异化的领导风格对乡镇干部创新行为的影响，领导风格可以营造出风险规避、创新进取等不同的创新氛围。个体情境反应是个体对变革的态度，从而影响是否采取创新行为，一般个体情境融入组织情境之中。因此，从制度情境和组织情境两个维度分析生态产品价值实现的任务是否纳入制度激励与约束的体系，分析组织和个人对此项任务的认知和重视程度。

二是创新思维。创新思维一方面源于无目标的直觉和灵感，但乡镇干部的创新思维是基于较明确的目标和需要解决问题的相关知识的联系、思考与分析。知识和经验是创新思维的基本要素，乡镇干部若要解决生态资源的开发与转化问题，一般需要充分了解地区的生态资源分布、特征、人文历史、优势和劣势等信息，能够把握生态资源开发的基本规律，或者具有生态资源开发的相关经验等，通过观察、分析、类比、联想等思维方式探寻开发路径。

三是创新过程。乡镇干部针对具体问题的创新过程，包括创新方案的设计、沟通与实施。针对生态资源开发，可能有以下几种创新行为：①明确创新思路，外包给相关机构或公司完成相关方案设计和实施；②招商引入开发公司，在政策运行范围内，沟通协助资源开发；③乡镇政府尝试性承担开发职能，全程参与创新方案的实施。

四是影响因素。乡镇干部创新过程中，有可能成功，但失败的概率也较高。除了受领导风格、科层制的影响，还受到部门之间的沟通协调效率的影响。乡镇部门的职能主要是政策的实施和落实，在实施方案的推进过程中不仅需要说服并得到上级部门的支持，还可能因部门相关政策的限制导致方案推进举步维艰。

三、案例呈现与分析

本小节选取的案例村属于典型的生态环境质量优良的区域，位于浙江西南地区的丽水市，下辖5个自然村，10个村民小组，在开发之前，总人口104户306人，富余劳动力130余人，距县镇政府12千米，距离县城13千米。该村有耕地390亩，山林面积10 560亩，石塘水库从村内穿过。全村范围内山林全部列为国家级生态公益林保护区，石塘水库属于饮用水源。

本小节采用的研究方法主要包括深度访谈和跟踪观察等，从2015年开始，课题组对浙西南部分生态优越区的空心村状况进行调查，2016年再次去W村进行随访，发现该地区的村集体收入和人均收入水平出现大幅度跃升，只因一个“金点子”——人造沙滩，营造出的“依山而居，山里看海”的氛围引起了我们的关注和深入研究的兴趣。2017—2021年课题组曾数次实地体验、参与式观察、跟踪调查，与乡镇政府、村民、水利部门、经营业主等进行访谈，形成了5万多字的访谈记录。在与另一组调查的空心村比较分析之后，逐渐清晰了研究思路，发现乡镇干部的创新行为在推进生态资源转化过程中起到了重要作用，本小节将依据“创新情境—创新思维—创新过程—影响因素”的逻辑框架进行分析。

（一）W村开发前的困境

W村位于瓯江上游，曾是瓯江流域的重要码头，龙泉青瓷、宝剑、时令秋收的粮食都是从这里通过瓯江运往下游城镇。1988年，为了建设水电站，村里的大部分民居被水库淹没，大部分村民都移居至外地，一直以来这个村都被湖水环绕，出行只能靠摆渡。2014年村头建成了通往外界的大桥，村里的农作物如板栗、茶叶等被运往村外，增加了村民的收入，2015年板栗、茶叶的种植面积达到50多亩，逐渐提升了村民的人均收入，村民人均年收入为14 200元，村集体收入为16.8万元。但是，W村依然面临农民收入来源单一，人均收入增长缓慢的困境。

（二）W村文化服务产品开发历程

2015年W村通往村外的大桥建好后，2015年年底W村乡镇干部提出“人造沙滩”的设想，将现有的“山”“水”“村”元素融入“沙”的旅游元素，进行乡村旅游开发规划。2016年1月W村从县政府相关部门获得200万元启动资金，2016年2月开始将W村湖畔荒滩变成人造沙滩，沙滩绵延千余米，最宽处有近100米，总面积达3万平方米。为了增添沙滩的海景效果，沙滩上还种了10棵30多米高的棕榈树，新置了沙滩长椅、沙滩草棚等设施。为了营造氛围、吸引游客，通过文创活动进行营销造势，2016年4月30日，一场以“阳光、湖面、沙滩、音乐”为主元素的沙滩体验活动开幕。2016年“五一”

节期间，通过微信公众号宣传造势，如“丽水到哪里去看海?”的公众号文章的点击量突破10万人，“五一”节期间的活动吸引了3万余名游客涌入W村“看海”。2016年W村沙滩旅游的门票收入达到17万元，村集体收入达到70.83万元，人均收入增长到16 300元。2017年W村乡镇部门对沙滩进一步升级，投资40万元，建立了20多幅沙雕作品，当年“五一”节期间沙滩成为“网红”打卡地。2017年沙滩旅游消费总计150多万元，村集体收入达到100万元，人均收入达到18 000元。2018年以后，乡村名宿蓬勃发展，沙滩电影、电音狂欢、沙雕节、沙滩啤酒节、沙滩音乐节等文旅项目源源不断为沙滩旅游注入新的生机。2020年W村又启动了旅游地强基配套工程和新景象提升工程，围绕拍照打卡、娱乐休闲、文化内涵等主线，增设了造芭蕉迎宾、长滩漫步、花间倩影、武举报国、耕读传家、彩车流光等12个新项目体验点，形成沙滩十二景。截至2020年底，自沙滩建成，已累计接待游客200多万人次，实现乡村旅游收入4 500多万元，村集体累计创收430万元。

（三）W村乡镇干部创新行为助推文化服务产品开发分析

W村乡镇干部是如何想出人造沙滩“金点子”的？在2016年初乡镇干部又是如何落实这个创新想法？在探索过程中是否走过弯路？又有哪些因素影响了乡镇干部的创新行为？

1. 创新情境

根据理论构架和调研访谈，从制度情境和组织情境两个维度进行分析。在调研中我们发现，乡镇干部在创新时面临的重要制度情境是考核和乡镇排名，这是促进干部创新行为的重要指挥棒，乡镇干部的创新行为都会涉及乡镇考核内容。如，乡镇班子成员A认为：“作为当地面积较大的镇，乡镇考核指标要求乡镇干部破解发展瓶颈，促进农民增收，乡镇考核排名不能靠后。身为乡镇干部发自内心地也想为村民做点实事。”镇普通干部C则说：“虽然说干得好，有可能会更快地调离这个相对偏僻的乡镇，但是，乡镇干部们主要是不想碌碌无为，在任期间总要想着在完成常规任务的基础上，创造一些工作亮点。”镇普通干部E说：“虽然日常工作中经常会面对沟通、协调、上报材料、接待等众多琐事，但是，工作突破和亮点才是检验工作成效的重要方面。”

乡镇领导班子达成共识，营造良好的创新氛围。一个创新的想法能否实施，在科层制的制度情境下，一般需要先得到上级的认可和支持，乡镇班子成员B说：“2016年，县长联系我们村，对我们想做‘人造沙滩’的想法很支持！这样我们才相对轻松地获得200万元的启动资金。”再在乡镇干部之间沟通协调并达成一致意见，为创新行为奠定统一的思想基础。乡镇班子成员A说："2015年工程还没有开工，班子开了好几次会，还特地去福建等地考察调研，并咨询了相关水利和旅游管理专家。"乡镇普通干部B回忆："当时我们书记跟我聊，现在通往村外的桥有了，现在要将人气引进来，想建'人造沙滩'，书记既然这么说，我们就跟着书记这样干！"由此可见，创新想法自上而下达成了共识，而且乡镇班子成员得到了普通干部的支持和信任。

2. 创新思维

乡镇干部在面对具体问题时，需要对地区自然景观有清晰的认知，以解决问题为导向，且能够把握旅游开发的基本规律。创新思维是需要整合、比较、分析各种知识和经验，找到彼此之间的联系，并给出解决问题的方案或办法。乡镇领导干部需要对地区的情况非常了解，乡镇班子成员C说："W村除了山、水和村落，其他什么都没有，我们的森林全部列入国家级生态公益林保护区，水又是市区的饮用水源地，村里已经只剩下老人和孩子了，在这种情况下，我们除了想到发展旅游，没有其他出路了。"乡镇干部非常清楚该地区的发展优势和劣势，可是发展什么样的旅游，也经过了长期的思考和尝试。访谈中曾任乡镇领导班子成员B说："为什么会想到建一个'人造沙滩'呢？有一次我去青海旅游，发现内陆人非常向往海，在内陆地区营造海景，大家都很喜欢。马云说在淘宝上比基尼卖得最好的省份不是海南、广东，而是内蒙古和新疆。我想人们会因为没有什么而向往什么。我们这里山多水多，但是没法玩，所以我就想是不是可以建个'人造海滩'，满足内陆人对大海的向往。"调研中也不断追问，难道这个想法是灵感闪现吗？他们回答："哪里是什么灵感闪现？为了发展旅游，以前在其他地方任职的时候，也建成些桥、景观、展览馆等，但那都是给领导检查看的，除了给当地居民改善了基础设施外，对村民增收影响并不大。这个'人造沙滩'的想法成功的关键是抓住了日常消费者的需求！我想我出去旅游一般都是去孩子喜欢玩的地方，孩子喜欢什么？几乎所有孩子都喜欢玩水玩沙，所以我想如果能营造一个孩子能玩，大人能够休闲的场景，才是适合全家人去的地方。"

3. 创新过程

在本案例中，在资金相对有限的情况下，乡镇干部选择自己充当不同的角色进行开发工作。一是充分利用科层制组织的优势，在基层快速响应并执行创新想法。该创新想法从实施到有成效仅仅用了5个月的时间，曾任乡镇领导班子成员B说："从有了这个点子，春节都没怎么休息，200万元中50万元用于从福建运海沙，福建的海沙细软不粘，100 万元用于从温州运沙的运费，还花了 8 万元买了 10 棵棕榈树，让 10 个村民小组每小组认领一棵。工程过程由我们乡镇干部全程督建，树栽在哪里，如何保障安全，每一个细节都要考虑。”

二是具有影响力的领导干部影响着整个组织的创新思维和创新行为。在整个创新行为过程中，乡镇领导干部组织协调，调动所有能够调动的资源，实现组织的目标。曾任乡镇领导班子成员 B 说：“2016 年 4 月份，沙滩初现雏形，需要宣传造势，拍了一组美丽的沙滩照做宣传，‘五一’期间，同事们明确分工，负责售票、引导、安保、水上安全等，我们也没想到当时那么火爆。”

三是不断地创新“迭代”。2017 年以后，W 村发展“旅游＋民宿”“旅游＋农业”“旅游＋林业”“旅游＋文化”等多种业态，吸引许多村民返乡创业，乡镇干部的创新行为又推动了村民自发创新创业。村民纷纷回村创业，以前走向衰落的“空壳村”，自从有了淡水沙滩，一下子“活”了起来，有民宿经营业主这样说：“村里通了桥，建了沙滩，人气旺了，许多中学同学陆陆续续回乡创业，在家创业，人累，心不累。”W 村相关干部调整之后，新任乡镇干部在“人造沙滩”的创意下继续推进一、二、三产业融合创新。乡镇普通干部 F 说：“村里人气有了，如何让人气长盛不衰？需要不断融入新业态、新亮点，让游客既能感受到乡愁，又能体验到新鲜！”

4. 影响因素

W 村乡镇干部推进文化服务产品开发过程中受到两个重要因素的影响：一是部门批准或许可。开发中涉及水、森林、土地等资源的开发许可问题，必须向相关部门报批，在 W 村案例中主要涉及水资源的开发利用，水利部门人员 A 说：“是否批准在瓯江上游进行旅游开发，这件事情我们非常谨慎，要在充分考虑保护环境、保护水源地的基础上，才能考虑资源开发问题。迄今为止，只允许在水库特定沿线发展不污染水源的项目，还不允许开展水上项目。”乡镇干部在进行创新过程中，必须与主管部门充分沟通，获得相应许可。访谈中发现，乡镇干部在项目策划之初，与水利部门多次沟通，并由上级部门协调，在非常审慎的情况下实施了创新策划。曾任乡镇领导班子成员 B 说：“最初水利部门不允许，这个项目差点‘流产’，现在成为他们推进生态产品价值实现的典型案例。”二是创新行为的实施效果与资源禀赋密切相关。在其他相似资源禀赋地区调研中，一些乡镇干部也想借鉴 W 村开发方式，但是大都不成功，“其中需要一个重要资源条件是水库的水位落差约 1.5 米，海沙不会被冲走。”

四、总结

以乡镇干部的创新行为推动生态产品价值实现是一个系统的过程，既包括外在情境中的考核压力，又取决于乡镇干部创新的意愿与能力；乡镇干部的创新思维既要对特定区域有清晰的认知，又要把握市场运行的基本规律；创新思维的实施与落地，既需要乡镇干部沟通协调能力，又需要强有力的领导力和执行力；乡镇干部既要克服科层制的弊端，又要充分利用科层制的优势。本小节研究虽是一个个案，但是展示了乡镇干部从认识到实践，再实践、再认识的过程，不仅仅是一次创新行为，而是创新的不断“迭代”。

第七章　数字经济驱动生态产品价值实现研究[①]

近年来，新一代信息技术如人工智能、云计算、大数据等广泛应用于经济的各个领域，带来经济社会前所未有的变革。中国数字经济发展白皮书（2021 年）数据显示，2020 年我国数字经济增加值规模达到 39.2 万亿元，占 GDP 比重为 38.6%；广东、江苏、浙江、山东等 13 个省（市）数字经济规模超过 1 万亿元；北京、上海数字经济 GDP 占比超过 50%，数字产业化和产业数字化步伐不断加快。数字经济悄然渗透于生态产品价值实现的整个过程，从 2006 年前后遂昌“赶街模式”在农村电子商务领域的突破性创新与实践，到如今“丽水山耕”农产品区域品牌的家喻户晓，无不闪耀着数字经济的光芒。数字经济如同生态产品价值转化的强大引擎，激活“沉睡”的生态资源，引导要素向生态产品价值重塑与创造过程流动，碰撞出形式多样的创新火花，促进了生态产品溢价；生态产品价值实现又反哺生态系统的保护，形成了良好的国民经济生产总值（GDP）与生态系统生产总值（GEP）双转化、可持续的高质量发展格局。

第一节　数字经济的内涵与特征

一、数字经济内涵

1996 年美国学者塔普斯特（Don Tapscott）出版的《数字经济》一书，首次提出“数字经济”概念，之后受到各国政府和学术界的广泛关注，但由于主导技术群的巨大差异，塔普斯特所提出的“数字经济”与当前的数字经济存在明显不同。1998 年美国商务部在全球发布首份数字经济报告《浮现中的数

① 本章案例资料主要来源《生态产品价值实现机制丽水实践典型案例集（一）》（2018）、《生态产品价值实现机制丽水实践典型案例集（二）》（2019）、《生态产品价值实现机制的丽水实践》（2021）.

字经济》之后世界各国纷纷效仿出台相关政策。我国政府部门、学术界、产业界一直对数字经济很关注，只不过在概念表述上称其为新一代信息技术、第三次工业革命、“互联网+”等。我国在党的十八大以来，尤为重视数字经济发展，2016 年，习近平总书记在中央政治局第十六次集体学习时强调，“加快传统产业数字化、智能化，做大做强数字经济，拓展经济发展新空间”；2017 年，党的十九大报告指出，“我国供给侧结构性改革深入推进，经济结构不断优化，数字经济等新兴产业蓬勃发展。”2021 年《中华人民共和国国民经济和社会发展第十四个五年规划和 2035 年远景目标纲要》不仅专篇提出“加快数字化发展 建设数字中国”，而且“数字化”在规划全文中共出现 25 次，还有数字时代、数字政府、数字社会、数字经济、数字技术、数字生态、数字娱乐等相关高频词汇出现了 60 余次，这些都充分体现了我国将推动数字经济发展摆在突出重要的位置。根据中国信息通信研究院发布的《中国数字经济发展白皮书（2021）》显示，“2020 年在新冠肺炎疫情冲击和全球经济下行叠加影响下，我国数字经济依然保持 9.7%的高位增长，是同期 GDP 名义增速的 3.2 倍多，成为我国稳定经济增长的关键动力。中国数字经济增加值规模已由 2005 年的 2.6 万亿元扩张到 2020 年 39.2 万亿元，占 GDP 比重为 38.6%。产业数字化转型由单点应用向连续协同演进，产业数字化增加值约占 GDP 比重为 30%。”① 由此可见，数字经济发展势不可挡，必将加速向经济社会全领域渗透，成为推动经济发展的强大动力。

深入研究数字经济驱动生态产品价值实现之间的关系，首先需要明确数字经济的内涵。因为数字经济融合技术进步与经济社会发展的关系，学术界还没有一个统一的论断。基于现有文献的梳理和比较，学者们主要从以下维度进行定义。一是从对经济活动的影响出发，将数字经济作为与“数字”相关的一系列经济活动的总称。2016 年 G20 杭州峰会通过的《二十国集团数字经济发展与合作倡议》中将数字经济定义为：“以使用数字化的知识和信息作为关键生产要素、以现代信息网络作为重要载体、以信息通信技术的有效使用作为效率提升和经济结构优化重要推动力的一系列经济活动。”“二是从技术维度出发，突出数字经济是建立在信息技术之上的经济活动。2009 年，澳大利亚宽带通信和数字经济部发布的《澳大利亚的数字经济：未来发

① 中国信通院发布《中国数字经济发展白皮书》[EB/OL]. https://new.qq.com/omn/20 210 428/20 210 428A019PA00.html，2021-04-28.

展方向》对数字经济的定义为，‘通过互联网、传感器网络、蜂窝网络等信息通信技术，实现经济的全球性和网络化’。该定义强调了数字经济发展的技术属性，但缺乏经济学含义。”① 三是从新经济形态出发，强调在新一代信息技术下，数据作为重要生产要素，推进经济发展的过程。裴长洪（2018）认为：“数字经济是一种更高级、可持续的经济形态，以信息通信技术为核心的技术手段对社会经济起促进作用。”② 左鹏飞等（2021）认为：“数字经济是一种以数据为核心生产要素的新经济形态，与农业经济、工业经济不同，数字经济在新一代信息技术支撑下，数据要素与传统生产要素之间实现联通互动、高度协同和虚实交融，以创新提质替代规模扩张，促进工业、农业、服务业，以及其他传统产业实现数字化、信息化、智能化的转型升级，从总体上推动经济实现从量变转向质变。”③ 还有学者从投入产出、平台等视角定义，都具有较强的借鉴意义。

笔者认同以上学者们的观点，但从本书的研究问题出发，更加强调数字经济作为新经济形态，数据逐渐成为重要的生产要素，其强大的渗透性和融合性，所带来的经济社会变革。

二、数字经济特征

1. 通用技术性

数字经济是在第三次工业革命过程中，电子信息、通信技术等新技术行业迅猛发展的背景下，逐渐形成的新经济形态。保罗·特罗特认为，“每一次科技创新都产生了一个‘明星’产业或产业部门，在需求、金融、产业和社会条件适宜的情况下，这些‘明星’产业提供的跃进，促进了产业结构主导产业更替，导致了经济和经济关系的重大转变。”④ “为了突破产出系统机械化的制约，蒸汽机发明并得到应用，提高了纺织业的生产率；为了突破水力制约和铁作为材料的强度、耐久性、精度的制约，电力和钢材料发明并广泛应用，促进电器工程、重型机械、重化工业的发展壮大；为了实现灵活的系统制造，计算

① 左鹏飞，姜奇平，陈静．高质量发展视角下的数字经济与经济增长［J］．财经问题研究，2021（3）：4.

② 裴长洪，倪江飞，李越．数字经济的政治经济学分析［J］．财贸经济，2018（9）：5－22.

③ 左鹏飞，姜奇平，陈静．高质量发展视角下的数字经济与经济增长［J］．财经问题研究，2021（3）：4－5.

④ 保罗·特罗特．创新管理和新产品开发［M］．北京：中国人民大学出版社，2005：65.

机、微电子等发明并广泛应用，这些产业及技术正不断影响着产业部门的生产技术结构、生产工艺流程、市场需求状况等。”[①] “明星”产业或产业部门所蕴含的技术创新是推进产业结构改变的核心力量，20 世纪 40—50 年代至今，电子信息、信息通信技术、大数据、云技术、人工智能等逐渐成为推进生产生活变革的“通用性技术”，改变产品生命周期、生产方式、生产规模、市场竞争状况等。这些通用技术能够广泛应用于传统产业各领域，提高生产效率；并且具有极强的技术更新迭代速度，在数字科技应用中不断革新，提升应用的便捷性，降低应用成本；这些技术还具有很强的创新诱导性，与不同产业融合都会推动不同领域、业务、模式的重组与融合，催生各领域创新变革和新业态频出。

2. 融合创新性

一是知识融合，数字技术渗透至不同领域的同时，促进了不同学科领域间知识的交流和融合，推动了经济社会各领域的信息共享、学科交叉和知识创新。二是技术融合，由于上述数字技术具有较强的“通用技术性”，在渗透过程中与其他领域技术融合，更容易出现集成创新和技术创新。三是要素融合，数据不仅可以作为一种重要的生产要素，同时有利于劳动、资本、技术重新组合，提高全要素生产率。四是产业融合，数字经济能够打破行业边界，促进一、二、三产业以及不同业态间的融合创新。

3. 平台生态性

在数字经济条件下，平台型组织的出现已成为区别于传统组织的最主要特征，网络平台不仅打破物理时空限制，重新匹配供给与需求活动，将虚拟空间与实体经济有机结合，重塑要素资源配置方式。主要体现在两方面：一是平台型。“平台型组织是由信息技术驱动、开放平台支撑、网络协同、集成运作的新型产业组织形态，在移动互联网显著的辐射效应、连接效应和集聚效应的助推下，形成具有柔性化、共享化、精准化的平台型生态体系，成为促进数字经济发展中资源整合和价值创造的重要载体”[②]，促进产业体系变革和要素配置效率提升。二是生态性。构造的网络平台将产业链上下游企业、消费者、中介机构等创新主体形成相互依赖、相互促进，兼有共生关系和竞争关系的利益共同体，更有利于价值共创和共享。

① 张银银、邓玲．创新的产业差异与产业结构升级研究［J］．经济问题探索，2013（6）．

② 杰奥夫雷·G. 帕克，马歇尔 W. 范·埃尔斯泰恩，等．平台革命：改变世界的商业模式［M］．志鹏译，北京：机械工业出版社，2017：93．

第二节　数字经济驱动生态产品价值实现机理①

本小节将从微观视角、产业融合视角和公共治理视角分析数字经济驱动生态产品价值实现机理，具体如图 7-1 所示。

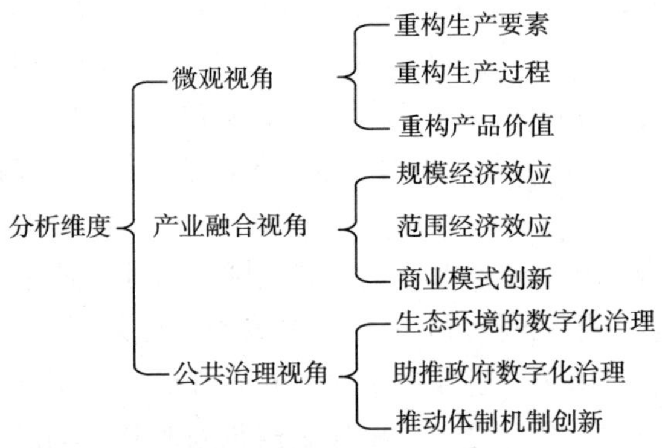

图 7-1　数字经济驱动生态产品价值实现分析维度

一、微观视角分析

数字经济改变“技术—经济范式”，变革经济社会生活的生产方式、生活方式、组织方式等，成为推动经济发展质量变革、效率变革和动力变革的关键力量。在工业革命背景下，世界经历了以下几次“技术—经济范式”的变革：“一是第一次技术革命背景下，早期的机械化范式，打破了手工在规模和过程控制中的局限性，个体户和小公司不断涌现，机械化生产提高了生产效率。二是第二次技术革命背景下，蒸汽动力和铁路范式，极大地克服了水力发电在生产规模、可靠性等方面的局限，有限责任公司、股份公司等新所有权模式出现。三是电气和重型工程范式，廉价的钢铁和合金材料打破了铁在强度、精度、耐久性等方面的局限；电机等重型机械改善了蒸汽机使用不灵活的缺陷，出现了巨头公司、卡特尔等垄断形式。四是福特制大规模生产范式，流水线生产技术、标准化的零部件实现了批量生产和规模经济，出现寡头垄断、跨国公司、垂直一体化等。五是数字经济范式，灵活的制造系统、网络和范围经济打

① 部分内容引自：张银银．数字经济推动生态产品价值实现——来自全国首个生态产品价值实现机制试点城市丽水的实践［N］．中国社会科学报，2021-11-16.

破了规模不经济和流水线的不灵活性；数控系统和模块解决了能源紧张问题，出现了大小企业相互合作的‘大平台＋小企业’的组织形式。”①

从微观视角下看，数字经济对经济发展的影响主要体现在以下方面。①在数字经济范式下，科技创新是数字经济发展的根本动力②。新科技革命形成智能技术群是数字经济发生和发展的基本驱动力，智能技术群主要包括云计算、人工智能、区块链、物联网、大数据等众多技术的集群，多技术融合形成强大的乘数效应；在与经济活动融合时又形成了新的技术融合，又为数字经济发展提供了沃土。②在数字经济范式下，数据要素逐渐成为关键要素。与传统的土地、资本、劳动等生产要素不同，数据要素具有可复制、易传播、成本递减等特点，伴随着数据要素应用普及，数据将成为企业运营和决策的重要战略资源。③在数字经济范式下，将促进全社会发展和经济增长。根据《中国数字经济发展白皮书（2021）》数据显示，“2020 年我国数字产业化规模达到 7.5 万亿元，占数字经济比重的 19.1%，占 GDP 比重的 7.3%，产业数字化规模达到 31.7 万亿元，占数字经济比重达 80.9%，占 GDP 比重为 31.2%，产业数字化正成为数字经济发展的强大引擎。”③ ④在数字经济范式下，变革价值创造过程。“数字经济的价值主要包括两个维度：从产业部门角度，数字经济意味着高效率、高质量、协同化、精准化生产和供给；从用户角度，数字经济意味着个性化用户需要被满足、用户获得更多的使用价值和体验价值，以及各种潜在的用户福利。”④ 在数字经济范式下价值创造思维由企业创新转向用户参与、产用融合的价值共创，价值创造主体由以企业为主转向包括平台、企业、用户和多元化参与主体的价值共创生态圈，价值共创和产用融合正重塑价值创造过程。

依据数字经济的特征，从微观视角来看，本书主要从以下几个方面来分析数字经济对生态产品价值实现的影响机理。一是重构生产要素。一方面，数字经济能够重组现有生产要素，挖掘要素潜力，优化要素配置；另一方面，数据成为重要生产要素，加速生态产品价值转化。二是重构生产过程。一方面，数

---

① 王姝楠，陈江生．数字经济的技术——经济范式［J］．上海经济研究，2019（12）：85.

② 李晓华．数字经济新特征与数字经济新动能的形成机制［J］．改革，2019（11）：42.

③ 中国信通院．中国数字经济发展白皮书［EB/OL］．https：//www.thepaper.cn/newsDetail_forward_12413514，2021-04-26.

④ 杨青峰，李晓华．数字经济的技术经济范式结构、制约因素及发展策略［J］．湖北大学学报（哲学社会科学版），2021（1）：130.

字化向生态产品价值实现的生产核心环节延伸，如智慧农业通过传感器接入大量设备和工具，实时监控、提升生产过程的时效性、精准性和前瞻性；另一方面，数字化向生产多端延伸，如数字化智能化有效链接生产端和消费端，实现生态产品的个性化定制和生产，同时，消费者在体验产品和服务时，也参与产品的持续改进与创新之中，实现价值共创过程。三是重构产品价值。以科技创新为根本动力的数字经济，自身具有强大的渗透力和改造力，同时，数字经济构筑的虚拟平台与实体经济及创新主体有机结合，实现价值链高端突破。

1. 重构生产要素

数字经济激活生态资源。绿水青山如同“沉睡的宝藏”，期待在保护中挖掘其潜力，丽水的山、水、林、田、湖、草、空气等自然要素，孕育出依托生态禀赋的“丽水山耕”生态农产品、“丽水山景”乡村旅游、“丽水山居”田园民宿等产业及业态。数字经济具有基础性、渗透性、外溢性等特点，能够渗透到产品和服务生产、分配、流通、消费的全部环节，扩展增长新空间，激活生态资源。通过智能制造既发挥了生态好的优势，又保护好了生态，丽水龙泉国镜药业将厂址设立在龙泉，依托好山好水好空气，该公司的水净化处理成本每年节约158万元，空气净化系统节省近60%的维护费用，蒸汽耗用成本下降90%，同时利用智能制造工厂的环保设施监控保障绿色生产，促使生产成本节约从而激活生态资源价值。丽水借力数字平台宣传造势，建成一机游“丽水山居”农家乐民宿智慧综合服务平台，将丽水拥有的众多依山而建的传统村落和丽水文化古村的“废居”变“金屋”。借力电商平台，扩宽农产品渠道，将吸收“天地精华”却“藏于深山不为人知”的农产品变成“网红品”。

数字经济链接生产要素。数字经济意味着数据、知识和信息成为重要的生产要素，通过互联网等技术及设施实现要素资源的优化配置和经济活动效率的提高。数字经济逐渐编织起信息集聚、资本流动、需求聚合、原料采购、智能制造、物流网配送等生产要素、供需双方、生产过程全产业链的网络化组织，重塑商品和服务全过程。一是链接数据。数据是数字经济最重要的投入要素，数据的集成、共享、分析及应用延伸将降低信息不对称，提高资源利用效率。丽水探索打破数据壁垒，集成共享数据，提高数据服务生态产品转化的效率，例如，遂昌于2015年底开创的“绿色惠农卡”，集农户信息、惠农补贴依据相关联的土地承包面积和种植情况、购买农业投入品及作业服务、农产品加工服务等数据包，依据数据集成科学设置不同农业投入品的差异化补贴梯度，引导农户绿色高效生产。同时利用绿色惠农信息平台，严密监控交易信息，形成农业生产经营过程中的追溯信息，并以惠农大数据调整农业种植规划、政策制定、农技服务等，促进智慧农业发展。二是链接资本。数字经济时代打破了时间空间错位和要素配置领域的信息不对称，生产者能够以最低成本搜寻到所需的要素，促进不同资源与地区要素禀赋、行业发展优势、消费者需求等相适应，加速了资本向要素禀赋优势明显、发展潜力较大的区域流动和集聚，为生态产品价值实现提供了可能。在“丽水山景”“丽水山居”品牌打造和产业培育中，将资本引向“山上”集聚，遂昌高坪乡是遂昌海拔最高的乡镇，生态环境优越，是得天独厚的避暑休闲养生之地，但地处偏僻低调不为人知。2012年高坪乡将好山好水好空气与农家乐服务整合为统一的“标的物”，通过线上线下多维宣传，吸引上海、杭州众多旅行社的参与，将茶树坪村、高坪新村和箍桶丘村一年的休闲养生承包权拍出174万的价格，高出底价3.35倍。三是链接创客。在绿水青山转化为金山银山过程中，资本集聚的同时也伴随着人才的集聚，政府搭建平台吸引创客入驻。景宁东坑是典型的少数民族生态乡镇，推进“一村一主题、一村一产业、一村一创客”，吸引花艺师、茶艺师、药膳师、咸菜师等“乡村匠人”和创业投资人投资到美丽乡村建设中。

2. 重构生产过程

生态产品的数字经济驱动生态价值实现，主要与生态物质产品的价值实现与数字经济背景下生产过程重构直接相关；数字经济驱动生态物质产品价值实现，又与数字农业、智慧农业的概念相似，因此本书充分借鉴农业经济学相关知识来阐释两者之间的关系。生态物质产品价值实现的数字化本质上是“把数字化的农业知识与信息作为关键生产要素，以新型物联网系统为基础体系，促进农业基础设施的数字化；以农业数字资源为基本要素，促进农业知识传承的显性化；以数据驱动模型与算法为核心，促进农业决策支持系统的智能化；以精密数字设备与技术为手段，促进农业投入产出控制的精准化；以农产品质优价优为市场机制，促进农业全产业链交易过程的透明化。”也就意味着从基础设施、生产决策到生产过程、风险控制、市场流通等价值实现环节都渗透着数字技术的应用。由于全产业链数字化的成本高、周期长，许多地区在生态物质产品价值实现的数字化过程中采用产业链环节突破，如在生产过程首先突破数字化。通过构建智慧农业生产管理系统，将环境传感器、产品生长传感器、视频监测系统、智能报警系统、产品品质分析技术等，嵌入到生产环境、施肥、控制产品生产状况、检测产品品质规格、精准采集、分包、发货等环节。

浙江丽水生态物质产品价值实现的数字化，还处于探索阶段。一是从“互联网＋”农产品销售入手，实现产销对接和价值升值。丽水探索出了遂昌“赶街模式”“大平台＋小产品”等多种方式，先在销售端进行变革组织结构。遂昌“赶街模式”采用“电子商务综合服务商＋网商＋生态农业”方式，破解农产品销售瓶颈。2012 年，遂昌县与阿里巴巴集团淘宝网签订战略合作协议，2013 年成立首家县域农村电子商务服务站（由赶街电子商务有限公司运作），以本地化电子商务综合服务商作为主体，带动县域电子商务发展。遂昌农村电商的核心是县级电商服务中心，打造的是网店会员与供应商“信息共享、资源互补”的服务性公共联合平台，加入中心的会员只负责线上接单，中心全程负责代办采购、配送、结算等线下运营，形成统一培训、统一采购、统一仓储、统一配送、统一物流、统一包装、统一服务的标准化运营模式。由“协会＋公司”运作，政府协同建设电商服务中心，统一解决供应链管理、专业化服务、产供销分离的供应链管理体系。设立县级运营中心，负责扩展、管理和服务村级服务站；设立村级服务站点，为村民提供电商（代买、代卖）服务，并通过服务站的物流中转、代收代发，解决物流“最后一公里”问题。依据赶街电子商务有限公司的大数据分析，做到定向种养、提前预警，并在生产分散化的前提下实现销售集中化，从而获得更广阔的销售市场和更强的议价能力。

“大平台＋小产品”方式在丽水生态物质产品价值实现中应用得更加广泛，龙泉红心猕猴桃、庆元甜橘柚、青田杨梅、缙云仁岸杨梅、莲都“倪老腌”等众多农产品通过互联网改变了供销模式，成为“网红”产品。例如具有代表性的龙泉红心猕猴桃，通过淘宝网、邮乐网、微商、“私人定制”等农村电商销售模式，通过政府搭台，线上线下同步销售，使得商品卖出了好价钱。2015 年以前龙泉城北乡优质红心猕猴桃面临销售难题，2015 年 8 月，城北乡政府主动对接丽水市农业电商服务中心，引导种植户改变“等客上门”的传统销售模式，入驻淘宝网“特色中国・龙泉馆”，在猕猴桃还未成熟之际，对产品进行统一定位、统一营销、统一包装、统一发货模式，先在网上预热和宣传，产品预售信息发布一周后淘宝订单量突破 1 千箱，创下从采摘上市到全部销售完毕只需 18 天的历史记录，该次网络营销共销售猕猴桃 12 万斤。2017 年开始拓展销售渠道，与龙泉市邮政分公司以果为媒，开启猕猴桃在“邮乐网”上的合作销售之旅，将猕猴桃销往深圳、上海、北京等一线城市。红心猕猴桃在不愁销路的基础上，逐渐走向集约化、产业化、品牌化之路。之后又引入电商运营团队为种植户果农开通微商“私人订制”销售，进一步扩展了销售渠道，也促使红心猕猴桃的种植面积拓展到近 1 000 亩，每亩最高收益达到 2 万元，种植范围覆盖龙泉城北乡的 20 多个行政村（全乡共 35 个行政村）。

二是气象服务数字化。气象服务是生产生活的基础，丽水市气象局构建气象观测数据采集网，为农业生产和生态旅游提供气象服务。针对城乡、森林、湿地等不同生态系统及山区不同海拔高度的气象、气候及环境等条件，开展温、压、湿、酸雨、雾霾、负氧离子、大气成分（臭氧、二氧化硫等）、能见度等生态气候要素监测；建设高山测风塔和日照时数观测点，实现对气候可再生能源的监测；新建或共享 4A 旅游景区和主要山区实景监测，开展云海、物候等观测点。丽水市已建成气象、气候及环境监测站 400 多个，站点监测网格达 6.9 千米，特别是建设了九龙湿地、横岗、望东垟高山湿地等生态观测基地和凤阳山黄茅尖等无人高山气象观测站；建设或共享了 30 余个实景气象监测点，并集合环保、林业、旅游、电力等生态环境数据。在大数据基础上，其一，实时为农业生产提供气象指导，提供气象预警预报，减少农业损失；出台《丽水市农产品气候品质认证管理办法》，深化茶叶、枇杷、皇菊、杨梅等农产品气象指数保险试点，深化茶叶、皇菊、杨梅等农产品气象指数保险，新增油茶、雪梨气象指数保险业务。其二，发布了枫叶、桂花、荷花、四季花期、萤火虫、云和云海等观赏指数，围绕丽水高山云海、日霞夜光、冰雪松凌、物候景观、气候遗迹、气象人文、避暑养生 8 大类气候资源，设计 9 类主题气象旅游资源游览线路，打造气象主题景区、气候养生基地、避暑胜地、气象旅游体验示范点。

3. 重构产品价值

数字经济将数据作为重要的投入要素，利用其强渗透性和融合性特征，打破产业组织边界，缓解信息不对称，重塑要素配置和产业分工方式，实现生态产品的保护、利用和增值。

数字经济推动生态产品价值实现是指互联网、大数据、人工智能等数字技术嵌入到产业链和价值链中，促进生态产品的产业链节点突破、向价值链两端攀升。一端是农产品研发。数字经济发展与技术应用就是技术创新、集成创新的过程，新一代信息技术快速演进，加速多技术融合互动，加快数字田园、AI 种植、农业物联网应用、农产品电子化交易、智慧乡村等农业应用场景的形成。同时，数字经济更有利于获取与使用外部创新资源，促进技术、资源、创意和成果在特定范围内共享，形成政府、企业、高校、科研院所和用户多元主体参与的创新生态系统，为生态产品价值实现的效率提升和优化升级赋能。互联网经济将企业、科研院所和高校等创新主体联系更加密切，加速了农产品的技术创新，深化农产品的精深加工。在生态产品价值实现过程中，技术创新推动了丽水龙泉灵芝、庆元香菇、庆元甜橘柚、云和雪梨、多花黄精等众多农产品产业化。例如，丽水庆元县通过建设浙江丽水食用菌技术创新服务平台，加强与浙江大学、食药用菌教育部工程中心等合作，并由庆元县食用菌科研中心牵头，方格药业、大山合菌业等龙头企业参与，组建浙江省食用菌科学技术研究院，促进庆元香菇品种“241－4”“庆元9015”等通过国家或升级品种认定。丽水的龙泉灵芝、千峡湖渔业、缙云黄茶、三叶青、红心猕猴桃等物质供给产品，在原料端科学选育，对土壤、水质、样品等进行检测，形成原料生长环境、性状、品质、生态循环系统等数据库，制定生产技术规范和标准，在生产端适度智能化，提高产品精深加工水平。依托优质的自然生态环境，融入数字经济时代的技术创新、协同创新和集成创新等的基础上，三叶青、青钱柳、雪梨、黄茶、灵芝等丽水众多有机农产品、中草药、原材料的品种进一步提升，满足了消费者对高质量产品的需求。

另一端是品牌建设。数字经济时代使每个人陷入巨量信息之中，争夺关注力和聚合需求资源是市场主体立足的重要任务，品牌建设是增强产品辨识度、降低消费者搜索成本的重要途径。数字经济改变了品牌的传播方式和传播路径，传播方式更加多元，网红、主播、搜索排名和信息推送等成为互联网时代品牌传播的重要途径；传播路径从单项转向互动传播，平台网络的用户评论、信誉评价、信用查询等，将分散和个性化信号聚集与扩散，帮助企业决策和消费者选择。数字经济推动市场中自我放大机制形成，聚合巨量用户的同时又快速传播，品牌的优缺点将会无限放大，信息量蜂拥且高度共享。丽水充分利用数字经济带来的红利推动生态产品价值实现，运用互联网整合网商、店商、微商，形成“三商融合”的营销和宣传体系；创建“物联网＋大数据”为基础的“壹生态”信息化服务系统，对接全球统一标识的GSI系统；线上网点营销、线下农博会、优博会和网点营销多渠道推进，打造多元化的农产品品牌体系，形成“区域公用品牌＋地区特色品牌＋自有品牌”三级品牌构架。“丽水山耕”是覆盖全市域、全品类、全产业链的区域公用品牌，涵盖菌、菜、果、蔬、药、畜牧、油茶、笋竹和渔业等九大主导产业。9县（市、区）根据区域农产品特点打造地区特色农产品品牌，如“庆元甜橘柚”“云和雪梨”“景宁600”等；企业、农民专业合作社又依托“互联网＋”等多渠道形成自有品牌，“庆元甜橘柚”区域公用标志下的9个生产基地形成“志东牌”“鲜润牌”“齐圣牌”“外婆牌”等多个标识；缙云舒洪镇通过网红直播、信息推送等方式，培育“丽水山耕”的本地元素，提高“仙仁”杨梅、“江南谣”杨梅酒、“高山绿谷”山茶油、“玉屏山”土爽面、“津味”绿茶、“舒鲜森”肉酱、地缘农场西红花、“川野丽人”“春光果业”等品牌知名度；缙云大洋镇利用抖音、微信公众号等新媒体宣传“大洋味道”“山啦”高山茭白品牌，助力高山生态农产品外销。“丽水山耕”已成为浙江省十大区域公用品牌，“丽水山耕”品牌商品溢价率达30%以上。

二、产业视角分析

在数字经济背景下，互联网、大数据等数字技术打破了产业边界，产业链上的资金流、信息流、物流向上下游流动，大幅扩展了产业链延伸空间；在高度链接的网络组织和平台下，各主体共享与协作能力大幅提升，促进跨界跨地域的创新与合作。数字经济促进生态产业融合发展主要是指数字经济加速业态、行业、地区间的融合式发展，主要包括两种形式：延展式融合和跨域式融合。延展式融合旨在依托企业主业或核心要素不断融入新要素、新业态，生态农业与数字经济的融合从消费领域向生产、服务领域扩展，跨界融合、产销融合和农旅融合成为趋势。例如，缙云县舒洪镇仁岸村充分利用网红产品杨梅的品牌效应，挖掘以“江南谣”杨梅酒为代表的杨梅深加工产业潜力，举办“仁岸杨梅节”“麦浪音乐节”等节庆活动，通过“节庆搭台、产业唱戏”，深度拓展农旅文化产业融合。缙云县大洋镇利用高山生态优势生产茭白，茭白等农产品在抖音上的点击量达500多万次，围绕“美人茭”生态产品建设万亩茭海摄影点、展览馆、高山旅游，2018年“大洋茭海”成功入选浙江省100个“最美田园”。跨域式融合是充分利用数字经济缩短空间距离，优化了资源配置效率。丽水在推进浙江省“山海协作”工程中探索出“飞柜经济”形式，丽水景宁县与台州温岭市场监督管理局签订《深化山海协作战略合作协议》，建立信息互通、协同监管、培育对接、共同服务机制，实现了双边特色农产品互换互通，两地农产品资源和市场资源调配互补，双方互利共赢。

数字经济促进生态产业融合发展会产生三种效应。

一是规模经济效应。互联网平台打破地域空间限制，扩大了产品销路和销量，促进企业通过规模经济提高生产率，获得成本降低和价格加成优势。缙云舒洪镇仁岸村杨梅销售与各大互联网电商渠道合作，以新鲜、高甜为卖点，采用“定点直发”和“采梅即发”新模式，一箱两千克装的杨梅，零售价攀升至288元，比普通杨梅价格高出10倍，高峰期每天可销售杨梅鲜果60吨。缙云舒洪镇还积极推进系列农产品搭上数字经济快车，荣欣农产品开发有限公司生产的牛肉酱成为网红李子柒品牌供应商，日均产销量从原来两百瓶提升到一万瓶，年销售额达到2 000余万元，“网红经济”为舒洪镇农民增收插上腾飞的翅膀。庆元甜橘柚通过淘宝、微信等多渠道销售模式成为促进农民增收的“金果果”，果园亩均村收入可达1.4万元，比同类产品价格高出2～3倍，2018年甜橘柚种植面积已达1.26万亩，计划2023年达到3万亩，产品规模扩大、边际成本不断降低。

二是范围经济效应。互联网、大数据时代促进资源共享，加速了资源获取、资源整合、信息流动和优势转化，多品种协调和企业之间分工协作，可以实现成本降低、收益增加、风险稀释的范围经济。在生态产品价值实现过程中，许多生态产品是共存共生的，丽水多花黄精产业是林下经济，在突破品质选育、中药制造的基础上，研究创新了锥栗林下、杉木林下、毛竹林下、香榧基地等多花黄精复合经营模式，实现了“一亩山万元钱”。缙云县大洋镇积极探索实施茭田养鱼、养泥鳅、茭鸭套养等数字化生态循环立体种养模式，大力推广茭白芥菜水旱轮作模式，既为茭农增加经济效益，又有效控制茭白虫害和无效分蘖，减少化肥农药使用量。

三是商业模式创新效应。数字经济通过改变商业模式的核心要素如盈利模式、顾客界面/关系、商业网络等，促进创造价值、传递价值、获取价值过程发生变化。数字经济促进盈利模式从单一产品途径转向服务多元获取，从线性的顾客关系转向多元互动关系，商业网络中主体由相对独立松散转向生态网络组织框架，从价值独创转向价值共创，形成关系更加紧密的利益共同体。丽水的市场主体积极探索商业模式创新，例如，丽水百兴真菌生物科技是一家利用生物科技工厂生产杏鲍菇的企业，线上商品销售火爆，线下从卖商品转向卖服务卖文化，2016年该企业投入1 000多万元打造丽水市第一家以“菇文化”为主题的现代农业、旅游融合的食用菌观光景区，融合生产加工、菇文化科普、旅游接待、菌菇DIY体验、蘑锅主题餐厅为一体的主题体验园，实现以产品为核心延伸出多元盈利模式。

三、公共治理视角分析

一是生态环境的数字化治理。2016年3月环境保护部办公厅编制并印发《生态环境大数据建设总体方案》指出生态环境数字化治理的方向，生态环境大数据总体架构为“一个机制、两套体系、三个平台”，“一个机制：生态环境大数据管理工作机制包括数据共享开放、业务协同等工作机制，以及生态环境大数据科学决策、精准监管和公共服务等创新应用机制，促进大数据形成和应用。两套体系：组织保障和标准规范体系为大数据建设提供组织机构、人才资金及标准规范等体制保障；统一运维和信息安全体系为大数据系统提供稳定运行与安全可靠等技术保障。三个平台：生态环境大数据平台分为基础设施层、数据资源层和业务应用层。其中，大数据环保云平台是集约化建设的 IT 基础设施层，为大数据处理和应用提供统一基础支撑服务；大数据管理平台是数据资源层，为大数据应用提供统一数据采集、分析和处理等支撑服务；大数据应用平台是业务应用层，为大数据在各领域的应用提供综合服务。"① 近年来，各个地方政府深入贯彻方案内容，运用气象、遥感、城市源解析、环境执法、排放清单等数据，形成雾霾案例知识库，助力大气污染防治攻坚；运用卫生遥感、无人机、物联网等综合技术应用，提升对自然资生堂天地一体化监测能力；整合集成建设项目环评、危险废物越境转移核准等行政许可审批信息，形成网上审批数据库，推进线上服务与线下服务有机结合；通过政府网、官方微信等互联网平台，提高信息发布和披露力度等，数字技术在生态环境领域的数据决策、数字治理和数据服务等方面运用越来越深入。

丽水积极探索数字技术在生态环境保护中的应用，成立首个生态环境健康体检中心——浙西南生态环境健康体检中心，推进"天眼守望"卫星遥感数字化服务平台和"花园云"生态环境智慧监管平台建设，绘制全市"生态价值地图"。目前，已建成 21 个 4K 生态直播及生态数据展示点位，初步形成"大气环境""水环境""土壤环境"等 9 张生态地图，构建起环境空间一体化的生态产品空间信息数据资源库，实现对绿水青山的实时监测和价值的动态展示。

二是数字经济助推政府数字化治理。英国政治学家帕特里克·邓利维（Partrick Dunleavy）指出，随着信息技术的发展及应用，已经逐步进入数字时代治理，"数字政府不但可以打破部门之间的数字鸿沟，而且能够降低政府与公众之间的交易成本。"2012 年，美国制定《数字政府；构建一个 21 世纪平台以更好地服务美国人民》，旨在能够让公民随时随地通过任何设备获取高质量的数字政府信息和服务；以智慧、安全和经济的方式采购和管理设备、应用和数据；开放政府数据促进创新。之后各国纷纷效仿，英国制定《政府数字

① 环境保护部办公厅．生态环境大数据建设总体方案［Z］．2016－03－08.

战略》《政府转型战略（2017—2020）》，丹麦制定《2011—2015年数字政府战略》《2016—2020年数字化战略》，澳大利亚制定《澳大利亚公共服务信息及通信技术战略2012—2015》《公共服务大数据战略》，韩国制定《智慧政府实施计划》《政府“3.0”战略目标》等。2017年12月，习近平总书记在中共中央政治局第二次集体学习时强调，加强建设数字中国，各地方政府纷纷组建大数据或政务服务数据管理局，广东、广西、湖北、浙江、福建等地数字政府建设卓有成效。

数字经济促进政府治理转变不是简单的技术问题，而是“价值—结构—能力—技术”多维变革的结果。①从核心价值来看，“数字政府背后蕴含着三个共同的核心价值观：开放、整体及公民导向。首先，数字政府的开放指的是追求建立一个公开透明的政府。通过开放数据战略的实施，释放数据活力，提升数据价值。具体来说，开放性体现在两个方面：一是信息或数据的公开，以便于公众查询和监督；二是信息或数据的开发与利用。政府通过推进数据开放，优化资源配置，不断拓宽数据开放的范围领域和提升数据开放的深度质量，进而增进公共利益。其次，数字时代的治理借鉴了整体性治理理论，强调部门之间信息共享和协作。再次，数字政府遵循的核心宗旨是公民导向或“以公民为中心”。”[①] ②组织结构重塑。主要包括权利结构和组织结构两个层面，数字时代的政府治理的权利结构以网络为基础，权利适度下放；组织结构重新整合，整合碎片化部门，重新设计部门功能和服务交付链，从根本上挤压过程成本，在共享服务基础上，便捷化服务。政府服务流程设计以客户、需求为基础重组，在信息共享和数据库的技术支撑下，一站式供应服务成为可能，组织结构偏向扁平化。③能力结构提升。简·E. 芳汀（Jane E. Fountain）[②]和邓利维[③]都认为，虽然信息技术对社会治理尤为重要，但是只有具有使用相应技术的人员才是实现数字治理的基础。一些基础政府工作人员因缺乏数据管理、数据分析的能力，使得使用数据进行决策和管理的潜力无法被开发。数字时代的治理不仅改变了组织结构，更关键的是需要重塑公共服务价值和观念，

① 蒋敏娟，黄璜．数字政府：概念界说、价值蕴含与治理框架［J］．当代世界与社会主义，2020（3）：178.

② Jane E. Fountain，Building the Virtual State：Information Technology and Institutional Change［M］．Washington D. C.：Brookings，2001：11.

③ P. Dunleavy，The Oxford Handbook of Information and Communication Technologies［M］．Oxford：Oxford University Press，2009：420－421.

提升管理人员运用数字技术的能力。《2016年世界发展报告——数字红利》中指出，数字技术在全球大部分地区迅速推广，但是使用这些技术应产生的广泛发展效益，即数字红利，却并未同步实现，需要努力完善劳动者技能培训，适应新经济的需求等“非数字配套机制”。[①] ④技术结构。大数据、云计算、人工智能等新一代信息通信技术是数字政府建设的支撑，大量的数据资源、线上与线下资源的融合，才能达到增加数字政府的可及性。一方面需要加大新一代信息技术相关的基础设施建设，更重要的是，需要通过大数据、云计算等技术，重新解构面向用户的服务功能，进行服务和流程再造，构筑“一站式”服务的前台平台界面，以及数据处理、决策、业务处理等后台界面，并将用户需求、数据集成处理、业务流程、决策等环节有机融合，形成新的政府治理模式。

依据理论基础和分析框架，数字经济驱动生态产品价值实现，也需要从“价值—结构—能力—技术”四个维度才能实现交易成本降低、效益提升和广泛受益。①基于开放、整体和公民导向的核心价值，生态产品价值实现过程中的公共数据资料如气象、公共基础设施、基础性技术等需要充分开放并让农户、民宿经营业主、企业等主体可及或可用。生态物质产品价值实现过程中生产技术、气象资源、管理技术、销售渠道、技术培训；可用于转化为生态产品的调节类生态资源的基本信息，动态监测结果；文化服务产品中民宿供需状况、景区环境动态监控状况等相关可公开可利用的信息整合汇集至数据平台，形成可供生态产品价值实现主体获取数据和沟通的平台。②数字经济不一定完全改变政府职能部门的组织结构，但是可以进一步优化政府、农户、农业合作社、农业经营企业、互联网平台、民宿管家等多主体之间的关系。

三是数字经济推动体制机制创新。数字经济助推生态产品价值实现的体制机制创新是利用数据资源的整合与共享功能，解决生态产品价值实现过程中体制机制问题。丽水探索出的最大亮点是“丽水溯源”方式、丽水生态信用体系和林权抵押制度。首先，生态农产品质量保障体系之一是产品溯源，丽水构建了“市场准入、快速检测、智慧支付、实时预警、信用管理”为一体的“丽水溯源”形式。采用银行系统非接设备和IC卡、溯源秤、二维码等载体，将许可、生产、经营、监督等各环节信息互联互通，形成从田间地头到餐桌终端的

---

① 世界银行集团.2016年世界发展报告——数字红利［Z］. 2016：1.

全过程电子追溯链条，实现食用农产品溯源电子化、交易资金清算自动化、食品监管执法动态化和实时化，农产品消费追溯信息查询便捷化。“丽水溯源”形成集交易数据采集、交易资金清算、数据分析运用的中心数据库，构建市场准入、质量检测、支付追溯、溯源预警、消费投诉、信用评价六个平台，链接种养殖、生产加工、农产品批发、配送、餐饮等八个环节，为丽水生态农产品价值实现提供质量安全保障。其次，丽水创新生态信用体系助推生态产品价值实现，建立企业和自然人的生态信用档案、正负面清单和信用评价机制，将破坏生态环境、超过资源环境承载能力开发等行为纳入失信范围，并将生态信用与金融信贷、行政审批、医疗保险等挂钩。最后，在互联网技术基础上，丽水大胆探索所有权与经营权分离，形成“林权＋信用”“林权＋担保”等抵押贷款模式，开发出多种林权抵押贷款产品，如林地流转经营权抵押贷款、生态公益林补偿收益权质押贷款等，丽水已形成包含林权确权发证、价值评估、抵押登记、贷款发放、交易流转、司法处置、风险缓释、财政奖励等完善的制度体系。

第三节　数字经济驱动生态产品价值实现路径

一、依据生态产品分类异质性路径

从生态产品价值分类来看，物质产品、调节服务产品、文化服务产品的实现路径具有一定差异，因此，数字经济驱动生态产品价值实现路径分析，应该分产业类型探讨。

（一）数字经济驱动物质产品价值实现的路径

物质产品是作为最常见的生态产品，数字经济驱动其价值实现可以从以下路径切入：①基于“技术创新—产品创新—市场创新”的路径。数字技术在物质产品价值实现过程中的应用一般是路径的起点，通过数字技术改进传统生产工艺，运用智能化的生产设备和科技创新，改变传统物质产品形态，扩展新的市场是重要的路径之一。例如，浙江方格药业有限公司，依托的是食用菌产业，但是企业运用先进的食药用菌萃取纯化技术和菌丝体发酵工艺，研发生产了我国第一个灰树花抗肿瘤药品灰树花胶囊、保健品破壁灵芝孢子粉和灵菊胶囊等产品，对亚健康、慢性病、肿瘤等具有一定的调理和治疗效果。这些产品将传统的食用菌产品，经过提炼“变身”为药品或者保健品，销售市场由农产品转向医药市场，产品价值也实现了跃升。根据方格药业负责人介绍，每

1 000克灰树花制作成灰树花胶囊后价格可达 6 600 元，比灰树花直接销售价格高出 60 倍。②基于“技术创新—跨界创新—市场创新”的路径。传统产品的销售价格相对稳定，且有一定的“天花板”，物质产品从传统农产品跨越到其他高附加行业，打开新的市场，实现新的“溢价”。浙江方格药业的例子不仅体现出产品创新，同时体现出技术创新之后，跨界所体现的价值实现。③基于“技术应用—品牌创新—产品创新”的路径。数字技术应用于品牌推广过程中，如“丽水山耕”品牌创建期间，整合网商、电商、微商，形成“三商融合”营销体系，创建“物联网+大数据”为基础的“壹生态”信息化服务系统等，极大地推动了品牌推广。当“丽水山耕”逐渐具有一定的影响力之后，对产品进行精品化、个性化打造，推进产品价值提升。

（二）数字经济驱动调节服务产品价值实现的路径

数字经济驱动调节服务产品价值实现的起点也是数字技术的应用，然后通过环境治理与环境保护，可选择两条路径实现其价值。一是基于“技术应用—环境治理/保护—制度创新”的路径。数字技术应用于水污染、土壤污染、大气污染等生态治理领域，环境治理好之后，生态优美了，通过健全生态保护制度，保护好绿水青山。二是基于“技术应用—环境治理/保护—跨界创新”的路径。例如丽水青田县的水流确权，依托数字技术实施倾斜摄影三维建模、VCR 展现，建立自然资源三维登记模式，划清水域范围内全民所有和集体所有之间的边界、不同集体所有者的边界、全民所有及不同层级政府行使所有权的边界、不同类型自然资源之间的边界。当环境保护好之后，许多生态优越地区通过发展民宿、休闲农业、生态旅游、创意产业等，实现生态价值转化。

（三）数字经济驱动文化服务产品价值实现的路径

一是基于“技术应用—产品创新—市场创新”的路径。将数字技术应用到文化服务产品的应用场景开发与提升之中，重新定义和细分目标市场。国外有许多这样的案例，比如在原始景观的基础上，加入数字特效，让游客体验大自然中的科创效果，原本是休闲养生之地，面向的客户群体是中老年人，在环境中加入数字化体验项目之后，变成了科创营地，面向的客户群体拓展为青少年。二是基于“技术应用—跨界融合—商业模式创新”的路径。在数字技术运用到新的文化服务产品开发过程中，本身就具有跨界的性质，通过从“卖”景观到“卖”服务、卖伴手礼等相关产品，当地居民的收入实现了多元化。

二、依据渗透起点异质性路径

从另一个维度来看，数字经济渗透可以分为关键节点和整个系统渗透。一是数字经济为节点赋能。数字技术渗透到生态产品生产、流通、销售、设计、品牌、研发等各节点，尤其是赋能物质产品价值转化的过程；数字技术渗透到文化服务产品设计与研发中，形成新的体验场景；数字技术渗透到调节服务产品的生态系统生产总值（GEP）核算应用中使得产品更易度量、易交易；数字技术也可渗透到山水林田湖草等生态资源状态的监控和环境治理环节等。二是数字经济为系统赋能。以系统化思维看待山水林田湖草生态系统，整合跨部门、跨系统的信息资源和技术，以保护生态环境的可持续为目标，打造综合性应用场景。以系统化思维看待生态产品价值保值与增值过程，以增加农户多渠道收入为目标，打造跨领域应用场景。以系统化思维看待农户增收、农村资产闲置等问题，进行跨行业、跨部门的数字化应用场景构建。

第四节　生态环境数字化治理的个案研究
——基于“V”字模型的丽水“天眼守望”数字化应用场景构建机制

数字经济驱动生态产品价值实现必须落脚到微观主体、产业及公共治理的具体应用上，构建数字化应用场景是加速数字技术渗透的有效途径。本小节选取丽水为破解生态产品“度量难”等问题，基于“V”字模型构建“天眼守望”卫星遥感数字化服务应用场景，推进生态环境数字化治理机制构建。丽水“天眼守望”卫星遥感数字化服务集成地理信息、地面物联网观测、实时视频监控及社会经济统计等多源数据资源，形成全覆盖、全信息、多尺度、多时相、多元化的“天—空—地一体化”的空间信息数据资源库，面向丽水社会治理与绿色发展的实际需求，构建智慧生态环保及科学空间治理协同与调度的丽水两山“天眼守望”卫星遥感数字化信息服务，实现生态环境监测、GEP核算及动态展示、自然资源规划和利用监测以及卫星遥感基础数据服务的应用场景示范。

该场景的主要功能如下：一是能够评估生态产品价值，缓解“度量难”问题。通过绘制全域生态产品价值一张图，让丽水的每一寸山、水、林、田、湖、草，都可量化。利用一键式自动计算任意地块GEP单项及总值，通过云端的智能统计分析，自动生成核算报告；通过动态展示市、县、乡三级行政区的变化趋势及每个分项核算结果，判断 GEP 高低的原因，为各级政府决策制定提供必要支撑。二是生态监测，守护绿水青山。利用卫星遥感建立栅格化、差异化、精细化的生态产品价值评估监测体系，为农林类生态产品的种植、质量追溯、品牌建设以及文旅、民宿、康养类项目的选址、产品定价提供支撑；展示丽水山耕、山居、山景等优质的物质产品和美好环境，提供精品水系、精品旅游线路、生态屏障等功能的直观展示。三是加快治理能力现代化，聚焦重大工程监测。发挥卫星遥感影像视点高、视域广、数据采集快、可连续重复观测、可持续监测服务的优势，聚焦"动态监测、全面感知、科学管控"。对重大工程与周边区域的统一规划管控，划定管控范围和开发边界，加强开发强度管制，实现土地节约集约利用。同时开展项目前选址优选、项目中 GEP 动态监测，为项目后生态占补平衡交易提供决策依据。本小节将对丽水"天眼守望"数字化应用场景的构建机制及创新逻辑进行深入剖析，对加快数字经济驱动生态产品价值实现具有重要意义。

一、"V"字模型解析

数字化应用场景是数字经济驱动生态产品价值实现的过程和结果的呈现。数字化应用场景构建是一个动态的过程，"V"字模型是分解应用场景构建的有效方法之一。"V"字模型广泛应用于软件开发、航空产品等产品设计领域，该模型以用户要求为起点，描述了系统从需求和目标分析到系统验证的闭环过程。应用于应用场景构建中，主要包括 3 个阶段和 9 个步骤，从"V"字形的左边到右边，经过单项业务数字化（形成需求清单）、业务流程重构（形成场景清单）、改革内容制度化（形成改革清单）3 个阶段，主要包括任务定义、任务分解、协同业务、业务流分析、场景设计、应用开发、业务协同、新机制运行和完成改革目标 9 个阶段。

经过"V"字模型的数字化应用场景的不同阶段，使得场景由目标变成现实，整个流程也是数字化改革的过程。"V"字模型的左边，主要运用数据作为一种技术的强大渗透力，改造传统的业务方式，也是业务数字化阶段。需要确定具体的任务或目标是什么？完成这项任务相关部门有哪些？需要哪些数据？数据源在哪里？数据驱动"V"字的底端，主要运用数据驱动的思维和资源属性，转变流程再造理念，通过多源数据找到核心和关键问题，这是改革与业务重塑阶段。需要搜集、共享、挖掘、分析跨部门、跨体系数据，运用大数据分析结果进行决策。“V”字模型的右边，主要运用数据驱动的资源、思维、技术属性，将跨部门、跨体系的业务和数据集成、智能分析、流程监控、数字化集成平台呈现，需要构建包含基础层、技术层和应用层的大数据生态系统（图 7-2）。

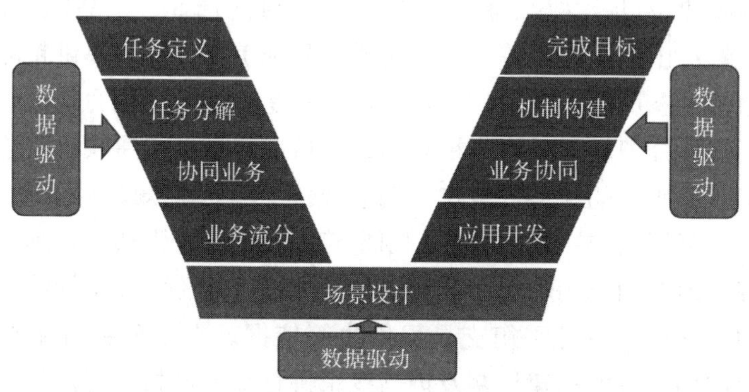

图 7-2　数据驱动政务应用场景构建思路图

二、研究方法与案例分析

本研究的目的在于探索生态环境数字化治理的应用场景构建机制。鉴于研究问题的探索性和研究对象的稀缺性，我们根据启示性原则和匹配度原则选取丽水“天眼守望”卫星遥感数字化服务应用场景作为案例研究对象，通过单案例研究设计和归纳式理论构建方法（毛基业、陈诚，2017），揭示数字化政务应用场景的创新逻辑。

本研究关注单案例在极端性中包含了启示性而非代表性的特点，通过挖掘启示性单案例，试图对过程机制进行抽象凝练，所得的研究结论对其他场景开发有启示作用。为实现此目的，本研究的研究对象、数据搜集和数据分析内容如下。

（一）研究对象

为选择合适的启示性案例，本研究设计的选择标准如下：第一，数字化应用场景开发较好并广泛推广的地区或案例是首选。浙江省数字化转型与改革推进力度和成效显著，根据调研及数据采集的可获得性，需要梳理出应用较成功的数字化场景。丽水作为全国首个生态产品价值实现机制试点市在相关领域先行先试，2021 年“天眼守望”数字化应用场景被列为浙江省数字政府系统的最佳应用场景之一。第二，案例相关部门或主体具有较高的配合度来分享和展示其应用场景的整个开发过程、创新流程和机制，便于研究团队接触相关关联主体，形成证据链，保证单案例研究结论的可靠性。在调研中课题组发现，运用“V”字模型解构与重组业务流程，能够较好地梳理出丽水“天眼守望”数字化应用场景的业务需求和数据源，并形成新的运行机制推广复制。从单项业务数字化，到甄别问题并进行重构决策，再到应用开发与目标实现，V”字模型的不同环节都起到了重要作用。

（二）数据收集

数据收集策略需要匹配研究问题。首先，收集不同对象提供的数据。对于本研究而言，丽水“天眼守望”数字化应用场景需要基于任务和结果导向的多部门协同的过程。例如，在明确任务之后，需要进一步分解任务到各个部门，列出事项清单、问题清单、业务需求清单、数据源清单。因此，研究团队的调研对象包括与此项改革相关的所有部门，通过反复论证、比对细节，形成互补视角，减少单信息源所带来的偏差。其次，结合半结构化深度访谈、现场观察、非正式访谈和二手资料等多种资料收集方法获取数据。研究团队从 2021 年 5 月至 2021 年 12 月持续关注并展开 5 次调研，涉及应用场景构建的关键 7 个部门①，而且根据需要调研了相关部门管理人员 19 人，进行了 10 次访谈，平均每次访谈时间 40 分钟，并对访谈内容进行了记录整理，形成了 3.8 万字的文字记录。在访谈和调研中获取了部分受访者的微信等联系方式，便于在信息冲突或缺失时进行补充验证。除了深度访谈和现场观察外，研究人员还收集了大量的二手资料，包括政府网站发布的文件资料、媒体报道、部门领导宣讲 PPT 及录音资料整理等共计 137 页的档案资料。这些多源多维资料有利于研究团队分析整理，并形成数据的三角验证。

（三）案例分析

本研究遵循定性研究的方法，试图实现从数据到理论的飞跃。首先，通过开放式编码、选择性编码到理论编码，在编码过程中，通过引入对数据的替代性解释来提高编码的准确性和统一性。其次，通过多个编码者之间和多轮编码比较分析之后，明确类属之间的边界，最终形成一级编码、二级编码和总类属组成的数据结构，具体分析如下。

1. 基于“V”字模型方法的数字化政务应用场景总体呈现

在梳理提炼数据前，研究团队明确研究目的在于揭示如何构建数字化应用

① 7 部门主要是指：市发展改革委、市大数据局、市自然资源局、市生态环境局、市林业局、市应急局、市农业投资发展有限公司。

场景，将编码的重点聚焦在关键问题上。通过提炼受访者语言形成一阶编码，反复多次比较归类；再对一阶编码赋予主题，如任务拆分、业务流拆分、数据溯源、数据归集分析、明确问题、场景设计、数据集成、业务集成、机制重塑，这些也构成了二阶编码；最后，将二阶编码进行整合提炼类属3个核心类属——数据驱动系统解构、数据驱动改革、数据驱动系统重组（图7-3）。

2. “V”字模型的步骤分解

（1）数据驱动系统解构

基于职能分工的业务流拆分和数据溯源。受访者认为，针对生态产品价值实现过程中，土壤、空气、水、生态农产品、文化服务等生态产品数据的多维性，同一空间上数据属性无法完全展示，无法综合测量的问题，在推进“天眼守望”卫星遥感数字化服务应用场景构建中，各部门之间的协调沟通尤为重要。按照部门职能分工，市发展改革委统筹应用场景构建的各部门数据和相关要求；市大数据发展管理局协同合作单位，设计应用场景展示和运作模块，并提供线上系统及平台的技术支持；市自然资源局、市生态环境局、市林业局、市应急局、市财政局根据应用场景模块及流程需要提供数据资料，将部分线下业务转移到线上，业务线上线下并行操作。

在数据驱动系统解构阶段，首先逐级拆解“天眼守望”应用场景所涉及的子场景，包括价值核算、经营开发、保护补偿、考核引导、生态保护与修复等；其次明确这些应用子场景所涉及的部门，并根据数据属性制定数据标准；最后再进一步细化部门数据需求共100余项，形成15个数据系统（图7-4）。

（2）数据驱动改革

如图7-5所示，涉及业务流的相关各部门将数据汇集于系统和平台，构建生态环境立体化监测、自然资源规划和利用监测、基础影像数据服务三个子模块。生态环境立体化监测子模块包括水环境、大气环境、固废、自然资源保护区立体化监测预警及遥感监控分析内容；自然资源规划和利用监测子模块包括地质灾害监测服务、非法采矿监测服务、规划建设项目落地监测服务、耕地变化监测服务、生态保护红线监测服务、违法违规建筑监测服务、森林火灾监测预警服务、土地开发监测预警服务内容；基础影像数据服务包括天地立体监测数据服务、灾害应急卫星紧急调用响应服务内容。以多样化生态资源可度量为目的，打通了数据的跨部门、跨体系壁垒，再对数据进行智能统计分析和实时反馈。构建了应用场景框架之后，重新梳理业务流程，通过数据归集、智能统计分析、智能实时反馈对生态资源实时监测，同时可以多维立体地度量生态

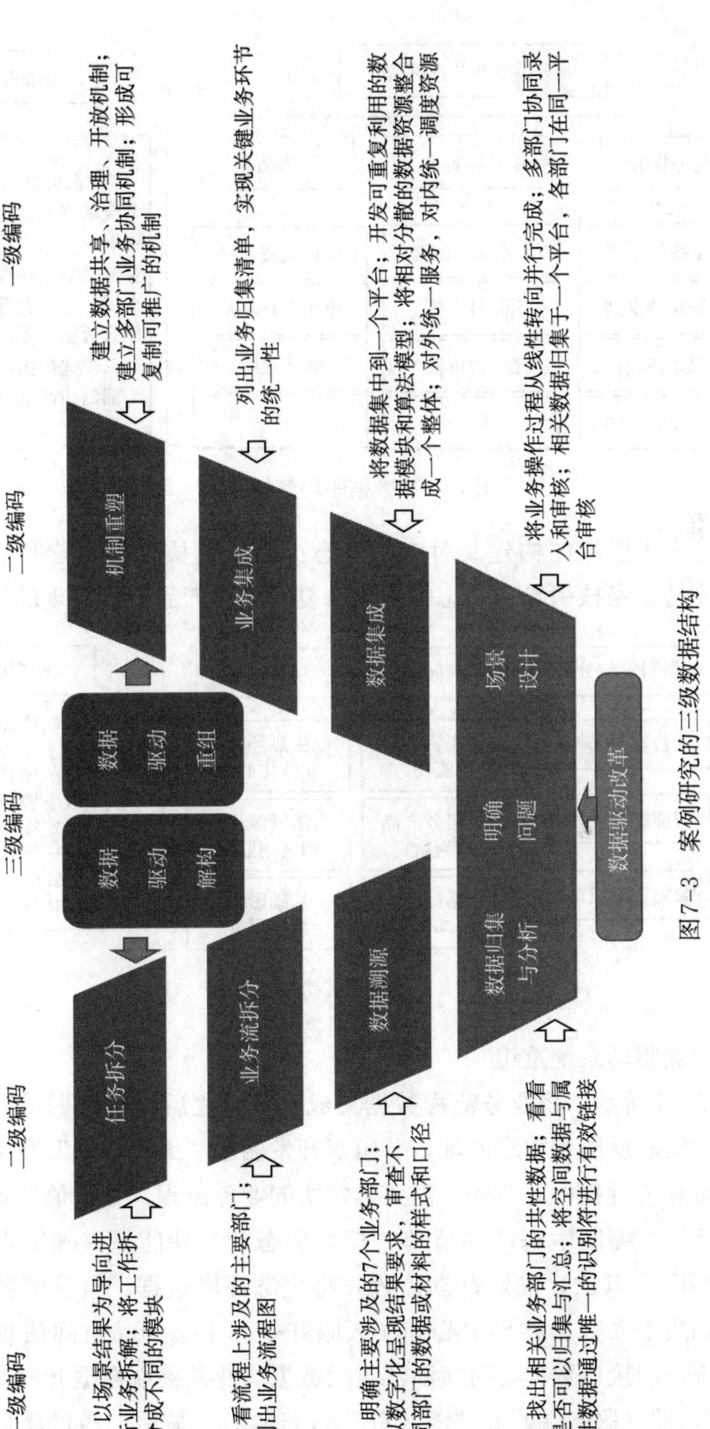

图7-3 案例研究的三级数据结构

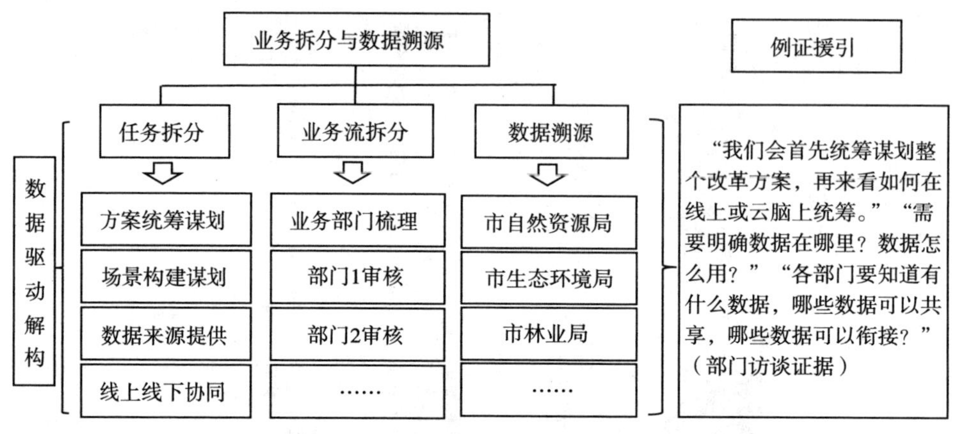

图 7-4　数据驱动解构过程

产品价值。三大模块的构建又对应于生态产品价值核算、经营开发、保护补偿、金融支持、考核引导和生态保护与修复等生态产品价值实现的不同环节。

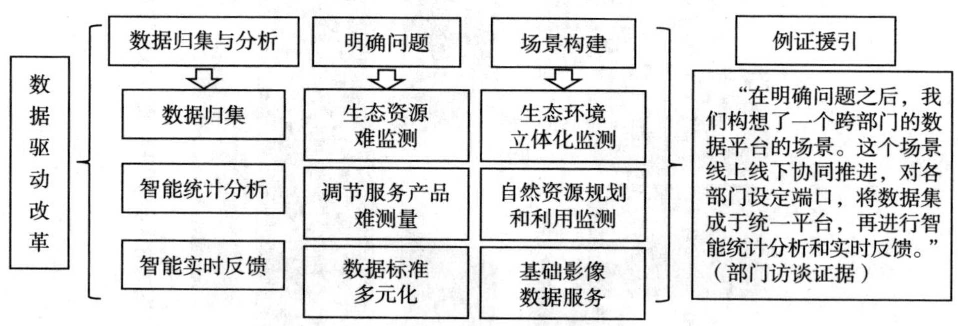

图 7-5　数据驱动改革过程

（3）数据驱动系统重组

如图 7-6 所示，将业务流程数据集成于平台之后，将数据进行归类、组合、监控、实时反馈和需求匹配，并组织开发丽水“天眼守望”数字化应用场景。在系统重组过程中，首先，需要确定协同业务流程，如价值核算业务需要确定核算地域、编制生态产品清单、核算生态产品功能量、确定生态产品价格、核算 GEP；其次，确定数据流程，将生态环境数据、自然资源数据、发改委数据归集于大数据共享中心和“天眼守望”生态产品空间信息数据资源库，构建统一的接口数据，对接浙江省大数据局业务终端数据开放接口，再显示在“浙里办”（服务端）和“浙政钉”（治理端）；最后，通过后台数据分析与动态监测进行全过程、全流程的数字化呈现。在系统的解构和重组过程中，又形成了联动协调机制和一体化审批机制。

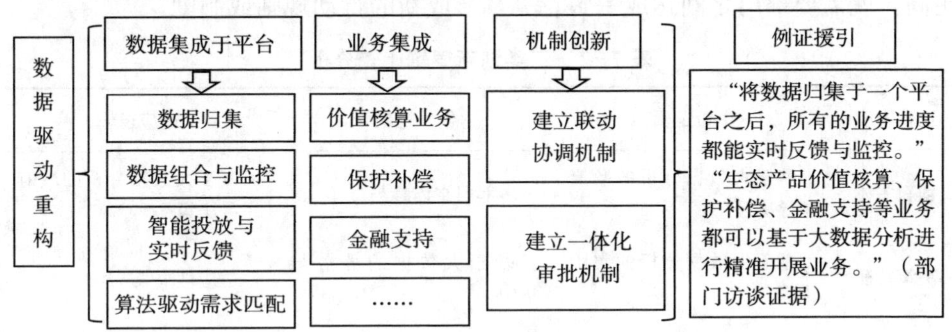

图 7-6　数据驱动重构过程

三、研究发现：数字化应用场景构建的创新逻辑

在新一代信息技术广泛应用的背景下，如何应对创新中的不确定性是学者们讨论的核心议题。应对这种环境变化和不确定性，文献中提出了决策逻辑、创生逻辑和适应逻辑。一是决策逻辑。从企业管理的视角，决策逻辑强调企业通过获得更全面的信息，使产品创新的决策更准确；提高用户信息和知识的利用效率是提升创新绩效的重要途径，通过强化信息和知识的获取、吸收和整合，以降低创新的不确定性（Fredberg，2007）①。在数据驱动应用场景构建的过程中，如表 7-1 所示，政府部门是基于大数据分析进行集中决策，由牵头部门统筹协调制定创新方案。二是创生逻辑。创生性概念来源于生物学，广泛应用于经济管理领域，其在创新领域的含义是指通过大量异质性用户的参与和多主体间的信息共享，形成多样化的创新成果，以应对创新不确定性②。数据驱动改变了部门之间的信息壁垒，促进数据资源跨部门流动和共享，多部门主体共同参与创新过程，形成创新合力。三是适应逻辑。源于生物演化和复杂适应系统理论（Gould，1994；普西戈金，2009），认为企业产品和政府服务需要像生物体一样，对环境即时反馈和即时调整，才能实现与动态变化环境相

① 肖静华，胡杨颂，吴瑶，等：数据驱动的企业与用户互动创新案例研究［J］. 管理世界，2020（3）：184.

② Le Mssson P，Hatchuel A，Le Glatin M，et al.，Designing Decisions in the Unkonwn：A Generative Model［J］. European Management Review，2019，16（2）：471-490.

匹配（Bhattacharya et al.，Le Masson et al.，2018）①。当业务流程重新设计、决策特征发生改变等行为方式发生变化，且在实践中证实决策和服务效率更高，就需要部门之间达成一致意见，形成新的行动规则或制度。

表 7-1　三类创新逻辑比较分析

比较维度	决策逻辑	创生逻辑	适应逻辑
创新主体	基于大数据分析的政府主导决策	多部门主体参与	基于大数据分析的政府主导决策
决策特征	基于大数据分析的集中决策	基于大数据的分散与集中	适应性决策
信息结构	搜集多源数据，降低不确定性	通过多主体的信息共享，分散风险，降低不确定性（Eaton et al.，2015）	—
创新模式	主导部门（或牵头部门）的创新制度与流程设计	跨部门、跨系统、跨辖区的资源整合、流程重构和制度重塑	适应性创新
创新条件	具有较强的统筹协调能力、信息搜集能力、趋势预测能力	构建多主体参与的平台（Cennamo and Santalo，2019）	多部门协同形成一致意见

① 肖静华，胡杨颂，吴瑶．成长品：数据驱动的企业与用户互动创新案例研究［J］．管理世界，2020（3）：185.

第八章 生态产品价值实现区域案例

本章选取了缙云舒洪镇和大洋镇两个镇域的案例进行分析，这两个案例从不同维度和不同视角展示了区域生态产品价值实现的路径。舒洪镇和大洋镇因区位和地形地貌差异，走出了不同的路径。舒洪镇距缙云县城 9 千米，大洋镇距离县城 39 千米，舒洪镇从卖生态单品向生态旅游转化，主要是物质产品和文化服务产品的价值转化；大洋镇从 GEP（生态系统生产总值）核算到核算结果的应用，主要是调节服务类生态产品价值转化。因此，选择这两个区域案例具有较强的互补性，便于理解在不同区位条件下生态产品价值实现的差异化路径。

第一节 资源拼凑与边界跨越：缙云县舒洪镇生态产品价值实现

一、舒洪镇概况

舒洪镇地处缙云版图中心，距缙云县城 9 千米，距仙都景区 5 千米，周边毗邻胡源、大洋、溶江、双溪口、大源等乡镇，是缙云南乡区片的政治经济文化中心及集市贸易中心。永（嘉）缙（云）、临（海）石（柱）（即平黄公路）两条省道和县道兰舒公路穿境而过，交通便利。全镇人口约 18 000 人，接近 8 000户，党员近 1 000 人，党组织 19 个。原有 20 个行政村，2010 年行政村撤并后设舒洪、姓王、仁岸、昆洪、岭口和蟠龙 6 个行政村。镇域面积 65.2 平方千米，林地面积 59 633 亩，耕地面积 8 254.5 亩，水域面积 1 165 亩。

舒洪镇地形以丘陵为主，间有河谷平原。地势东北高，西南低，最高峰属白水山，海拔 1 083 米。贞溪汇至溶溪、双溪，盘溪源出大洋，在舒洪村南并为章溪，过东渡镇境入好溪。有各类水库 42 座，总蓄水量 321.3 万立方米。舒洪、姓王盆地面积 7.7 平方千米。丘间平畈宜植粮，有耕地 8 255 亩，水田 4 734 亩，为传统产粮区。林地 55 826 亩，植被以松、杉、竹为主。矿藏有膨润土、沸石、玉石、页岩、凝灰岩，主要分布在洪岭脚、蟠龙、舒洪等村。舒洪面前山出产仙都丹玉，属雕刻的上好料石，质地近似黄龙玉。舒洪旅游资源得天独厚，历史文化源远流长，是仙都的后花园。境内有贞溪、盘溪和章溪三条河流，自然环境优美，生态建设基础扎实，生态资源和人文景观丰富，文化底蕴丰厚，是一个具有悠久历史的缙云南乡文化古镇。

近年来，舒洪镇已形成了杨梅、土爽面、茶叶、香榧等特色农业，逐步探索出了“一红”（杨梅）、“一白”（爽面）、“一绿”（茶叶）、“二黄”（黄花菜、黄茶）、“二褐”（香榧、板栗）的“五彩农业”发展之路。“仙仁”杨梅、“江南谣”杨梅酒、“高山绿谷”山茶油、“玉屏山”土爽面等一批农产品不断提升品牌知名度。舒洪积极推进农旅融合、文旅融合，力争打造成“生态价值转换高地、乡愁休闲旅游胜地、精品精致宜居福地”。农民人均年收入从1990年的不到600元，增长到2019年年底的21 489元。

二、舒洪镇生态产品价值实现的逻辑脉络

舒洪镇生态产品价值实现以生态制度改革和生态环境整治为前提，破解生态资源不易计量计价难题，借助可计价、可交易的“生态载体”，将非排他性、非竞争性生态资源变“生态资产”“生态产品”“生态项目”“生态产业”，建立多层次、多梯度的生态资源开发体系，探索出一条政府主导、企业和社会各界联动、市场化运作、可持续的生态产品价值实现路径。

（一）生态环境整治是生态产品价值实现的根本

生态产品价值实现首先要做到让河水清澈起来，让乡村美丽起来，让风景靓丽起来，还生态底色，才能显现生态资源的价值。自2016年以来，创新实施河长AB岗制和湖长制，借助手绘水情图、治水清单和“丽水河长”App不断强化河道巡防监管，“五水共治”常抓不懈。2018年以来，舒洪镇高标准完成小城镇环境综合整治，以全市第一的成绩获评省级样板镇。稳步推进“三改一拆”，拆除香菇市场旁20余年历史的违章建筑，打造成集文化、休闲、健身为一体的“麦香”主题公园；拆除臭气熏天的垃圾池，建起了白墙黛瓦的花园式公厕，多元结合的拆后利用方式，改善了镇容村貌。开展美丽风景线环境整治提升百日攻坚行动，大力推行垃圾分类，全面推进“厕所革命”，深入持续推进“全域洁净”工作。以仁岸、岭口美丽乡村样板村创建为契机，突出“一村一品”“一村一韵”，为仁岸等村发展农家乐、乡村旅游、3A级景区奠定了基础。

（二）生态制度改革是生态产品价值实现的前提

由于生态资源具有整体性、非排他性、非竞争性等特征，价格机制较难发挥作用，因此，生态资源的产权制度改革，是实现生态资源的可增值性和可流转性的前提。将山、水、林、田、湖、草、闲置房屋、公共区域土地等生态资源的所有权、经营权、收益权等分离并明确，才能通过市场机制进行专业化分工，推进生态资源资本化。一是产权清晰后，便于引入专业化资本运作盘活资源，实现生态资源的高效利用。2019 年丽水缙云舒洪镇通过水域经营管理权承包和景区观光道经营权租赁等产权制度改革，每年为村集体增收 30 余万元。集中流转 580 余亩土地，引入缙云仙都旅游索道有限公司，投资 1.8 亿元建设“创意农业、康养度假”类的旅游项目。二是产权清晰后，通过流转等方式整合利用生态资源，促进规模经济形成。2018 年以来，舒洪镇以完善产权制度和要素市场化配置为重点，充分发挥农民群众的首创精神，激活主体、激活要素、激活市场为导向，大力推进土地确权颁证，土地经营权、林权流转，盘活利用村集体闲置宅基地和闲置农房，促进农民增收、壮大村集体经济。累计颁发土地承包经营权证 4 748 份；全镇土地经营权、林权流转 7 000 余亩，其中春光果园流转林地 2 200 余亩发展香榧基地，解决 30 余名农民就业；仁岸等 4 村充分利用集体和闲置农房屋顶建设光伏项目共计 240 千伏，每年每村增收 6 万余元。

（三）生态资源变“生态资本”

生态资源只有发挥其经济属性，通过循环实现价值增值。舒洪镇成立缙云县舒洪两山生态发展有限公司打通了舒洪辖区闲置资源变资产、资产变资本的通道，实现舒洪镇 GDP 和 GEP 的双增长。一是构建人员构架，确定舒洪镇农业农村服务中心副主任担任公司法人，仁岸村党支部书记担任公司总经理，股东为辖区 6 个行政村，并确定公司监事、财务等人员。二是确定公司运营模式。村集体出资源（通过股东会对资源价值评估折价入股）、公司投资资金由政府项目补助及公司出资组成，通过公司与村集体签订合同运营管理由公司负责，产生利润的 40%按股份进行分红。三是公司运营稳步向好。通过对舒洪辖区资产资源的排摸，已确定将仁岸村旅游接待中心、悬藤坑水库、沙滩乐园、千亩水田综艺节目拍摄基地等优质资源纳入公司经营范围，公司向股东购买生态资源，再进行招商引资，实现资产资源向资本的转化。四是公司招商引资初显成效。2020 年 6 月份，舒洪两山生态发展有限公司与国家电投集团浙江新能源有限公司签订合作协议，确定在舒洪镇岭口村阳山建设 25 兆瓦农光互补光伏发电项目，该项目直接为舒洪镇创收 225 万元（税收不计），其中 60 万元用于生态产品购买。

（四）生态资源变“生态产品”

绿水青山转化为金山银山，必须将不容易计量计价的水、空气等生态环境借助可计价、可交易的“生态载体”在市场机制中实现其价值。

一是挖掘具有根植性的农产品为载体。缙云爽面有 1 300 多年的历史，缙云爽面与缙云人的生活紧密相连，已成为缙云人记忆中的一部分，在缙云民俗史上留下了特殊印记。2008 年被丽水市人民政府列入第二批丽水市非物质文化遗产名录，2011 年被评为丽水市“处州十珍”农产品。2016 年缙云县委、县政府下发《缙云县“草根创业”专项行动方案（2016—2020）》，将缙云爽面列为“十大乡愁”富民产业。舒洪镇深入实施缙云爽面“十个一”发展工程，包括：成立一个农合联、建设一个培训中心、建成一个体验中心、建设一个配送中心、建设一个销售中心、建立一套生产标准、讲好一个故事、打响一个品牌、建设一个小麦种植示范基地、打造一个缙云爽面节。舒洪镇从 2016 年 4 月开始建设缙云爽面博物馆，于 2017 年 10 月完工，总投资 1 000 余万元，总用地面积 6 735.4 平方米，总建筑面积 4 352.3 平方米，内设爽面文化展示区、爽面加工制作体验区、培训区、品尝区和爽面购买区，具有宣传推广、培训指导、品尝试吃、旅游购物四大功能。每年 10 月，爽面博物馆举办“爽面文化节”，通过节庆活动进一步鼓励和激发群众的创业热情，助推爽面产业发展和农民增收。同时，舒洪镇积极打造缙云爽面小麦基地，通过削峰填谷的土地开发新模式，建成近 5 000 亩的“908”小麦示范基地，为缙云县爽面产业的原材料供应提供了强有力的保障。全镇 600 多户农户参与爽面加工制作，每年加工爽面 8 200 多吨，产值 1.5 亿元，实现纯利润 7 000 多万元。

二是选育适宜生态品种，充分利用优质生态资源。在挖掘具有根植性的农产品同时，还需要考虑培育市场前景好，又能充分利用现有生态系统优势的生态品种，破解发展瓶颈，提高生态资源的利用效率。仁岸村选择杨梅产业作为主导产业之一并不是一帆风顺的，而是经过了长期探索，选取东魁杨梅品种，并获得浙江农业吉尼斯擂台赛“甜度之最”的称号。

（五）“生态产品”变“生态产业”

生态产品大多为初级产品，产业链短、附加值低、抗风险能力弱，需要通过链式延展、融合式开发等多种方式破解这些问题。

一是向价值链高端延伸，突破产业链关键环节。生态产品价值链的两端主要是通过产品技术研发和新一代信息技术，提升品质、拓展渠道和建设品牌。2016年以来，仁岸杨梅通过销售渠道端发力，与各大互联网电商渠道合作网上售梅，以新鲜、高甜为卖点，采用“定点直发”和“采梅即发”新模式，使得杨梅价值倍增，并充分利用杨梅的品牌效应，挖掘以“江南谣”杨梅酒为代表的杨梅深加工产业潜力。

二是打破行业边界促进一、二、三产业融合式发展。舒洪镇挖掘爽面文化和杨梅文化，举办“仁岸杨梅节”“爽面馒头节”“麦浪乡村音乐节”，配套建设500亩的“908”小麦基地，2019年新发展樱桃种植面积500余亩，黄茶基地250余亩，逐渐形成五彩农业。推进大佑山农旅等多个项目建设，提升下辖村旅游景点可识别度，建设“文化、农业、旅游、养生、科普”为一体的新型农场，探索出“爽面＋旅游”“爽面＋电商”“节庆＋旅游”等多种业态融合方式，推动农业与科创融合、农业与休闲养生融合、农业与美丽乡村建设融合、农业与文创融合，规划建设“一村一品”和农旅产业带，实现“串珠成链”的整体效应。

三是培育生态新产业助力GDP与GEP双增长。2020年6月，舒洪镇完成了投资0.48亿元的11兆瓦农光互补光伏发电项目的立项。项目在不更改土地性质的前提下，采用“一地两用”“农光互补”的开发模式，利用垦造用耕地，场地上架设光伏组件发电，利用光伏组件下及间隔处的空闲土地进行农业种植，种植药用非喜光植物，打造中药原材料和培训基地。太阳能发电结合发展农业生产新型光伏系统工程，能够给药用植物、蔬菜、花卉、苗木等种植场所提供热量，有效解决传统农业大量使用化肥和农药带来的土壤肥力下降问题，保护生态环境，有利于GDP和GEP双增长。该项目每年为当地增加税收收入245万元左右，光伏并网电站项目运营期为25年以上，其结构寿命不少于25年，能够保障在地方纳税25年。

（六）生态资源变“生态项目”

生态资源主要以山、水、林、田、湖、草为主，区域之间自然景观差异无法支撑产业可持续发展，必须通过项目提升，增强其可观赏性和可体验性。舒洪镇通过农村综合改革集成示范区试点、中国美丽休闲乡村建设、全国“一村一品”示范村建设，提升乡风文明状态，提高乡村景观品质，优化乡村业态布局。2018年6月舒洪镇被列入浙江省农村综合改革集成示范区建设试点，建设项目有“创建仁岸3A级景区”“麦香文化特色镇提升”“美丽城镇建设”“乡村振兴提升”“诗画田园休闲综合体”“杨梅养生园”“农旅融合发展综合区”“公共服务体系建设”“农业龙头企业培育及品牌提升”等9个，项目计划总投资2.46亿元，其中省级财政资金6 000万元，县财政配套1.51亿元，截至2020年7月底，项目累计投入资金2.214亿元，完成全部预计投资数的90%，为舒洪镇基础设施提升奠定了坚实的基础。

（七）政府主导、企业和社会各界联动、市场化运作是保障

由于生态资源具有公共品性质，生态产品大多为初级产品，受自然环境影响较大，价格波动较大，生态建设投资周期相对较长等特点，生态资源待开发区一般处于罗斯托所划分经济增长阶段中的准备起飞及起飞阶段，地区自生能力相对较弱，亟待破解资本积累、基础设施落后、主导产业缺乏等约束，需要发展型政府承担起公共基础设施提供、区域性制度改革与完善、主导产业和市场主体培育、政府采购引导等多重功能。

舒洪镇探索出以党员引领、乡贤带头、社会各界参与的市场化生态资源开发路径。舒洪镇干部时刻以人民为中心开展工作。舒洪镇党员和党组织工作以人民为中心，既是新农村建设的参与者，又是基层建设的坚实力量，对于新农村基层建设进程的顺利推进具有重要意义。舒洪镇党员干部，时刻关注改善民生的好经验和做法，听民声察民情顺民意，带领村“两委”为民排忧解难，做了大量实惠、受村民欢迎的好事实事。在仁岸村，党员干部实行“567”工作模式，即早上5点开工，晚上6点休息，一周7天工作。党员干部心中有民，全心为民，竭尽体力和智力为村民致富谋划经济发展路子，村中无论是小项目建设还是卫生保洁工作，都是村干部带领村民干，切实发挥了先锋模范带头作用。

舒洪镇拥有一批有情怀的乡贤。像带领仁岸村脱贫致富的何伟峰，2008年前，他帮助仁岸杨梅拿下浙江省吉尼斯杨梅擂台赛金奖；2015年，带领村民整治家园，用时3年创建了美丽乡村样板村；2018年，他利用各项资源举办杨梅节，进行杨梅拍卖，拓宽仁岸杨梅市场。再如“80后”创业夫妇丁树亮创立“江南谣”杨梅果酒厂，每年保底收购黑炭梅80余吨，解决了梯次杨梅销路问题，增加农民收入200余万元。

舒洪镇积极创新农业经营方式。以强村富民为目标，以农村党组织为核心，以农民专业合作社为纽带，完善农合联组织运行机制和农民合作基金，强化为农服务功能。成立了舒洪爽面产业农合联、仁岸村担保互助社、资金互助社等农民合作组织，提高农民组织化程度和农业产业化经营水平，繁荣农村经济。积极实行“村党支部+合作社+农户”的经营模式，把一家一户的小生产

组织起来，由“单打独斗”变为“抱团发展”，从自产自销、挑担叫卖到坐在自家果园等游客上门采摘，从本地散卖到冷链速递发展生鲜电商，扩大了在市场上的话语权，也切实推动了产业发展、促进了集体增收和农民致富。

三、舒洪镇生态产品价值实现的理论探讨

（一）理论基础

（1）资源拼凑理论

资源拼凑理论是在资源基础理论、资源依赖理论基础上提出的一种不同于传统的资源环境、资源属性的分析范式。资源拼凑最早是由法国人类学家 Lévi－Strauss 在 1967 年的专著《野性思维》中提出的。资源拼凑是一种建构主义思维方式，意指人们在处理问题时不断重新发现事物的内在属性，充分挖掘其内在价值①。Lévi－Strauss（1967）认为：拼凑是“利用手头一切可利用资源完成任务”，是对现有资源的重新解构、认识和整合，以创造新规则。Jacques Derrida（1981）、Weick（1993）、Duymedjian 和 Rüling（2010）等学者从哲学、组织社会学、组织理论等理论视角界定概念。总体来说，资源拼凑是以问题和目标为导向的资源价值再发现、资源解构与整合的动态过程。

从分类上看：“可以从资源形态、拼凑对象、拼凑动机以及拼凑导向等角度对资源拼凑做分类。在资源形态上，可分为有形资源与无形资源，即资金、实物等物化资源与市场、政策、人力、技术、关系等无形支持。对于拼凑对象，Baker 和 Nelson 将资源拼凑分为实物拼凑、人力拼凑、技术拼凑、市场拼凑、制度拼凑等多个类型，在不同的场域和情景中，拼凑对象也应相应地发生变化。关于拼凑动机，主要有需求拼凑和构想拼凑两类，前者侧重对资源需求的满足，后者则注重资源的价值。最后，依据资源拼凑的目的，演化产生了资源、机会、客户三种拼凑导向，它们分别基于现有资源，聚焦市场机会、针对客户需求而展开资源拼凑活动。”②

资源拼凑视角下的资源价值实现研究。资源拼凑理论是遵循资源情境理论分析逻辑，在充分考虑资源开发者决策时受到的社会、环境和制度情境等影响因素，揭示资源的价值实现机制。资源拼凑者会想方设法摆脱资源约束，重新

---

① 黄艳，陶秋燕，高腾飞．资源拼凑：起源、研究脉络与理论框架［J］．科技进步与对策，2020（2）：152.

② 刘蕾，吴欣同．“两块牌子”：社会企业的资源拼凑逻辑——对市场环境和制度环境的双重回应［J］．东南学术，2020（5）：139.

发现资源的新用途和新价值，整合和最大限度地利用资源。其中，如何进行拼凑是关键问题，梁强等（2013）比较分析了“并行拼凑”方式、“连续拼凑”方式、“选择性拼凑”方式的资源价值差异，具体如表8-1所示。“并行拼凑”方式是资源拼凑者同时推进多个项目，在多个项目之间配置资源；“连续拼凑”方式是指资源拼凑者集中精力开发一个项目，等一个项目成功之后再拼凑开发其他项目；“选择性拼凑”方式是指拼凑者根据情境决策重点推进的项目，也许会放弃一些项目。资源拼凑者在采用不用的拼凑方式时，还受到资源约束程度、授权、自由、创新氛围和组织成员的经验与知识等因素的影响。

表8-1 不同拼凑方式下的资源价值差异

	并行拼凑	连续拼凑	选择性拼凑
资源配置方式	同时在几个项目中转换调配竞争性资源，缺乏资源的项目处于等待状态	先专注于一个项目，充分挖掘现有资源的用途，等先开发的项目取得成功以后再开发其他项目	采取“自我阻止”策略，有选择地把资源集中在决定开发的项目上
资源利用特征	有些资源因某些项目的搁置而出现暂时性闲置或冗余的状况	根据项目的轻重缓急或者市场前景集中现有资源加以开发	有选择性地集中现有资源开发有市场前景的创业项目或机会
资源价值实现	无法充分实现资源的价值，不利于创业成长	能充分实现资源价值，从而保证连续创业绩效	能够充分实现资源价值，确保所选项目的创业绩效

资料来源：梁强，罗英光，谢舜龙．基于资源拼凑理论的创业资源价值实现研究与未来展望［J］．外国经济与管理，2013（5）：18.

（2）边界跨越理论

边界跨越概念发轫于对组织边界的探讨。20世纪30年代，科斯从经济学角度首次提出企业的“组织边界”概念。在此基础上，斯科特从管理学角度出发，认为组织边界就是组织与其周围环境的界限，其作用在于将组织划定在一个相对稳定的内部环境里，以便与外部环境区分开来①。边界跨越最初由Adam（1976）定义为通过个人的纽带穿越组织的边界将组织成员与外部人员联系在一起。Marrone J A、Tesluk P E和Carson J B将组织边界跨越描述为“旨在与外部参与者建立关系和互动的行为，目的是帮助一个团队实现其总体

① Scott W R，Davis G F. Organizations and Organizing：Rational，Natural and Open Systems Perspectives［M］. London；New York：Routledge，2015.

目标。"[①] 从该定义可以看出，边界一方面能够保持组织内部的稳定性，但同时也阻碍了信息在组织内外的流动，使组织不能灵活应对外部动态环境的变化。因此，为了快速响应组织外部环境的变化，组织需要在组织内部与组织间开展边界跨越活动[②]。组织边界一般分为物理边界（物理和制度边界）、心理边界和社会边界三种类型[③]，实际上，组织边界的类型趋于多样化和复杂化。欧阳桃花等（2012）在探讨海尔的组织边界跨越与IT能力协同演化案例时提出，跨越组织边界需要从边界跨越者、边界跨越载体和边界跨越的动力三维度分析。边界跨越者负责收集外部信息并在组织内部传播这些信息（Bridoux, et al.，2013）；边界跨越载体是用来推动跨越的客体，比如报纸、公司邮件系统等常见的实物或信息系统；边界跨越能力是个体边界跨越者的技能总和[④]。

（二）案例分析

从资源拼凑和边界跨越理论视角看，舒洪镇的生态产品价值实现主要分为三个阶段：以单品突破的生态资源价值初始认知与主体融合阶段（1991—2008年）、以多元业态探索为主的外部资源导入与组合阶段（2009—2016年）、以多元业态拓展为主的资源迭代与重构阶段（2017年至今），具体如图8-1所示。

1. 第一阶段：以单品突破的生态资源价值初始认知与主体融合阶段（1991—2008年）

第一，采取连续拼凑方式开启生态资源价值重新认知。从资源拼凑视角看，此阶段的拼凑逻辑主要是探索式拼凑，资源拼凑者意识到生态资源的价值，尤其是特色资源的价值，尝试进行差异化生产和价值挖掘。由于资源的有限性，决定采取单品突破的连续拼凑方式。案例中，舒洪镇的单品突破发轫于仁岸村，仁岸村是个古村落，相传南宋名臣何澹后裔迁居此地后，改陈岸为仁岸，村史近千年。村里的经济在1990年时并不起眼，村民人均年收入还不到600元。1991年缙云县推行"一村一品"，要求各村发展特色产业致富。群策

① 刘鹏程，孙新波，张大鹏，等．组织边界跨越能力对开放式服务创新的影响研究［J］．科学学与科学技术管理，2016（11）：137.

② 罗昕，刘碧燕．边界跨越：主流媒体参与社会治理的冲突及其调适［J］．江西师范大学学报（哲学社会科学版），2022（5）：119.

③ Paulsen N. Managing Boundaries in Organization：Multiple Perspectives［M］．Hampshire：Economy and Management Publishing House，2003.

④ 欧阳桃花，丁玲，郭瑞杰．组织边界跨越与IT能力的协同演化：海尔信息系统案例［J］．中国工业经济，2012（12）：131.

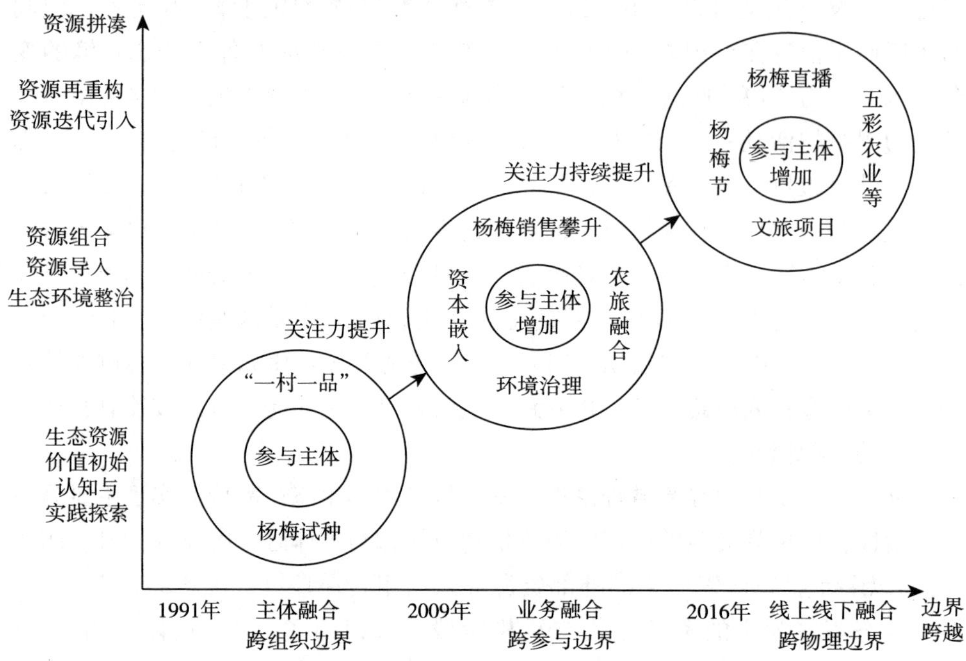

图 8－1　基于资源拼凑和边界跨界视角的舒洪生态产品价值实现逻辑

群力下，仁岸村决定引入果型好、品质佳的东魁杨梅。在单品突破的探索期，政府起到决定性的推动作用，但是，起初农户并未意识到生态产品的价值。在引入东魁杨梅试种期间，只有少数农户参与，主要是农户认为："种植杨梅需5年后才产果，回报周期较长，且收果期仅10余天，易受雨天影响。"同时，农户也摸不透杨梅的习性，仁岸杨梅种植起步时的产量、甜度一直难与仙居杨梅等同类比肩。

第二，以主体融合的跨组织边界破解单品品质难题。在这个阶段进行单品突破的难题是杨梅的品质问题，破解难题的关键是形成共同利益联盟或技术联盟。小农户经营会受到专业化水平、规模化程度、品牌化程度、市场化程度的影响（姜长云，2018），在本案例中还受到技术水平的制约。农业生产组织化过程需要强有力的领导者和协调者，案例中，杨梅的规模化经营之前的技术攻关，跨越了政府和企业边界形成技术联盟，村里的"领头羊"何伟峰与乡镇农技站站长陈岳强成了"最佳拍档"，两人常泡在杨梅山上，讨论商量如何改良品种。为避免使用农药，他们选择了生物灭虫灯和人工方式生态种植。他们还采用疏果技术，将每棵果树的结果数控制在杨梅甜度最高的水平线上。

第三，第一阶段向第二阶段跃升的关键：吸引关注力、聚合需求资源。有了互联网，每个人都陷入巨量信息之中，争夺关注力成为竞争焦点①（江小涓，2017）。但是，舒洪案例在最初吸引关注力阶段并没有通过互联网途径，而是采用了专业化会展的方式提升产品知名度。2008 年在第一届浙江农业吉尼斯杨梅擂台赛上，仁岸杨梅一举获得“甜度”第一称号，惊艳全省。仁岸村 2008 年注册了“仙仁杨梅”品牌。具体过程如图 8－2 所示。

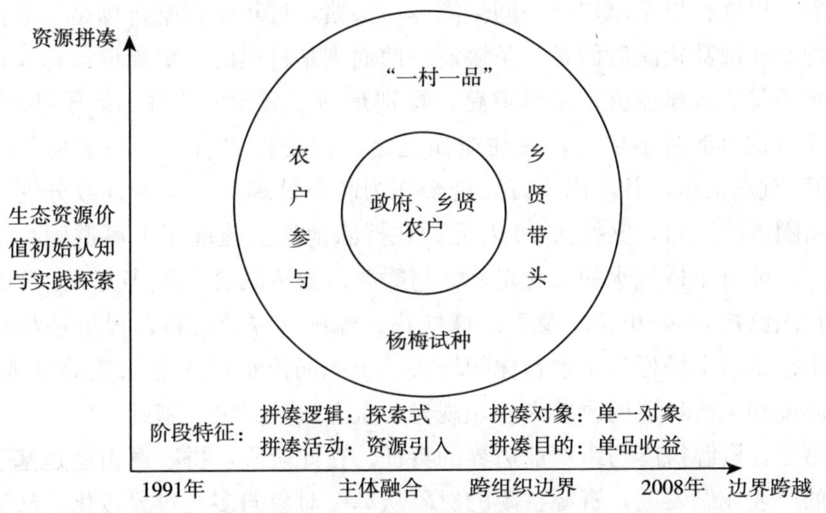

图 8－2 第一阶段：以单品突破的生态资源价值初始认知与主体融合阶段示意图

2. 第二阶段：有限拓展生态产品价值与跨产业边界的业态融合（2009—2015 年）

第一，选择性拼凑促进跨产业边界发展。2012 年，舒洪镇仁岸杨梅再度参加浙江农业吉尼斯擂台赛。最终，仁岸杨梅再获东魁杨梅“甜度之最”称号。经过两轮参赛，“吉尼斯”效应开始显现。比赛结果刚一宣布，仓库里的近千斤杨梅就被抢购一空，连树上的杨梅也被外来的经销商预订一空。之后，几乎家家户户都从事杨梅生产，村里的杨梅种植面积成倍增长，漫山遍野，郁郁葱葱，总面积突破 5 000 亩，盛产面积超 3 000 亩。之后镇村联动，围绕杨梅发展节庆旅游业，通过节庆搭台，产业唱戏，举办仁岸杨梅节、“杨梅王、甜杨梅”赛事评比、吃杨梅比赛和“杨梅王和甜杨梅”拍卖等活动，从 2015

① 江小涓．高度联通社会中的资源重组与服务业增长［J］．经济研究，2017（3）：6.

年开始，立足山地资源丰富、环境优良等优势，村里先后投入500余万元，建设集农业观光、康养休闲、度假休养、采摘体验于一体的生态休闲旅游地，创建成为国家3A级旅游景区村。在此阶段，仁岸村有选择地集中现有资源开发有市场前景的创业项目或机会，实现农业单品向文旅融合转变。

第二，生态环境整治不仅提升生态资源质量，而且推动跨产业边界。2014年开始"五水共治"，提升了村容村貌。例如，仁岸村九间猪圈"变身"为文化走廊。以往村里家家户户一间猪圈养一头猪，过年杀猪吃排场是"老传统"，原有的9间散乱猪圈后面是一条溪流，前面则是村里的主要街道，每天猪圈里的污水不是流入溪流就是溢满道路，特别是到了夏天，苍蝇、蚊子扑面而来，人人经过这里都苦不堪言，往往避而远之。村委将"治污治脏治臭"列入村"两委"重点工作，并拿出1万元资金作为政策处理费，按平方数分别给予补偿。猪圈拆除以后，又投入20万元，在拆除地块上建起了上可避雨、下可坐人聊天，前有小桥流水的文化走廊。村委先后投入资金500多万元，200余个分散猪圈已被53处小花坛及千余株桂花、樟树等绿植代替，村里还相继建成九曲小桥、仿木护栏、亲水台休闲埠头、生态防洪堤、天然泳池等景观设施。生态环境和生活环境的改善为农业观光、生态旅游奠定了基础。

第三，资源拼凑与跨产业边界的特征。在此阶段，拼凑逻辑还是基于农业单品的产业业态发展；资源拼凑的对象从单一对象向多元对象转化，从卖杨梅转向卖生态环境价值和旅游服务，也实现了引入的"东魁杨梅"品种资源与本土生态资源的融合，进一步激活了村镇的经济活力，但是，文旅融合项目的资本主要来自集体自有资金。跨产业边界的主要特征是在杨梅单品成为"爆品"基础上的第一产业与第三产业的融合发展。具体过程如图8-3所示。

3. 第三阶段：多元拓展生态产品价值与跨物理边界阶段（2017年至今）

从第二阶段向第三阶段演进的关键事件是2017年以来，仁岸村采用"定点直发"和"采梅即发"新模式，一箱两千克装的杨梅，零售价攀升到168元、218元甚至288元，仁岸杨梅价值进一步放大。

第一，通过"互联网+"争夺关注力，放大消费需求。在数字经济时代，消费者经常会被大量信息包围，能够迅速聚集大批消费者是企业的重要能力。企业一般会采用免费使用、网红与主播、搜索和信息推送等商业模式争夺关注力[①]（江小涓，2017）。舒洪镇从产业由点及面的跨界融合之后，借助互联网

① 江小涓．高度联通社会中的资源重组与服务业增长［J］．经济研究，2017（3）：6.

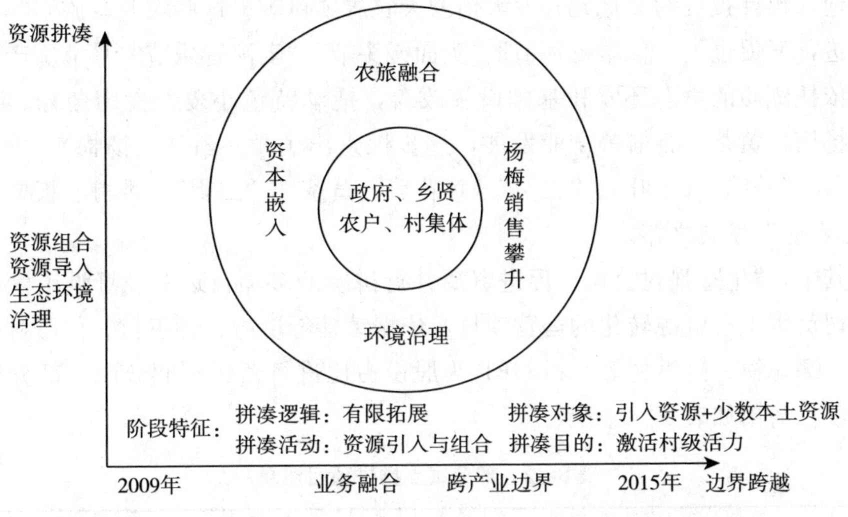

图 8-3 第二阶段：有限拓展生态产品价值与跨产业边界的业态融合

平台争夺关注力，放大消费需求。2019 年 5 月，在昆洪千亩小麦基地，舒洪镇成功举办了以“风吹麦浪 律动舒洪”为主题的麦浪乡村特色音乐节。学习强国 App、新华网等 10 余家权威媒体进行了宣传报道。网易直播带领观众体验品尝缙云烧饼、缙云菜饭、“丽水山耕”区域品牌农副产品等，直播 2 小时 35 分点击量最高达 87 万次，极大地促进了舒洪麦香小镇及缙云乡愁富民产业的品牌提升。2020 年 3 月，舒洪镇与阿里巴巴村播平台联合举办“县长来了”农产品网上推介会，短短两小时销售 10 000 余单，销售额超过 35 万元。2020 年6 月，舒洪镇与粉象生活平台、兵者村播扶农助农团队合作网络直播销售杨梅等农特产品，3 个半小时销售 11 000 余单，销售额达 600 万元。

第二，通过“建设试点加持”引入持续发展资本，转向资源并行拼凑。2018 年 6 月舒洪镇被列入浙江省农村综合改革集成示范区建设试点，2019 年，舒洪镇被列入丽水市生态产品价值实现机制国家试点乡镇。建设项目有“创建仁岸 3A 级景区”等 9 个，具体推进项目如表 8-2 所示，全面开启资源并行拼凑方式。资源并行拼凑方式是建立在资源迭代引入和资源再重构基础之上的，从第二阶段的主要依靠村委资金，逐渐转向依托项目资金和社会资本，例如省农村综合改革集成示范区建设试点获得省级财政资金 6 000 万元，县财政配套资金 1.51 亿元，而且引入浙江洺园生物科技有限公司，投资 1 000 余万元建造黑水虻养殖基地，引进缙云县仙都旅游索道有限公司，集中流转 500 余亩土地，预计投资约2亿元开发大佑云天农旅项目等。这些农业、旅游等项目的推进，又促进了“仁岸杨梅节”“爽面馒头节”“麦浪音乐节”等节庆产业发展。依托优质的生态环境和基础设施改善，撬动特色小麦、食用菌菇、藏红花、杨梅、黄茶、香榧等产业发展，逐步探索出了“一红”（杨梅）“一白”（爽面）、“一绿”（茶叶）、“二黄”（黄花菜、黄茶）、“二褐”（香榧、板栗）的“五彩农业”发展之路。

其中，“生态强村公司”促进资源并行拼凑的多项目运营。舒洪镇生态强村公司负责生态资源转化的运营项目，依据镇辖舒洪村、姓王村、仁岸村、岭口村、蟠龙村、昆洪村等6村GEP为股份占比进行营运利润分配，部分试点推进项目清单如表8－2所示。

表8－2　部分试点推进项目清单

生态系统保护项目类	昆洪村垦造耕地项目	昆洪1 079亩水田开发，打造908小麦示范基地
	蟠龙村垦造耕地项目	蟠龙村588.7亩水田开发，增加面积，提升产出效益
	水处理设备制造项目	过滤净化设备和高能物理水处理设备制造项目，建设用地6亩，后续扩增至15亩
生态物质产品类项目	中药材种植科普及深加工产业园	培育中药材科普基地1个，研发中药材特色爽面，QS认证，提高产品附加值
	缙云爽面培训基地建设	建设“缙云爽面”制作培训基地，年培训制作师傅100人以上，推进缙云爽面产业化、标准化、品牌化发展
	姓王村缙云爽面特色村提升工程	打造姓王村缙云爽面特色村，全面提升村域环境，打造爽面特色文化，提高缙云爽面品牌，扩大知名度，提高附加值
旅游文化产品类项目	大佑云天农旅融合项目	利用大佑山生态和农业资源，打造集创意农业、康养度假于一体的旅游项目
	诗画田园休闲综合体	利用岭口村优美的田园自然风光，修剪骑行道、“忘忧”主题公园，农耕文化体验区，婚纱摄影基地
	仁岸3A级景区提升工程	全面提升仁岸村基础设施建设、打造仁岸景区圈，扩大仁岸景区带动示范效应

资料来源：笔者整理收集。

第三，资源拼凑与跨边界特征分析。第三阶段主体更加多元，从第二阶段的政府、农户、村集体和乡贤转向政府、“生态强村公司”、企业、村集体、农户、乡贤等更加多元主体。资源拼凑逻辑从有限拓展向多元拓展转向，拼凑对象转向“多元业态资源＋本土资源多元开发利用”，拼凑活动是外部资源引入与线上线下融合，逐渐达到进一步放大资源价值的目的。在第三阶段，组织边界进一步模糊，产业融合更加紧密，逐渐跨越物理边界，推动线上线下融合。具体过程如图 8-4 所示。

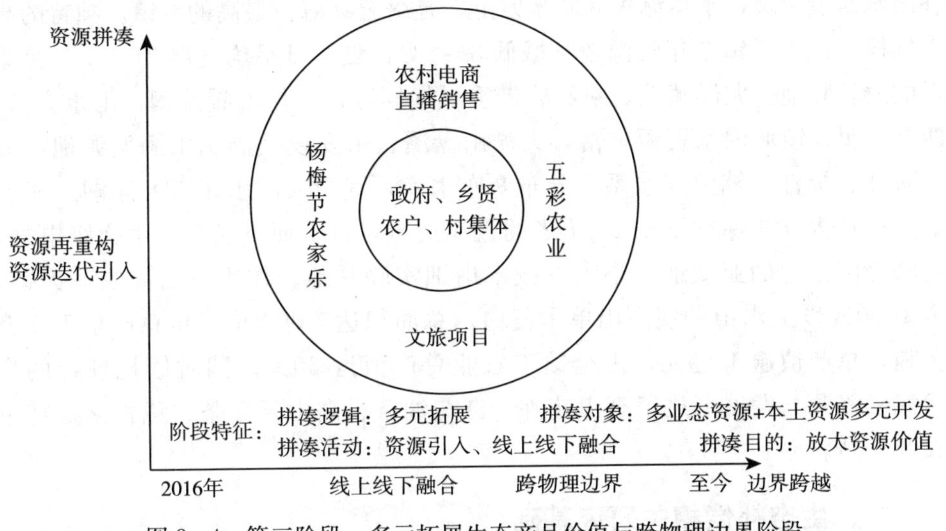

图 8-4 第三阶段：多元拓展生态产品价值与跨物理边界阶段

第二节 建设项目生态补偿：缙云县大洋镇生态产品价值实现案例

一、大洋镇概况

大洋镇地处浙中南腹地，丽水市缙云县最南端，东与台州市仙居县、温州市永嘉县毗连，南与丽水市青田县交界，西与缙云县石笕乡相邻，北与缙云县大源镇、胡源乡、方溪乡接壤，省道坦五线贯穿镇区。镇政府驻地前村，距离县城 39 千米。大洋镇辖前村、后村、仙谷、环湖、漕头、石亭、寮坑、木栗、南溪、新西寮、外前、西峰、和合等共 13 个行政村，户籍人口 17 193 人，镇域面积 160 平方千米，其中耕地面积 23 885 亩，山林面积 217 356 亩，森林覆盖率 90.57%。大洋镇是国家级生态镇，有着“避暑仙乡”的美誉，每年吸引着大批游客前来避暑旅游。

大洋镇生态环境优美，境内群山绵延，奇峰叠起，涧谷幽深，景色优美，是浙江省级旅游强镇和缙云县首个国家级生态镇。镇域内的大洋景区是国家5A级风景名胜区仙都的四大景区之一。有大洋山森林公园、大洋山日出（云海）、高山明珠大洋水库、风动岩、寨背、灵霄岩、双蛇洞、仙人头、乌龟赶海、洞罐岩和西殿等40余个旅游景点。镇域内地形以中山地貌为主，位于括苍山脉西段南坡，平均海拔800米以上，是缙云县海拔最高的乡镇。独特的高山气候，使大洋镇全年气温较县城低3～5℃，夏季日平均气温21.8℃，是难得的避暑胜地。大洋镇地处中亚热带季风气候区，气候温暖湿润，雨量充沛，四季分明。镇域内水资源丰富，大洋山盘溪、永安溪及周围山涧发源地，分属瓯江、灵江、楠溪江水系；分布8座水库，其中大洋水库（大洋湖）库容最大。自大洋水库往下游20千米的盘溪流域，自上而下建有6个梯级电站，是联合国指定的亚太地区小水电技术培训实验基地。作为高山型农业大镇，全镇90%以上水田种植高山单季茭白，总面积达7 000亩，年总产量1.5万多吨，总产值逾1亿元，占全镇工农业总产值近60%。同时依托独特的自然气候资源，发展形成了高山花卉、红花油茶、高山云雾茶、藏香猪等特色农业产品。

二、生态补偿相关研究基础

国外将生态补偿称为生态（环境）服务付费（PES），生态补偿已成为世界各国保护生态环境的重要手段，也成为学者们研究的热点。学者们从科斯理论或庇古理论等视角对生态补偿进行了概念界定，生态补偿机制设计主要涉及利益相关者、补偿标准、补偿条件与补偿方式等内容，生态补偿产生“额外增益”的效应①。

我国自2005年党的十六届五中全会首次提出“按照谁开发谁保护、谁受益谁补偿的原则，加快建立生态补偿机制”，2016年国务院办公厅发布《关于健全生态保护补偿机制的意见》（国办发〔2016〕31号），2016年12月，财政部、原环保部、国家发展改革委、水利部联合发布《关于加快建立流域上下游横向生态保护补偿机制的指导意见》，2018年2月财政部发布《关于建立健全长江经济带生态补偿与保护长效机制的指导意见》，2020年4月财政部、生态环境部、水利部、国家林草局联合发布《支持引导黄河全流域建立横向生态补偿机制试点实施方案》等文件。这些文件重点在森林、草原、流域、湿地、海

---

① 袁伟彦，周小柯．生态补偿问题国外研究进展综述［J］．中国人口·资源与环境，2014（11）．

洋、荒漠和耕地 7 个领域以及重点生态功能区和限制开发区实施生态补偿，本质上是保护生态环境的机会成本补偿。

靳乐山、朱凯宁（2020）从本质属性、时间属性、主要参与方、标准依据、规制特点和政府作用等不同维度，总结了生态补偿与生态产品价值实现两者的不同特征，具体如表 8－3 所示。但是，笔者认为，生态补偿是生态产品价值实现的重要路径之一，建设项目生态补偿是以市场化交易为本质特征，兼具生态补偿的目标，是生态补偿探索的重要方向。国内学者赖力等（2008）提出“项目性补偿”①，此概念更类似于“生态占补平衡”，例如 1988 年美国布什政府根据清洁水法，提出美国湿地“零净损失”的目标，即湿地数量和功能在开发建设中不得减少，此后的法律和政策逐步细化开发者损坏补偿的义务。本小节介绍的大洋镇案例就是通过建设项目生态补偿来推进生态产品价值实现的，具体情形如表 8－3 所示。

表 8－3　生态补偿与生态产品价值实现的不同特征

特征	生态补偿	生态产品价值实现
本质属性	政策方案	市场交易
时间属性	对预期丧失收益的补偿	对价值的即时发现和实现
主要参与方	生态环境保护者 生态环境受益者 中央政府、地方政府	生态产品生产者/供给者 生态产品消费者 生态产品市场投资者
标准依据	保护的机会成本	供给和需求决定的市场价格（市场价格高于成本的部分，体现了生态产品价值的实现）
规制特点	半强制、半自愿 （先协商后强制执行）	自愿性
政府作用	制定补偿政策方案	建设市场基础设施

资料来源：靳乐山，朱凯宁．从生态环境损害赔偿到生态补偿再到生态产品价值实现［J］．环境保护，2020（9）：17.

三、基于建设项目生态补偿的大洋镇生态产品价值实现案例

（一）生态系统生产总值（GEP）核算及生态价值总体识别

按中国科学院生态环境研究中心技术规范核算，大洋镇委托中国（丽水）

① 赖力，黄贤金，刘伟良．生态补偿理论、方法研究进展［J］．生态学报，2008（6）：2873.

两山学院科学核算生态产品价值。依据生态产品目录清单，完善指标体系、技术规范和核算流程，分别于2019年、2020年完成对大洋镇2017年、2018年、2019年生态产品价值核算工作。例如，2018年大洋镇包括调节服务价值、物质产品价值、文化服务价值在内的生态系统生产总值为33.47亿元，其中调节服务产品价值为31.53亿元，占大洋镇GEP总量的94.21%；物质产品价值为1.76亿元，占大洋镇GEP总量的5.25%；文化服务价值为0.18亿元，占大洋镇GEP总量的0.54%。按浙江省技术规范核算，2019年大洋镇生态系统生产总值（GEP）稳步提升。

（二）建设项目生态补偿核算

1. 项目一：大洋镇生态养殖商品猪循环农业基地项目

为促进循环农业开发和生态畜牧业发展，大洋镇人民政府、大洋镇生态强村公司和缙云大央泱生态农业有限公司达成《缙云县大洋镇生态养殖商品猪循环农业基地项目框架协议》。该项目购置配套智能养猪生产设备、生物安全防疫设备、粪污资源化利用及臭气治理环保设备、有机肥生产加工设备、配套基础设施设备。补偿核算主要分为生态系统调节服务价值占用补偿核算和生态系统调节服务溢价核算。具体如下：

（1）生态系统调节服务价值占用补偿核算

根据2018年大洋镇生态系统调节服务价值核算结果，计算出生态系统调节服务价值亩均13 137.5元，项目占地109亩，期限20年，因此，大洋镇生态循环农业项目占用大洋镇生态系统调节服务提供的价值为：13 137.5元×109亩=1 431 987.5元，依生态系统更新期20年核算，1 431 987.5元÷20年=71 599元/年。大洋镇2018年相比2017年生态系统调节服务价值增长率为4.06%，作为大洋镇生态系统调节服务价值年增长率核算参照依据（将4.06%视为基础或平均年增长率），据此核算，大洋镇生态养殖商品猪循环农业基地项目占用生态系统调节服务增值补偿为58 139元/年（1 431 987.5元×4.06%=58 139元/年），两者总计129 738元/年。

（2）生态系统调节服务溢价核算

主要包含三方面溢价：一是大洋镇生态循环农业项目因用水成本减少而溢价。好水源且单价低是大洋镇生态循环农业项目适宜商品猪养殖成本减少而溢价的重要影响因素。相关研究技术参数表明，大洋镇生态水源好且单价低导致商品猪养殖成本降低，即大洋镇生态循环农业项目适宜商品猪生态养殖用水成本减少即为溢价，由此推算，按0.1元头/月节支用水成本计算的溢价收益为：

0.1 元×12 月×3.6 万头=43 200 元/年。考虑到大洋镇生态循环农业项目减少商品猪用水成本而溢价的其他不同影响因素，该项溢价可按 50%折算，即 0.1 元×12 月×3.6 万头×50%=21 600 元/年。

二是大洋镇生态循环农业项目因温差大减少用电成本而溢价。温差大是大洋镇生态循环农业项目适宜商品猪生态养殖用电成本减少的影响因素。大洋镇海拔较高，日平均温度低于缙云县海拔低乡镇 5～10℃，夏季日高温时间短。大洋镇生态循环农业项目因日平均温度低和夏季日高温时间短，可有效减少降温用电成本。据相关研究文献技术参数，节支用电成本计算而溢价：0.379 元/千瓦时（平均价）×3.6 万头×50%×10%×180 天（5～10 月）×3 小时=491 200元。考虑到大洋镇生态循环农业项目温差及其他不同影响因素，大洋镇生态循环农业项目因温差大减少用电成本而溢价，可按 15%折算，即：491 200 元×15%=73 680 元/年。

三是大洋镇生态循环农业项目因大洋生态品牌引致商品猪溢价。大洋生态系统经第三方核算具有良好品牌价值，使大洋镇生态循环农业项目生态商品猪营销溢价优势明显。依据相关研究成果及技术参数综合推算，商品猪年销售额的 1%～1.5%为生态品牌溢价：按 1%计算值为 11 802 万元（据设计书）×1%=1 180 200 元/年。考虑生态品牌运营成本投入较多，大洋镇生态循环农业项目生态商品猪生态品牌溢价可按上面计算值 1%折算：1 180 200 元/年×1%=11 802 元/年。

综合以上核算，大洋镇生态循环农业项目的生态系统调节服务溢价为 107 082元/年，其中，因用水成本减少而溢价 21 600 元/年、因温差大减少用电成本而溢价 73 680 元/年、因大洋生态品牌引致商品猪溢价 11 802 元/年。

四是核算总结。缙云县大洋镇生态养殖商品猪循环农业基地项目占用补偿及溢价的权益总额为 236 820 元/年，其中，大洋镇生态养殖商品猪循环农业基地项目生态系统调节服务价值补偿核算为 129 738 元/年，大洋镇生态循环农业项目因空气好且适宜商品猪养殖溢价为 107 082 元/年。

2. 项目二：缙云县大洋镇 40 兆瓦农光互补光伏发电项目

为积极贯彻落实浙江省“十三五”能源规划和浙江省清洁能源省示范建设要求，充分利用缙云县丰富的能源资源，促进新能源开发和利用，大洋镇人民政府和国家电力投资集团有限公司浙江分公司达成《缙云县大洋镇 40 兆瓦农光互补光伏发电项目框架协议》。缙云县大洋镇 40 兆瓦农光互补光伏发电项目用地为缙云县县政府规划部门批准的符合县域总体规划且满足能源发电开发条件的区块。该项目一期规划建设装机容量约为40兆瓦农光互补光伏发电项目。

（1）生态系统调节服务价值占用补偿核算

2018年大洋镇生态系统调节服务价值亩均13 137.5元。大洋镇40兆瓦光伏发电项目占用大洋镇生态系统调节服务提供的价值为：13 137.5元×800亩（项目占地）＝10 510 000元。大洋镇40兆瓦光伏发电项目设计存续时间为25年，每年占用大洋镇生态系统调节服务价值为420 400元（10 510 000元÷25年＝420 400元/年）；大洋镇40兆瓦光伏发电项目向提供生态系统单位补偿其存续期间占用生态系统调节服务价值，即至设计存续时间结束（经生态恢复）提供生态系统单位获得生态系统调节服务价值补偿。

（2）生态系统调节服务溢价核算

项目因生态系统调节服务产生的电量溢价主要有以下三个方面：

一是大洋镇40兆瓦光伏发电项目因空气质量高增加电量溢价。空气质量（灰尘颗粒）是大洋镇40兆瓦光伏发电项目电量溢价的主要影响因素。空气污染程度与光伏电池效率成反比（一）。光伏组件表面灰尘的累积影响辐射到电池板表面的太阳辐射强度，同样影响太阳电池板的输出功率。根据相关研究文献表明，此因素对光伏组件的输出产生7%的影响。据丽水市生态环境局缙云分局生态环境观测站相关数据，大洋镇年PM2.5值比缙云县海拔低乡镇（人口多和非农经济发展乡镇）约低9μg/立方米，约少36%，即大洋镇40兆瓦光伏发电项目因空气质量高于缙云县海拔低乡镇约1/3。可以推算，大洋镇40兆瓦光伏发电项目因空气质量好光伏组件的输出可增加2.3%（理论值），即灰尘因素对光伏组件的输出产生7%影响的1/3；此因素可增加发电量溢价为：4 000万千瓦时－4 000万千瓦时×97.7%×0.415 25元（据设计书电价）＝382 030元/年。考虑到大洋镇40兆瓦光伏发电项目空气质量影响发电量的其他不同影响因素，大洋镇40兆瓦光伏发电项目因空气质量电量（实践值）溢价可按50%折算：4 000万千瓦时－4 000万千瓦时×97.7%×0.415 25元（据设计书电价）×50%＝191 015元/年。

二是大洋镇40兆瓦光伏发电项目因海拔温差增加电量溢价。一定值的海拔温差是大洋镇40兆瓦光伏发电项目电量溢价的重要影响因素。海拔高度与光伏电池效率成正比（＋）。相关研究成果及技术参数表明，日平均温度低5～10℃，光伏发电量可提升1.8%。据缙云县气象局2016—2019年相关数据，大洋镇年平均气温比缙云县低海拔地域低5.9℃。由此推算，大洋镇40兆瓦光伏发电项目设计发电理论量4 000万千瓦时中的1.8%是因海拔温差增加的发电量。可推算大洋镇 40 兆瓦光伏发电项目的海拔温差电量溢价为：4 000 万千瓦时－4 000 万千瓦时×98.2%×0.415 25 元（据设计书电价）＝298 980 元/年。考虑到大洋镇 40 兆瓦光伏发电项目海拔温差电量的其他不同影响因素，大洋镇 40 兆瓦光伏发电项目的海拔温差电量（实践值）溢价可按 50%折算：4 000 万千瓦时－4 000 万千瓦时×98.2%×0.415 25 元×50%＝149 490 元/年。

三是大洋镇 40 兆瓦光伏发电项目因年太阳辐射量增加电量溢价。太阳能电池组件将太阳能转化为电能，光照辐射强度直接影响发电量。平均光照时长与光伏电池效率成正比（+）。年太阳辐射量是大洋镇 40 兆瓦光伏发电项目电量溢价的重要因素。依据相关研究成果及技术参数表明，大洋镇平均海拔比缙云县低海拔地平均高近 1 000 米，海拔高，晴朗天气相对多，大气对太阳辐射削弱作用较弱，年太阳辐射量增加，光伏发电电量溢价优势明显。参照 NASA 相关资料，年太阳辐射量大洋镇比缙云县低海拔地约多 20 辐射单位；大洋镇 40 兆瓦光伏发电项目相应地比缙云县低海拔地增加年发电量（理论发电量）5%即 4 000 万千瓦时×5%＝200 万千瓦时（年发电量 4 000 万千瓦时中 5%为大洋镇 40 兆瓦光伏发电项目年太阳辐射量增加电量）。可以推算，大洋镇 40 兆瓦光伏发电项目年太阳辐射量增加电量（理论值）溢价为：200 万千瓦时×0.415 25 元（据设计书电价）＝ 830 500 元/年。考虑到 NASA 相关资料偏差的可能性，大洋镇 40 兆瓦光伏发电项目年太阳辐射量增加电量（实践值）溢价可按 50%折算（即年发电量 4 000 万千瓦时中 2.5%为大洋镇 40 兆瓦光伏发电项目年太阳辐射量增加电量）：200 万千瓦时 ×0.415 25 元× 50%＝415 250 元/年。

综合以上核算，大洋镇 40 兆瓦光伏发电项目的生态系统调节服务溢价为 1 511 510 元/年，其中，因空气质量高增加电量溢价为 382 030 元/年、因海拔温差增加电量溢价为 298 980 元/年、因年太阳辐射量增加电量溢价为 830 500元/年。考虑到相关参数偏差，大洋镇 40 兆瓦光伏发电项目的生态系统调节服务增加电量（实践值）溢价按核算总额 50%折算为 755 755 元/年，其中，因空气质量高增加电量溢价 191 015 元/年、因海拔温差增加电量溢价 149 490 元/年、因年太阳辐射量增加电量溢价 415 250 元/年。

四是核算总结。依据光伏发电项目太阳能电池组件等运行成本和企业收益，考虑多种影响因素作用，缙云县大洋镇 40 兆瓦农光互补光伏发电项目的提供生态系统单位的生态系统调节服务价值占用补偿及溢价的权益总额为 1 176 155元，其中，大洋镇 40 兆瓦光伏发电项目占用生态系统提供的调节服务价值补偿 420 400 元/年，大洋镇 40 兆瓦光伏发电项目因生态系统调节服务增加电量（实践值）溢价 755 755 元/年。

四、大洋镇生态产品价值实现的其他路径

一是依托好生态规模化生产特色农产品。缙云县大洋镇将茭白作为生态农业的支柱产品做大做强。大洋镇平均海拔 800 米以上，是典型的高山农业小镇。独特的地理位置和高山区位，形成了夏季凉爽、雨量充沛、空气湿润、昼夜温差大等气候特点。依托生态和气候条件，大洋镇大力调整水田种植结构，将高山冷水种稻米的劣势转为种植茭白优势，积极发展高山茭白生态产品；持续精准发力，依托美丽环境打造“美人茭”经济，茭白种植面积 7 000 余亩，占水田总面积 9 成以上，年总产量 3 万多吨；主要品种为缙云县本地的肉质细嫩、甜美的“美人茭”。大洋镇高山茭白反季节上市，出茭时间在 7—9 月，填补了城市蔬菜淡季，在浙江省内外市场打响品牌，成为大洋镇生态农业的支柱产品。大洋镇“美人茭”只是大洋镇挖掘高山特色产品的一个缩影，此外还挖掘了高山生态藏香猪、土蜂蜜、高山花卉、高山云雾茶、红花油茶、高山马铃薯、大洋柴灰粽、寮坑番薯干、高山猕猴桃等旅游地生态农产品带动村集体和农民增收。

二是依托好生态发展高山康养旅游产业。大洋镇依托山高水清谷深林茂空气好等生态优势，积极发展农业观光、文化体验、山地运动、民宿经济、康养度假等产业。探索打造海拔 600 米以上特色康养小镇，包括“江南藏地”高山森林康养项目、仙谷村精品民宿项目、千亩新垦造耕地综合利用——美丽田园项目、南溪村生态康养项目、农产品冷链项目、生态旅游小镇——小型综合体项目、美丽林相改造项目等。仙谷村精品民宿项目通过将铁箱自然村闲置旧学校改造成精品民宿、建设垂钓区；重修榧树后—铁箱—大源柿坑的红军路，将红色资源价值有效转化，进一步推动生态资源开发，完善功能配套建设，促进农文旅深度融合发展。围绕大洋镇“高、凉、石、乡愁”等特色元素和山水、建筑、人文等特色资源，建成包括苍雄关、印象驿站、慈孝廊亭、千年盐道等 11 个旅游特色节点。大洋镇通过成功举办“樱花节”“高山篝火音乐节”“清凉避暑节”“七月半”“摄影节”等民俗活动和茭白系列节庆活动源源不断地吸引游客，高山避暑康养旅游声名鹊起。

参 考 文 献

白光润．论生态文化与生态文明［J］．人文地理，2003（2）．

白小虎．生态文明建设的产业基础：产业生态化转型［J］．中共浙江省委党校学报，2010（5）．

曹顺仙．深化生态文明研究的理论体系与方法［J］．中国特色社会主义研究，2016（2）．

陈宝山，黄锡生．生态产品财产权的类型化建构与制度表达［J］．经济体制改革，2021（6）．

陈佳，吴明红，严耕．中国生态文明建设发展评价研究［J］．中国行政管理，2016（11）．

陈明衡，殷斯霞．金融支持生态产品价值实现［J］．中国金融，2021（12）．

陈清，张文明．生态产品价值实现路径与对策研究［J］．宏观经济研究，2020（12）．

陈学明．“生态马克思主义”对于我们建设生态文明的启示［J］．复旦学报（社会科学版），2008（4）．

程杰贤，郑少锋．农产品区域公用品牌使用农户“搭便车”生产行为研究：集体行动困境与自组织治理［J］．农村经济，2018（2）．

崔永杰．用生态学思想阐释马克思何以可能——兼论马克思主义在生态文明建设中的指导地位［J］．理论学刊，2018（6）．

代亚婷，朱道林，张晖，等．基于均衡价值论的生态产品定价与补偿标准研究［J］．中国环境管理，2021（4）．

但斌，郑开维，吴胜男，等．“互联网＋”生鲜农产品供应链 C2B 商业模式的实现路径——基于拼好货的案例研究［J］．经济与管理研究，2018（2）．

邓玲．我国生态文明发展战略及其区域实现研究［M］．北京：人民出版社，2014．

邓小海，曾亮，肖洪磊．我国扶贫旅游产业链优化研究［J］．世界地理研究，2015（3）．

丁斐，庄贵阳，朱守先．“十四五”时期我国生态补偿机制的政策需求与发展方向［J］．江西社会科学，2021（3）．

丁振民，姚顺波．区域生态补偿均衡定价机制及其理论框架研究［J］．中国人口·资源与环境，2019（9）．

杜姣．权利失衡：土地流转中“三权分置”的异化实践及其破解［J］．农业经济问题，2022（8）．

杜庆昊．数字经济协同治理机制探究［J］．理论探索，2019（5）．

方敏．生态产品价值实现的浙江模式和经验［J］．环境保护，2020（14）.

方世南．社会主义生态文明是对马克思主义文明系统理论的丰富和发展［J］．马克思主义研究，2008（4）.

方一平，朱冉．“两山”价值转化的经济地理思维：从逻辑框架到西南实证［J］．经济地理，2021（10）.

方印，李杰．生态产品价格形成机制及其法律规则探思——基于生态产品市场化改革背景［J］．价格月刊，2021（6）.

方正，叶海涛．海外学者关于中国生态文明建设的研究进展——兼论对中国的启示［J］．青海社会科学，2020（6）.

付业勤，郑向敏．旅游与会展产业的融合：产业价值链分析、路径与对策［J］．西北农林科技大学学报（社会科学版），2014（2）.

高超平，刘纪显，赖小东．基于DSGE模型的生态产品市场化研究［J］．管理现代化，2016（6）.

高家军．纵向嵌入式治理：“河长制”引领流域生态补偿的实现机制研究［J］．地方治理研究，2021（1）.

高建中．森林生态产品价值补偿研究［D］．杨陵：西北农林科技大学，2005.

高建中．中国森林生态产品补偿标准五阶段论［J］．林业经济问题，2009（2）.

高晓龙，林亦晴，徐卫华，等．生态产品价值实现研究进展［J］．生态学报，2020，40（1）.

高艳妮，王世曦，杨春艳，等．基于矿山生态修复的生态产品价值实现主要模式与路径［J］．环境科学研究，2022（7）.

耿翔燕，葛颜祥．生态补偿式扶贫及其运行机制研究［J］．贵州社会科学，2017（4）.

谷树忠，胡咏君，周洪．生态文明建设的科学内涵与基本路径［J］．资源科学，2013（1）.

谷中原，李亚伟．政府与民间合力供给生态产品的实践策略［J］．甘肃社会科学，2019（6）.

谷中原，谭洪．生态文明视域下的优质生态产品协同供给［J］．人民论坛·学术前沿，2021（23）.

郭华巍．“两山”重要理念的科学内涵和浙江实践［J］．人民论坛，2019（12）.

郭六生．生态产品价值实现的吉安经验［J］．中国金融，2022（9）.

郭韦杉，李国平．欠发达地区实现共同富裕的主抓手：生态产品价值实现机制［J］．上海经济研究，2022（2）.

海明月，郇庆治．马克思主义生态学视域下的生态产品及其价值实现［J］．马克思主义与现实，2022（3）.

韩旭东，李德阳，郑风田．如何依托“两山”理论实现乡村振兴？——基于滕头村的发展经验分析［J］．农村经济，2021（5）.

韩永辉，黄亮雄，王贤彬．产业结构升级改善生态文明了吗——本地效应与区际影响［J］．财贸经济，2015（12）.

郝兆印，王成新，白铭月，等．“两山论”：人地关系理论的中国实践与时代升华［J］．中国人口·资源与环境，2022（3）．

胡运禄，张明善．我国民族地区湿地生态价值核算与生态补偿标准研究［J］．青海民族研究，2022（2）．

郇庆治．社会主义生态文明：理论与实践向度［J］．江汉论坛，2009（9）．

黄承梁，杨开忠，高世楫．党的百年生态文明建设基本历程及其人民观［J］．管理世界，2022（5）．

黄承梁．论习近平生态文明思想历史自然的形成和发展［J］．中国人口·资源与环境，2019（12）．

黄勤，曾元，江琴．中国推进生态文明建设的研究进展［J］．中国人口·资源与环境，2015（2）．

黄如良．生态产品价值评估问题探讨［J］．中国人口·资源与环境，2015（3）．

黄颖，温铁军，范水生，等．规模经济、多重激励与生态产品价值实现——福建省南平市“森林生态银行”经验总结［J］．林业经济问题，2020（5）．

黄宇驰，姚明秀，王卿，等．生态产品价值实现的理论研究与实践进展［J］．中国环境管理，2022（3）．

江小涓．高度联通社会中的资源重组与服务业增长［J］．经济研究，2017，52（3）：4-17．

江小莉，温铁军，施俊林．“两山”理念的三阶段发展内涵和实践路径研究［J］．农村经济，2021（4）．

姜春云．以生态文明引领农业、农村发展——关于建设生态化现代农业和农村的探索［J］．中国农业大学学报（社会科学版），2011（4）．

姜松，孙玉鑫．数字经济对实体经济影响效应的实证研究［J］．科研管理，2020（5）．

蒋凡，秦涛，田治威．“水银行”交易机制实现三江源水生态产品价值研究［J］．青海社会科学，2021（2）．

蒋凡，秦涛，田治威．生态脆弱地区生态产品价值实现研究——以三江源生态补偿为例［J］．青海社会科学，2020（2）．

蒋金荷，马露露，张建红．我国生态产品价值实现路径的选择［J］．价格理论与实践，2021（7）．

焦勇．数字经济赋能制造业转型：从价值重塑到价值创造［J］．经济学家，2020（6）．

金铂皓，黄锐，冯建美，等．生态产品供给的内生动力机制释析——基于完整价值回报与代际价值回报的双重视角［J］．中国土地科学，2021（7）．

金兴华，严金强．生态产品价值：虚拟特性、量化基础与硬化过程［J］．青海社会科学，2021（4）．

靳诚，陆玉麒．我国生态产品价值实现研究的回顾与展望［J］．经济地理，2021（10）．

靳乐山，朱凯宁．从生态环境损害赔偿到生态补偿再到生态产品价值实现［J］．环境保护，

2020 (17).
荆文君，孙宝文．数字经济促进经济高质量发展：一个理论分析框架［J］．经济学家，2019 (2).
孔凡斌．完善我国生态补偿机制：理论、实践与研究展望［J］．农业经济问题，2007 (10).
黎元生．基于生命共同体的流域生态补偿机制改革——以闽江流域为例［J］．中国行政管理，2019 (3).
黎元生．生态产业化经营与生态产品价值实现［J］．中国特色社会主义研究，2018 (4).
李道和，叶丽红，陈江华．政府行为、内外部环境与农产品区域公用品牌整合绩效——以江西省为例［J］．农业技术经济，2020 (8).
李繁荣，戎爱萍．生态产品供给的PPP模式研究［J］．经济问题，2016 (12).
李国平，刘生胜．中国生态补偿40年：政策演进与理论逻辑［J］．西安交通大学学报（社会科学版），2018 (6).
李国英．“互联网＋”背景下我国现代农业产业链及商业模式解构［J］．农村经济，2015 (9).
李红卫．生态文明——人类文明发展的必由之路［J］．社会主义研究，2004 (6).
李宏伟，薄凡，崔莉．生态产品价值实现机制的理论创新与实践探索［J］．治理研究，2020 (4).
李慧明，左晓利，王磊．产业生态化及其实施路径选择——我国生态文明建设的重要内容［J］．南开学报（哲学社会科学版），2009 (3).
李良美．生态文明的科学内涵及其理论意义［J］．毛泽东邓小平理论研究，2005 (2).
李全喜．习近平生态文明建设思想的内涵体系、理论创新与现实践履［J］．河海大学学报（哲学社会科学版），2015 (3).
李铜山，黄延龙．增加农业生态产品供给：现状、障碍及对策［J］．中州学刊，2020 (12).
李肣，姚震，陈安国．自然资源生态产品价值实现机制［J］．中国金融，2021 (1).
李晓华．数字经济新特征与数字经济新动能的形成机制［J］．改革，2019 (11).
李晓燕，王彬彬，黄一粟．基于绿色创新价值链视角的农业生态产品价值实现路径研究［J］．农村经济，2020 (10).
李艳芳，曲建武．习近平新时代中国特色社会主义生态文明建设思想探析［J］．广西社会科学，2017 (12).
李宇亮，陈克亮．生态产品价值形成过程和分类实现途径探析［J］．生态经济，2021 (8).
廖才茂．论生态文明的基本特征［J］．当代财经，2004 (9).
廖峰．供求理论视角下农产品区域公用品牌溢价机制研究——基于“丽水山耕”的个案分析［J］．丽水学院学报，2022 (1).

廖茂林，潘家华，孙博文．生态产品的内涵辨析及价值实现路径［J］．经济体制改革，2021（1）．

廖茂林，占妍泓，周灵，等．习近平生态文明思想对公园城市建设的指导价值［J］．中国人口·资源与环境，2021（12）．

林爱华，沈利生．长三角地区生态补偿机制效果评估［J］．中国人口·资源与环境，2020（4）．

林黎．我国生态产品供给主体的博弈研究——基于多中心治理结构［J］．生态经济，2016（7）．

林淼，苏竣，张雅娴，等．技术链、产业链和技术创新链：理论分析与政策含义［J］．科学学研究，2001（4）．

刘伯恩．生态产品价值实现机制的内涵、分类与制度框架［J］．环境保护，2020（13）．

刘芳，苗旺．水生态文明建设系统要素的体系模型构建研究［J］．中国人口·资源与环境，2016（5）．

刘浩，余琦殷．我国森林生态产品价值实现：路径思考［J］．世界林业研究，2022（37）．

刘建伟．习近平生态文明建设思想中蕴含的四大思维［J］．求实，2015（4）．

刘江宜，牟德刚．生态产品价值及实现机制研究进展［J］．生态经济，2020，36（10）：207-212．

刘菊，傅斌，逯亚峰，等．山区生态补偿保护成本的空间差异研究［J］．中国人口·资源与环境，2016（11）．

刘俊伟．马克思主义生态文明理论初探［J］．中国特色社会主义研究，1998（6）．

刘丽伟，高中理．美国发展“智慧农业”促进农业产业链变革的做法及启示［J］．经济纵横，2016（12）．

刘思华．对建设社会主义生态文明论的若干回忆——兼述我的“马克思主义生态文明观”［J］．中国地质大学学报（社会科学版），2008（4）．

刘韬，和兰娣，赵海鹰，等．区域生态产品价值实现一般化路径探讨［J］．生态环境学报，2022（5）．

刘薇．市场化生态补偿机制的基本框架与运行模式［J］．经济纵横，2014（12）．

刘希刚，王永贵．习近平生态文明建设思想初探［J］．河海大学学报（哲学社会科学版），2014（4）．

刘向敏．生态产品价值实现视域下矿山废弃地生态修复与重建［J］．中国矿业，2020（11）．

刘晓光，侯晓菁．中国农村生态文明建设政策的制度分析［J］．中国人口·资源与环境，2015（11）．

刘晓云．国外高度评价新时代中国生态文明建设成就［J］．红旗文稿，2020（24）．

刘元胜．农业数字化转型的效能分析及应对策略［J］．经济纵横，2020（7）．

刘峥延，李忠，张庆杰．三江源国家公园生态产品价值的实现与启示［J］．宏观经济管理，2019（2）．

卢风．绿色发展与生态文明建设的关键和根本［J］．中国地质大学学报（社会科学版），2017（1）．

马晓妍，何仁伟，洪军．生态产品价值实现路径探析——基于马克思主义价值论的新时代拓展［J］．学习与实践，2020（3）．

毛显强，钟瑜，张胜．生态补偿的理论探讨［J］．中国人口·资源与环境，2002（4）．

牛玲．碳汇生态产品价值的市场化实现路径［J］．宏观经济管理，2020（12）．

欧阳天凌．民族地区生态文明理论研究［J］．学术论坛，2016（9）．

裴广一．论有效市场与有为政府：理论演进、历史经验和实践内涵［J］．甘肃社会科学，2021（6）．

戚聿东，肖旭．数字经济时代的企业管理变革［J］．管理世界，2020（6）．

齐文浩，齐秀琳，杨兴龙．互联网时代农产品交易模式的选择与演进研究［J］．经济纵横，2021（11）．

钱俊生，赵建军．生态文明：人类文明观的转型［J］．中共中央党校学报，2008（1）．

秦国伟，董玮，宋马林．生态产品价值实现的理论意蕴、机制构成与路径选择［J］．中国环境管理，2022（2）．

丘水林，靳乐山．生态产品价值实现：理论基础、基本逻辑与主要模式［J］．农业经济，2021（4）．

丘水林，靳乐山．生态产品价值实现的政策缺陷及国际经验启示［J］．经济体制改革，2019（3）．

丘水林，庞洁，靳乐山．自然资源生态产品价值实现机制：一个机制复合体的分析框架［J］．中国土地科学，2021（1）．

丘水林．多元化生态产品价值实现：政府角色定位与行为边界——基于“丽水模式”的典型分析［J］．理论月刊，2021（8）．

任林静，黎洁．生态补偿政策的减贫路径研究综述［J］．农业经济问题，2020（7）．

任敏．“河长制”：一个中国政府流域治理跨部门协同的样本研究［J］．北京行政学院学报，2015（3）．

阮晓菁，郑兴明．论习近平生态文明思想的五个维度［J］．思想理论教育导刊，2016（11）．

邵芳强．恩格斯生态文明理论的逻辑理路及当代价值［J］．思想战线，2022（3）．

沈费伟，袁欢．大数据时代的数字乡村治理：实践逻辑与优化策略［J］．农业经济问题，2020（10）．

沈辉，李宁．生态产品的内涵阐释及其价值实现［J］．改革，2021（9）．

沈满洪．习近平生态文明思想研究——从“两山”重要思想到生态文明思想体系［J］．治理研究，2018（2）．

史哲宇，张蓉．新时代生态产品文化价值实现路径研究［J］．青海社会科学，2020（6）．

是丽娜，王国聘．生态文明理论研究述评［J］．社会主义研究，2008（1）．

宋敏，韩曼曼．生态福祉视角下的农地城市流转生态补偿机制：研究进展与框架构建［J］．农业经济问题，2016（11）．

苏伟忠，周佳，彭棋，等．长江三角洲跨界流域生态产品交易机制——以天目湖流域为例［J］．自然资源学报，2022（6）．

孙博文，彭绪庶．生态产品价值实现模式、关键问题及制度保障体系［J］．生态经济，2021（6）．

孙博文．建立健全生态产品价值实现机制的瓶颈制约与策略选择［J］．改革，2022（5）．

孙庆刚，郭菊娥，安尼瓦尔·阿木提．生态产品供求机理一般性分析——兼论生态涵养区“富绿”同步的路径［J］．中国人口·资源与环境，2015（3）．

孙翔，王玢，董战峰．流域生态补偿：理论基础与模式创新［J］．改革，2021（8）．

孙新章，王兰英，姜艺，等．以全球视野推进生态文明建设［J］．中国人口·资源与环境，2013（7）．

覃凤琴．我国跨省流域横向生态补偿机制的实践探索与政策优化［J］．财政科学，2022（6）．

谭秋成．资源的价值及生态补偿标准和方式：资兴东江湖案例［J］．中国人口·资源与环境，2014（12）．

唐潜宁．生态产品的市场供给制度研究［J］．人民论坛·学术前沿，2019（19）．

唐潜宁．生态产品供给制度研究［D］．重庆：西南政法大学，2017．

王宾．共同富裕视角下乡村生态产品价值实现：基本逻辑与路径选择［J］．中国农村经济，2022（6）．

王大海，姚唐，姚飞．买还是不买——矛盾态度视角下的生态产品购买意向研究［J］．南开管理评论，2015（2）．

王怀毅，林德荣，李忠魁，等．生态产品价值实现：国际经验［J］．世界林业研究，2022（35）．

王会，李强，温亚利．生态产品价值实现机制的逻辑与模式：基于排他性的理论分析［J］．中国土地科学，2022（4）．

王建华，贾玲，刘欢，等．水生态产品内涵及其价值解析研究［J］．环境保护，2020（14）．

王金南，马国霞，王志凯，等．生态产品第四产业发展评价指标体系的设计及应用［J］．中国人口·资源与环境，2021（10）．

王金南，王夏晖．推动生态产品价值实现是践行“两山”理念的时代任务与优先行动［J］．环境保护，2020（14）．

王金南，王志凯，刘桂环，等．生态产品第四产业理论与发展框架研究［J］．中国环境管理，2021（4）．

王俊，范建刚．从脱贫攻坚到乡村振兴：有效市场与有为政府有机结合的互动逻辑［J］．

青海社会科学，2021 (4).
王欧，宋洪远．建立农业生态补偿机制的探讨 [J]. 农业经济问题，2005 (6).
王茹．基于生态产品价值理论的“两山”转化机制研究 [J]. 学术交流，2020 (7).
王书明，蔡萌萌．基于新制度经济学视角的“河长制”评析 [J]. 中国人口·资源与环境，2011 (9).
王晓广．生态文明视域下的美丽中国建设 [J]. 北京师范大学学报 (社会科学版)，2013 (2).
王雄青，胡长生．文旅融合背景下红色文化旅游高质量发展路径研究——基于江西的视角 [J]. 企业经济，2020，39 (11).
王艳峰，吴晶晶．习近平生态文明思想的原创性贡献 [J]. 科学社会主义，2022 (3).
王雨辰．有机马克思主义的生态文明观评析 [J]. 马克思主义研究，2015 (12).
王振波，于杰，刘晓雯．生态系统服务功能与生态补偿关系的研究 [J]. 中国人口·资源与环境，2009 (6).
王梓懿，张京祥，周子航，等．生态补偿的价值目标：国际经验及对中国的启示 [J]. 中国环境管理，2021 (2).
温涛，陈一明．数字经济与农业农村经济融合发展：实践模式、现实障碍与突破路径 [J]. 农业经济问题，2020 (7).
吴琳，吴文智，冯学钢．价值共创引导乡村旅游价值链重构 [J]. 中国农业资源与区划，2019 (10).
伍瑛．生态文明的内涵与特征 [J]. 生态经济，2000 (2).
武萍，张慧．三江源国家公园生态补偿适度标准评估——基于生态系统服务价值供给的视角 [J]. 青海社会科学，2022 (1).
向从武．贫困地区农旅融合发展的现实困境及对策研究 [J]. 农业经济，2018 (11).
谢婧，文一惠，朱媛媛，等．我国流域生态补偿政策演进及发展建议 [J]. 环境保护，2021 (7).
徐春．对生态文明概念的理论阐释 [J]. 北京大学学报 (哲学社会科学版)，2010 (1).
徐春．生态文明与价值观转向 [J]. 自然辩证法研究，2004 (4).
徐瑞蓉．生命共同体理念下流域生态产品市场化路径探索 [J]. 学术交流，2020 (12).
许光建，卢允子．论“五水共治”的治理经验与未来——基于协同治理理论的视角 [J]. 行政管理改革，2019 (2).
杨丽娥．旅游产业链刍议 [J]. 经济问题探索，2008 (6).
杨宁．社会主义生态文明的认知、愿景与实现 [J]. 马克思主义研究，2021 (12).
杨玉文，李严，李梓铭．东北边疆地区生态产品兴边富民实现路径研究 [J]. 黑龙江民族丛刊，2022 (2).
易宪容，陈颖颖，位玉双．数字经济中的几个重大理论问题研究——基于现代经济学的一般性分析 [J]. 经济学家，2019 (7).

印慧，伍海泉．脱贫攻坚视角下森林生态产品供给有效路径选择——基于黑龙江省的实证分析 [J]. 资源开发与市场，2021 (2).

于冰．生态文明观变革的逻辑演进和实践意义 [J]. 马克思主义研究，2022 (5).

于丽瑶，石田，郭静静．森林生态产品价值实现机制构建 [J]. 林业资源管理，2019 (6).

余谋昌．从生态伦理到生态文明 [J]. 马克思主义与现实，2009 (2).

俞海，任勇．中国生态补偿：概念、问题类型与政策路径选择 [J]. 中国软科学，2008 (6).

俞可平．科学发展观与生态文明 [J]. 马克思主义与现实，2005 (4).

虞慧怡，张林波，李岱青，等．生态产品价值实现的国内外实践经验与启示 [J]. 环境科学研究，2020 (3).

袁伟彦，周小柯．生态补偿问题国外研究进展综述 [J]. 中国人口·资源与环境，2014 (11).

臧振华，徐卫华，欧阳志云．国家公园体制试点区生态产品价值实现探索 [J]. 生物多样性，2021 (3).

曾贤刚，虞慧怡，谢芳．生态产品的概念、分类及其市场化供给机制 [J]. 中国人口·资源与环境，2014 (7).

詹琉璐，杨建州．生态产品价值及实现路径的经济学思考 [J]. 经济问题，2022 (7).

张波，白丽媛．“两山理论”的实践路径——产业生态化和生态产业化协同发展研究 [J]. 北京联合大学学报（人文社会科学版），2021 (1).

张车伟，邓仲良．探索“两山理念”推动经济转型升级的产业路径——关于发展我国“生态+大健康”产业的思考 [J]. 东岳论丛，2019 (6).

张传兵，居来提·色依提．基于市场重构的公共生态产品定价机制及对策研究 [J]. 价格月刊，2022 (5).

张高丽．大力推进生态文明　努力建设美丽中国 [J]. 求是，2013 (24).

张海洲，陆林，贺亚楠．产业链旅游：概念内涵与案例分析 [J]. 世界地理研究，2020 (5).

张洪瑞，吕洁华．森林生态产品供给的投入产出效率分析——以东北重点国有林区为例 [J]. 经济问题，2017 (9).

张欢，成金华，陈军，等．中国省域生态文明建设差异分析 [J]. 中国人口·资源与环境，2014 (6).

张丽佳，周妍．建立健全生态产品价值实现机制的路径探索 [J]. 生态学报，2021 (19).

张林波，虞慧怡，郝超志，等．国内外生态产品价值实现的实践模式与路径 [J]. 环境科学研究，2021 (1).

张林波，虞慧怡，郝超志，等．生态产品概念再定义及其内涵辨析 [J]. 环境科学研究，2020 (11).

张林波，虞慧怡，李岱青，等．生态产品内涵与其价值实现途径 [J]. 农业机械学报，2019 (6).

张鹏．数字经济的本质及其发展逻辑［J］．经济学家，2019（2）．

张莞．乡村振兴战略下民族地区农旅融合提升发展研究［J］．农业经济，2019（4）．

张伟．绿色创新合作型生态补偿：自然资源资本化的实现路径［J］．经济体制改革，2020（6）．

张文明．完善生态产品价值实现机制——基于福建森林生态银行的调研［J］．宏观经济管理，2020（3）．

张新宁．有效市场和有为政府有机结合——破解"市场失灵"的中国方案［J］．上海经济研究，2021（1）．

张雪溪，董玮，秦国伟．生态资本、生态产品的形态转换与价值实现——基于马克思资本循环理论的扩展分析［J］．生态经济，2020（10）．

张英，成杰民，王晓凤，等．生态产品市场化实现路径及二元价格体系［J］．中国人口·资源与环境，2016（3）．

张颖，杨桂红．生态价值评价和生态产品价值实现的经济理论、方法探析［J］．生态经济，2021（12）．

张照新．中国农村土地流转市场发展及其方式［J］．中国农村经济，2002（2）．

赵斌，郑国楠，王丽，等．公共产品类生态产品价值实现机制与路径［J］．地方财政研究，2022（4）．

赵小芸．旅游产业的特殊性与旅游产业链的基本形态研究［J］．上海经济研究，2010（6）．

赵晓迪，赵一如，窦亚权．生态产品价值实现：国内实践［J］．世界林业研究，2022（36）．

赵云皓，徐志杰，辛璐，等．生态产品价值实现市场化路径研究——基于国家EOD模式试点实践［J］．生态经济，2022（7）．

郑云辰，葛颜祥，接玉梅，等．流域多元化生态补偿分析框架：补偿主体视角［J］．中国人口·资源与环境，2019（7）．

钟大能．生态产品经营效益的财政补偿机制研究——以西部民族地区生态环境建设为例［J］．西南民族大学学报（人文社科版），2008（9）．

周宏春，江晓军．习近平生态文明思想的主要来源、组成部分与实践指引［J］．中国人口·资源与环境，2019（1）．

周建国，熊烨．"河长制"：持续创新何以可能——基于政策文本和改革实践的双维度分析［J］．江苏社会科学，2017（4）．

周生贤．走向生态文明新时代——学习习近平同志关于生态文明建设的重要论述［J］．求是，2013（17）．

周子波．生态产品价格实现机制研究［J］．价格月刊，2022（5）．

朱仁显，李佩姿．跨区流域生态补偿如何实现横向协同——基于13个流域生态补偿案例的定性比较分析［J］．公共行政评论，2021（1）．

朱蓉，赵佳鑫，肖建强．独舞还是共舞：合作社二元性与区域公用品牌［J］．管理评论，

2022 (3).

邹芳芳，陈秋华．“林业—旅游”生态产业链构建研究［J］. 林业经济问题，2019 (6).

BUKHT R，HEEKS R. Defining，Conceptualising and Measuring the Digital Economy［J］. International Organisations Research Journal，2018，13 (2).

Bukht，R.，Heeks，R. Defining，Conceptualising and Measuring the Digital Economy.［J］. International Organisations Research Journal，2017，13 (2)：143-172.

COSTANZA R，et al.，The Value of the World' s Ecosystem Services and Natural Capital［J］. Natural，1997，387 (6630)：253-260.

COSTANZA R，GROOT R，BRAAT L，et al.，Twenty Years of Ecosystem Services：How Far Have We Come and How Far Do We Still Need to Go?［J］. Ecosystem Services，2017 (28)：1-16.

KUMAR P. The Economics of Ecosystems and Biodiversity Ecological and Economic Foundations［M］. London：Earthscan Ltd.，2010.

MILLENNIUM ECOSYSTEM ASSESSMENT. Ecosystems and Human Well-being：Synthesis［M］. Washington DC：Island Press，2005.

NAMBISAN S，WRIGHT M，FELDMAN M. The Digital Transformation of Innovation and Entrepreneurship：Progress，Challenges and Key Themes［J］. Research Policy，2019，48 (8).

PIRARD R. Market-based Instruments for Biodiversity and Ecosystem Services：a Lexicon［J］. Environmental Science&Policy，2012，19-20：59-68.

UNITED NATIONS，EUROPEAN COMMISSION，INTERNATIONAL MONETARY FUND，et al.，System of Environmental-economic Accounting 2 012：Experimental Ecosystem Accounting［R］. New York：United Nations，2014.

WANG J N，YU F，MA G X，et al.，Gross Economic-ecological Product as an Integrated Measure for Ecological Service and Economic Products. Resources［J］. Conservation & Recycling，2021，171 (105566)：1-5.

WANG J N. Revive China's Green GDP Programme［J］. Nature，2016，534 (7605)：37.

后　记

整个书稿完成经历了约两年的时间，在此由衷感谢丽水市人民政府组织委托中国（丽水）两山学院编写《生态产品价值实现机制丽水实践典型案例集（一）（二）（三）》以及《生态产品价值实现机制的丽水实践》。案例集的编写为研究者提供了肥沃的土壤和灵感，案例实践中呈现出的地方政府在生态产品价值实现机制探索中的智慧和勇气，为本书的编写提供了很多思路。笔者有幸参与《生态产品价值实现机制丽水实践典型案例集（二）（三）》和《生态产品价值实现机制的丽水实践》的编写，非常感谢编写组领导和成员的帮助和支持，相互启发、合作默契。由衷感谢丽水 9 县（市、区）的政府及相关部门提供了地方实践探索的大量原始素材，以及在调研中的热情款待。在丽水试点获批到深入探索过程中，深刻感觉到"有为政府"起到的关键作用，政府官员不畏艰难，敢想敢干，硬生生地将"生态劣势"转换为"生态优势"，在实践探索中，也不断为学界抛出新问题。在生态产品价值实现尤其是调节服务产品价值市场化过程中还存在较多的"难点"和"堵点"；物质产品价值实现过程还主要以富民的生态农业发展为主，还需要新经济、新业态、新产业的融入形成新的经济增长点；文化服务产品价值实现受近些年疫情影响波动较大，迫切需要深入研究，探寻新的出路。十多年来，丽水市深入贯彻、全面践行习近平生态文明思想，矢志不渝地遵循习近平总书记"尤为如此"的谆谆教导，坚定不移地走"两山"转化的高质量绿色发展道路，相信丽水将会更加奋发图强、只争朝夕、勇往直前！

本书的出版得到中国（丽水）两山研究院后期资助项目支持，在此由衷感谢刘克勤教授、朱显岳教授等领导，为本书的写作及构思提供了宝贵的意见。在书稿写作过程中，笔者还主持和参与了《舒洪镇生态产品价值实现机制试点工作》《大洋镇生态产品价值实现机制试点工作》等项目的调研工作，本书的第八章生态产品价值实现区域案例的素材就来自这两个镇域，感谢镇政府领导的帮助和支持！由衷感谢中国农业出版社的领导和责任编辑为本书出版付出的辛勤汗水。

为生动呈现丽水生态产品价值实现过程中的细节，本书在写作过程中加工提炼了许多案例，并在文中进行了标注，再次感谢丽水市政府和参与案例集编写的领导和同事。本书在写作过程中参阅了大量的文献，在此对本书所直接或参阅文献的作者表示诚挚的谢意，您的智慧给笔者很多灵感、思路和支撑。尽管笔者严格遵守学术规范，但由于本书写作经历的时间长，学术界研究不断推陈出新，难免百密一疏，如果笔者引用了您的观点而疏忽了注释或引用，深表歉意，恳请您的谅解并请批评指正。

张银银

2022年8月6日